新手学外贸跟单一本通

王艳◎编著

中国铁道出版社有限公司
CHINA RAILWAY PUBLISHING HOUSE CO., LTD.

内 容 简 介

本书将外贸跟单分为交易磋商、订单签订和履行、备货与运送、结算与退税等几个阶段，详细介绍了交易磋商、订单处理、信用证跟催与审核、备货跟单、办理商品检验检疫、运输保险跟单、制单结汇、核销退税及客户服务共计十余个业务环节，可切实为外贸跟单员的工作提供指导和帮助。

作者将在工作流程中遇到的各种问题以实际案例形式融入书中，并给出相应的解决方案，实用性和操作性兼顾。本书既可作为外贸跟单员的学习与培训用书，也可作为各大中专院校国际贸易、国际商务及相关专业的实训教材。

图书在版编目（CIP）数据

新手学外贸跟单一本通 / 王艳编著. —北京：中国铁道出版社，2016.11（2023.11 重印）
ISBN 978-7-113-22121-8

Ⅰ. ①新… Ⅱ. ①王… Ⅲ. ①对外贸易-市场营销学 Ⅳ. ①F740.4

中国版本图书馆 CIP 数据核字（2016）第 177562 号

书　　名： 新手学外贸跟单一本通
XINSHOU XUE WAIMAO GENDAN YIBENTONG
作　　者： 王　艳

策　　划： 王　佩　　**编辑部电话：**（010）51873022　　**电子邮箱：** 505733396@qq.com
责任编辑： 杨新阳
封面设计： MXK DESIGN STUDIO
责任印制： 赵星辰

出版发行： 中国铁道出版社有限公司（100054, 北京市西城区右安门西街 8 号）
印　　刷： 河北宝昌佳彩印刷有限公司
版　　次： 2016 年 11 月第 1 版　　2023 年 11 月第 10 次印刷
开　　本： 710mm×1 000mm　1/16　**印张：** 21.25　**字数：** 371 千
书　　号： ISBN 978-7-113-22121-8
定　　价： 49.00 元

前　言

对外贸易又称“国外贸易”或“进出口贸易”，简称“外贸”。是指一个国家（地区）与另一个国家（地区）之间的商品、劳务和技术的交换活动。自改革开放以来，我国的进出口贸易额逐年上升，已经成为我国经济发展中主要的支柱产业之一。

在我国外贸业的带动下，参与进出口贸易的企业和个人越来越多，因此，掌握必要的外贸知识和技能已经成为当前外贸公司人员必备的素质之一。而外贸跟单作为外贸中不可或缺的一环,就变得尤为重要。

本书特点

专业性和权威性

本书根据国务院关于加强职业培训、促进就业的意见编制而成，并根据外贸实业中的实际流程进行安排章节规划，是规划外贸产业岗位培训和外贸人员就业促进工程项目的推荐用书，也是为即将从事外贸行业的新手或已经从事外贸行业的人员量身定做的一本从业指导读本。

内容翔实，技术实用

本书重点讲解了外贸新手在外贸业务特别是跟单中应具备的外贸基本知识、业务技能和岗位工作能力。内容包括外贸业务的流程，跟单基础、磋商技巧和开发信写作、报价和样品跟单准备、客户管理、信用证使用，备货与检验、运输与结汇等各种细节；内容详细，面面俱到。

从实际出发，可操作性强

本书从实际出发，结合外贸中常遇到的问题进行分析，语言通俗易懂，专业性、操作性、针对性都非常强。

本书章节预览

第 1 章讲解了外贸跟单中的基础知识，包括外贸跟单中的须知内容，外贸跟单员的必备素质和知识构成，以及外贸跟单员的常见工作流程等，帮助读者了解在当前的市场环境中如何更好地做好外贸工作，从而对外贸跟单工作有一个整体上的把握。

第 2～3 章详细讲解了外贸中的交易磋商、开发信等写作技巧，还详细说明了产品的定价方法和成本核算技巧，以及如何进行外贸产品的报价、佣金折扣及合同中价格换算等细节，让读者明白在与客户交易的过程中，应该了解的一些知识。

第 4～6 章介绍了外贸跟单中样品跟单的重要性，包括寄样的全程攻略，以及订单跟踪过程可能出现的问题与合同履行的一些必备审查元素，还有 CRM 客户管理的方法与途径，帮助跟单员快速完成样品、合同和客户的管理与分类，从而更好地服务。

第 7～10 章具体讲解了出口过程中的备货、检验检疫和货物运输中的一些注意细节，包括如何利用信用证付款，以及信用证的催开审核等流程，还有如何备货、检疫等环节，以及在这些工作流程中应注意的事项。

第 11～14 章具体讲解了如何更好地管理，包括报关、运输、制单结汇和核销退税等流程环节，很好地完成这些，才能将货物送到目的地，而整个外贸流程交易就算圆满完成了。

附录部分为外贸业务中经常用到的金融协会、跟单信用证的一些统一惯例、出口的详细流程图等，逐一列出以供学习和参考之用。各国的外贸习惯主要遵循世界上主要国家的外贸习惯、商人的礼仪等，以便外贸人员能够更好地了解国外客户，更好地与国外客户进行交流。

由于水平所限，书中差错在所难免，欢迎读者批评与指正。

编　者

2016 年 8 月

目 录

第1章

外贸跟单入门

我国加入世界贸易组织（WTO）以来，对外贸易发展迅速，外贸跟单作为一种新的岗位应运而生。作为对外贸易企业内部专业化分工的产物，外贸跟单岗位工作目标明确，任务具体，成为外贸业务工作不可分割的组成部分。外贸跟单岗位的出现不是偶然的，它是外贸企业内部管理结构有效调整，外贸经营管理规范化和科学化发展的产物。它的出现不但进一步划清了外贸企业各岗位的责任界限，而且充分调动了企业跟单人员的积极性和创造性，对提高对外贸易企业的管理水平和经营效率，避免外贸业务操作失误和风险具有重要的意义。

1.1 外贸跟单须知

外贸跟单岗位的出现是我国外贸企业在新的经营环境下，经营管理人才的重新分工和调整，也是外贸经营管理模式的创新，它适应了外贸企业管理的内在需求和外贸人力资源开发的新趋势，具有客观的必然性和可观的发展前景。在当前，由于经济发展的不平衡，不同外贸企业的经营管理环境和跟单员个体的差异，规范外贸跟单岗位，对其从业人员进行统一系统的专业培训不仅具有重要的理论依据，也具有重要的实践意义。

1.1.1 外贸跟单员概述

1. 外贸跟单员的定义

外贸跟单员是指在进出口业务中，在贸易合同签订后，依据相关合同或单证对货物生产加工、装运、保险、报检、报关、结汇等部分或全部环节进行跟踪或操作，协助履行贸易合同的外贸从业人员。“跟单”中的“跟”是指跟进、跟随，跟单中的“单”是指合同项下的订单。而外贸跟单中的“单”，则是指企业中的涉外合同或信用证项下的订单。

外贸跟单员一词的英文表述有多种，本书使用“OrderSupervisor”或“QualityController”，其中“QualityController”常见于报纸杂志的招聘启事，简称“QC”。

2. 外贸跟单员的定位

外贸跟单员是协助外贸业务（经理）员开拓国际市场、推销产品、协调生产和完成交货的业务助理。他是连接外贸公司内各部门之间、外贸公司与生产企业、外贸公司与客户、生产企业与客户的桥梁。

3. 跟单员的工作界定

- 业务跟单：对产品进行跟进。尤其是对外协厂加工的产品。
- 生产跟单：对已接来的订单进行生产安排。对生产进度进行跟踪，按期将货物送到客户手中。

4. 跟单员的工作定位

- 寻找盲点：通过工作中的问题，寻找工作重点，杜绝控制盲点。
- 设定目标：每天 3 电 3 计 6 审，把工作着重点及分配的工作在当天完成，不拖延。

- 传播信息：将公司及部门通知会议记录，传达到每个厂子。
- 提供服务：给予物料管理组及质量组最好的服务。
- 收集信息：收集各厂每时每刻的情况（工作日记），并及时将所收集信息反馈到部门经理。
- 分配产品：计划表的定制和执行，辅料采购及协调工作。

1.1.2　外贸跟单的类型

- 外贸跟单按业务进程可分为前程跟单、中程跟单和全程跟单三大类。

前程跟单是指“跟”到出口货物交到指定出口仓库为止；中程跟单是指“跟”到装船清关为止；全程跟单是指“跟”到货款到账，合同履行完毕为止。

- 外贸跟单按企业性质可分为生产型企业的跟单和贸易型企业的跟单。
- 外贸跟单按业务性质可分为外贸公司跟单和生产企业跟单。
- 根据货物的流向分，外贸跟单还可以分为出口跟单和进口跟单。

1.1.3　外贸跟单员的工作范围

- 企业（外贸公司和生产企业）生产过程和产品质量控制。
- 与其他外贸业务相关部门（如海关、检验检疫机构、货物运输公司等）的业务处理。
- 协助外贸业务员进行磋商谈判（报价、打样）、理赔索赔、争端解决、仲裁诉讼等业务的处理。

1.1.4　外贸跟单员的工作特点

跟单员的工作几乎涉及企业的每一个环节，从销售、生产、物料、财务、人事到总务都会有跟单员的身影出现。特点是：复杂的，全方位的。

1. 较高的责任心

外贸跟单员的工作是建立在订单与客户基础上的。订单是企业的生命，没有订单企业无法生存，客户是企业的上帝，失去了客户，企业就不能持续发展。而订单项下的产品质量，是决定能否安全收回货款、保持订单连续性的关键。执行好订单、把握产品质量需要跟单员的敬业精神和认真负责的态度。

2．协调与沟通

在跟单员的跟单工作过程中，对内需要与多个部门（如生产、计划、检验等部门）沟通，对外要与商检、海关、银行、物流等单位沟通，协调处理在跟单工作过程中遇到的问题，因而跟单员的协调与沟通的能力直接影响工作效率。

3．节奏快、变化多

跟单员的工作方式、工作节奏必须适应客户的要求。由于客户是来自世界各地，他们有不同的生活方式和工作习惯，因此，跟单员的工作节奏和工作方式必须与客户保持一致，具有高效率和务实性，能吃苦耐劳。另外，不同的客户需求也不同，而且这种需求又随着产品不同而有区别，这些都需要跟单员有快速应变能力。

4．工作的综合复杂性

跟单员工作涉及企业所有部门，由此决定了其工作的综合性、复杂性。对外执行的是销售人员的职责，对内执行的是生产管理协调。所以跟单员必须熟悉进出口贸易的实务和工厂的生产运作流程，熟悉和掌握商品知识和生产管理全过程。

5．涉外性和保密性

在跟单员的跟单过程中，涉及客户、商品、工艺、技术、价格、厂家等信息资料，对企业来说，这是企业商业机密，对外必须绝对保密。跟单员必须忠诚于企业，遵守保密原则。

1.1.5　外贸跟单员与其他外贸岗位的关系

在工作重点方面，外销员主要负责业务操作全过程；跟单员主要负责外销员（经理）交办的涉及业务操作全过程的相关事务，侧重于订单获取后对订单的执行跟踪和操作，跟单员在不同的企业及其工作熟练程度不同，其所涉及的工作内容是不同的；单证员主要负责商检、运输、保险、报关、结汇等环节的单证事务；报关员主要是负责货物、运输工具、物品进出境时向海关办理进出口报关纳税等海关事务；报检员主要是负责办理货物、运输工具、物品进出境时的商检事务；货运代理员主要是负责办理货物进出境运输事务。

1.1.6　生产企业跟单员与外贸公司跟单员的区别

1．相同之处

- 从跟单目标而言，都是以外贸订单为中心，进行生产进度、产品的质量和数量的跟踪，以保证订单项下的货物能够按时、按质、按量抵达合同或信用证要求的地方；
- 从跟单人员的知识构成而言，不仅需要外贸知识、海关知识、商检知识、运输知识、保险知识、商品知识及外语和语言沟通能力，还需要具备使用计算机应用软件（如 Word、Excel 等）的能力；
- 从跟单范围而言，涉及前程跟单、中程跟单和全程跟单；
- 从跟单的要领而言，一名合格的跟单员要具备某项商品的专业知识，精通该商品的生产操作要领，能分析和解决生产过程中出现的问题，协调各方（部门）的利益，妥善处理商品的质量问题，满足和达到工艺单和客户的要求。

2．不同之处

- 所处企业不同。外贸公司跟单员所涉及的产品品种、结算方式等比生产企业跟单员要相对多些，接触的企业面比生产企业跟单员相对大，跟单的主要内容与生产企业跟单有一定的差异。
- 跟单工作侧重不同。生产企业跟单员的跟单工作大部分侧重于以生产跟单为主，即以生产过程的商品质量和数量的跟踪为主。因此对生产企业跟单员的素质要求，偏重于产品知识、工艺质量、一般的外语沟通能力及计算机应用软件等方面。由于生产企业从事外贸活动的能力不及专业的外贸公司，往往跟单员要从事几个岗位的工作，因此对跟单员的要求是能够胜任全程跟单的工作。

1.2　外贸跟单员的基本素质

1．职业素质

- 热爱社会主义祖国，自觉维护国家和企业的利益，关注国内外的政治经济形势，能正确处理好国家、集体和个人之间的利益关系，为对外经济贸易事业勤奋工作。
- 遵纪守法、廉洁自律，不行贿、索贿、受贿，在对外经济交往中应珍视国格。

- 严守国家机密和维护商业机密，自觉遵守外事纪律，遵守企业的各项规章制度。
- 对本职工作认真负责，忠于职守；努力学习，勇于实践；积极开拓，锐意进取。

2. 能力素质

- 综合业务能力。
- 市场调研和预测能力。
- 推销能力。
- 语言文字能力和口头表达能力。
- 社交协调能力。

3. 知识素质

知识素质是指外贸跟单员做好本职工作所必须具备的基础知识与专业知识。

（1）外贸跟单员的基础知识。

- 了解我国对外贸易的方针、政策、法律和法规及有关国别（地区）贸易政策；
- 了解管辖商品销往国家或地区的政治、经济、文化、地理及风俗习惯、消费水平；
- 具备一定的文化基础知识，一般要求具有高中（包括中专、技校、职校）以上学历，具有一定的英语基础，会使用计算机常用软件；
- 具有一定的法律知识。了解合同法、票据法、经济法、外贸法等，以及与外贸跟单员相关的法律知识，做到知法、懂法和用法。

（2）外贸跟单员的专业知识。

- 懂得商品学的基本理论，熟悉所跟单的产品的性能、品质、规格、标准（生产标准和国外标准）、包装、用途、生产工艺和所有原材料等知识；
- 了解管辖商品在国际市场上的市场行情，以及该项商品主要生产国和进出口国家或地区的贸易差异，及时反馈信息给国内厂商，指导其生产；
- 熟练掌握国际贸易理论、国际贸易实务、国际金融、市场营销学及国际商务法律法规和有关国际惯例等专业知识；熟悉商检报关、运输、保险等方面的业务流程。

4．管理素质

良好的管理水平在很大程度上是衡量外贸跟单员是否称职的重要内容。外贸跟单员既是跟进订单的专职人员，也是业务员或经理或企业负责人的助手，因此，外贸跟单员应具备一定的管理素质和能力，即具备良好的合作精神，一定的组织、协调、决策能力。

1.3 外贸跟单员的知识构成

1．外贸跟单员的外贸基础知识

- 国际商务基础理论。
- 运输与保险、商检与报关。
- 国际贸易的规则、政策。
- 金融外汇与银行结算。

2．外贸跟单员的工厂生产与管理知识

为了能很好地完成订单项下的生产任务，保质、保量地把货物送交客户，顺利安全收回货款，外贸跟单员应该了解和熟悉有关工厂管理方面的知识，主要包括制订生产计划、原材料采购管理、仓库管理、生产管理、品质管理、客户管理等。

3．外贸跟单员的商品知识

外贸跟单员的跟单工作内容之一是控制商品的质量，因此，外贸跟单员除了掌握国际贸易知识外，还应具备相应的商品知识，只有把握商品的特性，才能更好地推行生产工艺和生产技术，达到客户对质量的要求，完成跟单业务工作。具体而言，外贸跟单员在跟单过程中，应根据合同或信用证中的相关条款，仔细研究商品的特性与品质要求、商品包装及包装标志、商品计量单位、商品的检验标准和客户的特殊要求、进口国的民俗等，圆满完成外贸跟单任务。

1.4 外贸跟单员工作流程

1．客户询盘：一般在客户下采购订单（PurchaseOrder）之前，都会有相关的询盘（OrderInquiry）给业务部，做一些细节上的了解。

2．报价：业务部及时回复客人查询，确定货物品名、型号、生产厂家、数量、交货期、付款方式、包装规格及柜型等，提供报价及形式发票（Proforma

Invoice）给客户。

3．得到订单：经过洽谈，收到客户正式的订单（Purchase Order）。

4．下生产订单：得到客人的订单确认后，给工厂下订单，安排生产计划。

5．业务审批：业务部收到订单后，首先做出业务审核表。按“出口合同审核表”的项目如实填写，尽可能将各种预计费用都列明。合同审批需附上客人订单传真件与工厂的收购合同。审核表要由业务员签名，部门经理审批，再交管理部人员审核后才能执行。如金额较大的，或有预付款和佣金等条款的，要经公司总经理审批才行。合同审批之后，制成销售订单，交给部门相关人员跟进。

6．下达生产通知：业务部在确定交货期后，满足下列情况可下达生产通知，通知工厂按时生产。

（1）如果是L/C付款的客户，通常是在交货期前1个月确认L/C已经收到，收到L/C后，业务员和单证员应分别审查信用证，检查是否存在错误，交货期能否保障，及其他可能的问题，如有问题应立即请客人改证。

（2）如果是T/T付款的客户，要确认定金已经到账。

（3）如果是放账客户，或通过银行承兑交单（D/A）等方式收汇等，需经理确认。

7．验货

（1）在交货期前一周，要通知公司验货员验货。

（2）如果客人要自己或指定验货人员来验货的，要在交货期一周前，约客户查货并将查货日期告知计划部。

（3）如果客人指定由第三方验货公司或公正行等验货的，要在交货期两周前与验货公司联系，预约验货时间，确保在交货期前安排好时间。确定后将验货时间通知工厂。

8．制备基本文件：工厂提供的装箱资料，制作出口合同，出口商业发票，装箱单等文件。

9．商检：如果是国家法定商检产品，在给工厂下订单时要说明商检要求，并提供出口合同，发票等商检所需资料。而且要告诉工厂将来产品的出口口岸，便于工厂办理商检。应在发货一周之前拿到商检换证凭单/条。

10．租船订舱

（1）如果跟客人签订的合同是FOB条款，通常客人会指定运输代理公司或船公司。应尽早与货代联系，告知发货意向，了解将要安排的出口口岸、船期等情况，确认工厂的交货能否早于开船期至少一周以前，以及船期能否达到客人要求的交货期。应在交货期两周之前向货运公司发出书面订舱通知（BOOKIN GORDER），通常在开船一周前可拿到订舱纸。

（2）如果是由卖方支付运费，应尽早向货运公司或船公司咨询船期、运价、开船口岸等。经比较，选择价格优惠、信誉好、船期合适的船公司，并告诉业务员通告给客人。如客人不同意时要另选客人认可的船公司。开船前两周书面订舱，程序同上。

（3）如果货物不够一个小柜，需走散货时，向货代公司定散货舱位。拿到入舱纸时，还要了解截关时间、入舱报关要求等内容。

（4）向运输公司订舱时，一定要传真书面订舱纸，注明所订船期、柜型及数量，目的港等内容，以避免差错。

11．安排拖柜

（1）货物做好并验货通过后，委托拖车公司提柜、装柜。拖车公司应选择安全可靠、价格合理的公司签订协议长期合作，以确保安全及准时。要给拖车公司传真以下资料：订舱确认书/放柜纸、船公司、订舱号、拖柜委托书、注明装柜时间、柜型及数量、装柜地址、报关行、装船口岸等。如果有验货公司看装柜，要专门声明，不能晚到，并要求回传一份上柜资料，列明柜号、车牌号、司机及联系电话等。

（2）传真一份装车资料给工厂，列明上柜时间、柜型、订舱号、订单号、车牌号及司机联系电话。

（3）要求工厂在货柜离开工厂后尽快传真装货通知给业务部，列明货柜离厂时间、实际装货数量，并记下装箱号码和封条号码作为提单的资料。要求工厂装柜后一定上封条。

12．委托报关：在拖柜同时将报关所需资料交给合作报关行，委托出口报关及做商检通关换单。通常要给报关留出两天时间（船截关前）。委托报关时，应提供一份装柜资料，内容包括所装货物及数量、口岸、船公司、订舱号、柜号、船开截关时间、拖车公司、柜型及数量、本公司的联系人和电话等。

13．获得运输文件

（1）最迟在开船后两天内，要将提单补料内容传真给船运公司或货运代理。补料要按照 L/C 或客人的要求来做，并给出正确的货物数量，以及一些特殊要求等，包括要求船公司随同提单出的船证明等。

（2）督促船公司尽快出提单样板及运费账单。仔细核对样本无误后，向船公司书面确认提单内容。如果提单需客人确认的，要先传真提单样板给客人，得到确认后再要求船公司出正本。

（3）及时支付运杂费，付款后通知运输公司及时取得提单等运输文件。支付运费应做登记。

14．准备其他文件

（1）商业发票：L/C 要求提供的文件中，对商业发票要求最严格。发票的日期要确定在开证日之后，交货期之前。发票中的货物描述要与 L/C 上的完全相同，小写和大写金额都要正确无误。L/C 上对发票的条款应显示出来，要显示唛头。如果发票需办理对方大使馆认证，一般要提前 20 天办理。

（2）FORMA 原产地证书：FORMA 原产地证书要在发货之前到检验检疫局申办。需要注意的是，运输日期要在 L/C 的交货期和开船日之前，在发票日期之后。未能在发货之前办理的，要办理后发证书，需提供报关单、提单等文件。经香港转运的货物，FORMA 证书通常要到香港的中国商检公司办理加签，证明未在港对货物进行再加工。

（3）一般原产地证：一般原产地证可在中国贸易促进会办理，要求低一些。可在发货之后不太长的时间内补办。如果原产地证书要办理大使馆加签，也和发票一样要提前 20 天办理。

（4）装运通知：一般是要求在开船后几天之内，要通知客人发货的细节，包括船名、航班次、开船日、预计抵港日、货物及数量、金额、包装件数、唛头、目的港代理人等。有时 L/C 要求提供发送证明，如传真报告书、发函底单等，注意按客人要求的时间内办理。

（5）装箱单：装箱单应清楚地表明货物装箱情况。要显示每箱内装的数量、每箱的毛重、净重、外箱尺寸。按外箱尺寸计算出来的总体积要与标明的总体积相符。要显示唛头和箱号，以便于客人查找。装箱单的重量、体积要与提单相符。

15．交单

（1）采用 L/C 收汇的，应在规定的交单时间内，备齐全部单证，并严格审单，确保没有错误，才交银行议付。

（2）采用 T/T 收汇的，在取得提单后马上传真提单给客人付款，确认收到余款后再将提单正本及其他文件寄给客人。

（3）如果 T/T 收汇的，要求收全款才能做柜的，要等收款后再安排拖柜。拿到提单后可立即寄正本提单给客人。

16．业务登记：每单出口业务在完成后要及时做登记，包括计算机登记及书面登记，便于以后查询、统计等。

17．文件存档：所有的文件、L/C 和议付文件必须留存一整套以备查用。

18．单证员平时应注意收集运价变动、船期、航线等信息，为业务员报价提供帮助。

第2章

交易磋商与开发信

了解了外贸的跟单入门知识，这时就需要和贸易商进行下一步的交易磋商，为后续的成交提供充足的准备，包括询盘、发盘、还盘和接受等各个环节。

在磋商的过程中，还需要熟练掌握开发信的写作技巧等环节。

2.1 交易磋商

交易磋商是国际货物买卖中十分重要的业务环节。为了交易磋商工作顺利进行，必须做好交易前的各项准备工作，如选择目标市场、客户的调研、制定商品营销方案、选定客户等。

2.1.1 交易磋商的基本概念

交易磋商是指买卖双方就交易条件进行协商，协调双方的经济利益，求得一致，达成交易。在国际贸易中，交易磋商有明确的内容和规范的程序。交易磋商的过程，是双方通过要约和承诺，确立契约关系的过程。双方在交易磋商的过程中，即在达成交易之前，就对自己的行为承担一定的法律责任。程序的合法性，保证了所达成的合同法律上的有效性。

国际贸易中，交易磋商是买卖双方为达成进出口交易合同就买卖商品的条件进行的磋商。交易磋商的好坏直接关系将来买卖双方之间的权利、义务和经济利益，是买卖合同签订的基础和做好交易的关键所在。为此要求磋商谈判人员不仅要有认真负责的工作态度，熟悉掌握国际贸易合同条款内容、订立方法，而且还要熟悉掌握交易磋商谈判的策略技巧，熟悉掌握国际贸易方面的政策、法规和惯例。

1. 交易磋商的形式

交易磋商在形式上可分为口头和书面两种。

（1）口头磋商

口头磋商主要指在谈判桌上面对面的谈判，如参加各种交易会、洽谈会，以及贸易小组出访、邀请客户来华洽谈交易等。此外，还包括双方通过国际长途电话进行的交易磋商。口头磋商方式由于是面对面的直接交流，便于了解对方的诚意和态度、采取相应的对策，并根据进展情况及时调整策略，达到预期的目的。口头磋商比较适合谈判内容复杂、涉及问题较多的业务，如大型成套设备交易谈判。

（2）书面磋商

书面磋商是指通过信件、电报、电传等通信方式来洽谈交易。目前，多数企业使用传真进行洽谈；有的已开始使用电子邮件磋商交易。随着现代通信技术的发展，书面洽谈越来越简便易行，成本费用低廉。国际贸易中，买卖双方通常采用书面方式磋商交易。采用书面方式磋商时，写作往来函件一般需注意遵循以下三个原则。

- 简明。商务函电讲究实效，无须许多客套或拐弯抹角的内容，而应以简单明了的语言直接说明要点。
- 清晰。商务函电的目的是为了达成合同（交易），函件内容必须清晰、正确。
- 礼貌。我们的目的是为了与客户建立长远的业务联系，采用正式而礼貌的用语是必要的，尤其是在向对方索赔或申诉时。如何掌握好分寸，既能着眼今后的业务合作，又能达到目的，是一门很大的学问。

2. 交易磋商的内容

交易磋商的内容涉及拟签订的买卖合同的各项条款，包括品名、品质、数量、包装、价格、装运、支付、保险及商品检验、索赔、仲裁和不可抗力等。其中以前七项为主要内容或主要交易条件。买卖双方欲达成交易、订立合同，必须至少就这七项交易条件进行磋商并取得一致意见（特殊情况可以例外）。至于其他交易条件，特别是检验、索赔、不可抗力和仲裁，它们虽非成立合同不可缺少的内容，但是为了提高合同质量，防止和减少争议的发生及便于解决可能发生的争议，买卖双方在交易磋商时也不容忽视。

3. 交易磋商的程序

交易磋商的程序一般分为询盘、发盘、还盘、接受四个环节。其中，发盘和接受是达成交易的基本环节，是合同成立的要件。国际贸易中，买卖双方无论采取口头或书面方式磋商，均需通过发盘和接受达成交易。

2.1.2 询盘（ENQUIRY）

1. 询盘的概念

询盘是指交易的一方有意购买或出售某一种商品，向对方询问买卖该商品的有关交易条件。实践上看，询盘的内容可以是只询问价格，也可询问其他一项或几项交易条件。询盘可由买方发出，也可由卖方发出，可采用口头方式，亦可采用书面方式。

以下是一个询盘例子：

WE ARE ONE OF THE LEADING IMPORTERS OF TV SETS IN OUR COUNTRY.AND WE ARE WILLING TO ESTABLISH BUSINESS RELATIONS

WITH YOUR CORPORATION.FOR THE TIME BEING,WE ARE INTERESTED IN YOUR TV SETS,DETAILS AS PER OUR INQUIRY NOTE NO.2210.WE WILL BE GLAD TO RECEIVE YOUR LOWEST QUOTATIONS AS SOON AS POSSIBLE. IF YOUR PRICE IS ATTRACTIVE AND DELIVERY DATE IS ACCEPTABLE,WE WILL PLACE A LARGE ORDER WITH YOU IMMEDIATEDLY.

（我方为本国最大的电视机进口商之一，欲与贵公司建立业务联系，目前对电视机感兴趣，详见随函附上的第 2210 号询价单，请尽速答复。如价格合理、装运期可以接受，我方会下大订单。）

2．询盘策略

询盘对询盘人和被询盘人均无法律约束力。国际贸易中，询盘常被交易一方用来试探对方对交易的诚意或试探国际市场价格。作为被询盘的一方，在收到对方的询盘后，必须认真对其进行分析，针对不同的询盘目的或背景，作出不同的处理和答复。

3．注意问题

询盘不是交易磋商的必经步骤，但往往是一笔交易的起点。询盘中，当事人一般需注意以下问题。

（1）询盘不一定要有“询盘”（ENQUIRY）字样，凡含有询问、探询交易条件或价格方面的意思表示均可做询盘处理。

（2）业务中询盘虽无法律约束力，但当事人仍须考虑询盘的必要，尽量避免只是询价而不购买或不售货，以免失掉信誉。

（3）询价时，询价人不应只考虑如何询问商品的价格，也应注意询问其他交易条件，争取获得比较全面的交易信息或条件。

（4）要尊重对方价，对对方询价，无论是否出售或购买均应及时处理与答复。

（5）询盘可以同时向一个或几个交易对象发出，但不应在同时期集中做出，以免暴露我方销售或购买意图。

2.1.3　发盘（OFFER）

1．发盘的概念

发盘也称发价，法律上称为要约，是一方当事人（发盘人）向另一方当事人（受盘人）提出各项交易条件并且愿意按这些条件与受盘人达成交易、订立合同的意思表示。实际业务中，发盘通常由交易一方在收到另一方的询盘后提出，也可在没有对方询盘情况下直接主动提出。发盘可以由买方提出，也可以由卖方提出，可以是书面的，也可是口头的。

按照法律规定，一项发盘必须具备以下条件：

- 发盘应向一个或一个以上特定的人提出；
- 发盘内容必须十分确定；
- 发盘人须有一旦发盘被接受即受约束的意思。

2. 发盘撰写

发盘因撰写情况或背景不同，在内容、要求上也有所不同。但从总的情况看，其结构一般包括下列内容。

（1）感谢对方来函，明确答复对方来函询问事项。

例如：THANK YOU FOR YOUR INQUIRY FOR...

（2）阐明交易的条件（品名、规格、数量、包装、价格、装运、支付、保险等）。

例如：FOR THE BUTTERFLY BRAND SEWING MACHINE, THE BEST PRICE IS USD79.00 PER SET FOB TIANJIN.

（3）声明发盘有效期或约束条件。

例如：IN REPLY WE WOULD LIKE TO OFFER,SUBJECT TO YOUR REPLY REACHING US BEFORE...

（4）鼓励对方订货。

例如：WE HOPE THAT YOU PLACE A TRIAL ORDER WITH US.

下面是一个发盘的例子：

WE THANK YOU FOR YOUR INQUIRY OF JULY 1，ASKING US TO MAKE YOU A FIRM OFFER FOR BLACK TEA.WE HAVE REPLY YOU THIS MORNING,OFFERING YOU 80 METRIC TONS OF BLACK TEA,AT USDXXX NET PER METRIC TON CFR SHANGHAI FOR SHIPMENT DURING NOVEMBER/DECEMBER SUBJECT TO YOUR ORDER REACHING HERE BY JULY 30.

（感谢 7 月 1 日的询价。今晨已经回函，报 80 公吨红茶每公吨×××美元 CFR 上海净价，装运期为 11 月和 12 月，以 7 月 30 日前货到为准。）

3．注意问题

（1）发盘约束力

发盘具有法律约束力。发盘人发出发盘后不能随意反悔，一旦受盘人接受发盘，发盘人就必须按发盘条件与对方达成交易并履行合同（发盘）义务。因此，同询盘相比，发盘更容易得到受发盘人的重视，有利于双方迅速达成交易。但它也因此缺乏必要的灵活性。发盘时如果市场情况估计有误，发盘内容不当，发盘人就会陷入被动。发盘人在作出发盘前必须弄清上述问题。如果发盘，必须对发盘价格、条件进行认真的核算、分析，确保发盘内容的准确，以免陷于被动。

（2）构成发盘的条件

根据《联合国国际货物销售合同公约》（以下简称《公约》）和我国《合同法》的规定，构成一项有效的发盘必须具备以下条件。

①向一个或一个以上特定的人提出

特定的人是指发盘中必须有指定的受盘人，受盘人可以是法人，如某公司，也可以是自然人。受盘人可以指定一个，也可指定多个。这一规定的目的在于将发盘同在各种媒体上所做的普通商业广告及向广大公众散发的商品价目单等行为区别开来。《公约》规定：“非向一个或一个以上特定的人提出的建议，仅应视为邀请作出发盘，除非提出建议的人明确地表示相反的意向。”因为，商业广告是面向社会公众的，不能构成一项发盘，通常只能视为邀请对方作出发盘。但是，如商业广告的内容符合发盘的条件，则此广告也可作为一项发盘。

②内容十分确定

根据《公约》规定，在提出的订约建议中，“如果写明货物，并且明示或默示地规定数量和价格好如何确定数量或价格，即为十分确定”。即指在提出的订约建议中至少应包括三个基本要素：a.标明货物的名称；b.明示或默示地规定货物的数量或规定数量的方法；c.明示或默示地规定货物的价格或规定确定价格的方法。凡包含这三项基本条件的订约建议，即可构成一项发盘。

至于其他内容，如货物的包装、交货和支付条件等，可在合同成立后，按双方之间已确立的习惯做法或按《公约》中的有关规定予以补充。在实际业务中为避免引起争议，在对外发盘时，最好将品名、质量、数量、包装、价格、交货时间、地点和支付方式等主要交易条件一一列明。

③表明发盘人在发盘得到接受时承受约束的意旨

一项发盘必须清楚地表明发盘人愿意同对方达成交易、订立合同的意旨，即订约意旨。承受约束的意旨是指发盘人在发盘中明示或默示地表明，发盘一旦得到受盘人接受，发盘人即按发盘条件订立合同。发盘人的订约意旨通常用“发盘”（Offer）、“递盘”（Bid）等术语表示，也可按当时的谈判情形、当事人之间的以往业务交往情况或双方已经确立的习惯做法来确定。但是，发盘人如果在订约建议中加注了一些保留或限制性条件，如“以发盘人最后确认为准”、“以领到进口许可证为准”、“以货物未出售为准”或“交易条件仅供参考”等，这就表明，即便对方表示接受，提出建议的一方也不承受约束。这样的订约建议就不是发盘，而只能视为发盘的邀请。

④发盘必须送达受盘人

到达主义，中间丢失不能算有效发盘，受盘人没有收到或没有正式收到就没有法律效力。

（3）发盘生效及有效期

关于发盘生效时间，《公约》和我国《合同法》均规定，发盘送达受盘人时生效。

发盘通常都规定有效期，此有效期对发盘人和受盘人均有约束力。单有效期并非构成发盘的必要条件，如发盘未规定有效期，根据法律的解释，在合理时间内有效。而合理时间在国际上并无统一的明确解释，因此，在实际业务中，对外发盘时，应明确规定发盘的有效期。

明确规定有效期时，有效期的长短是一重要问题，有效期太短，对方无暇考虑，有效期长，发盘人承受风险也就大。适度把握有效期长短对交易双方都很重要。当事人必须根据货物、市场情况、双方距离及通信方式不同而合理确定。一般说来，发盘有效期以3～5天和明确有效期的起止日期和到期地点最为适宜。例如：

- REPLY HERE 5/7 OUR TIME。
- SUBJECT TO YOUR REPLY HERE 5TH OUR TIME。

（4）发盘的撤回和撤销

发盘的撤回（Withdrawal）与撤销（Revocation）是两个不同的概念。发盘的撤回是指在发盘送达受盘人之前将其撤回，以阻止其生效。发盘的撤销是指发盘已送达受盘人，即发盘生效之后将发盘取消，使其失去效力。

关于发盘的撤回，《公约》和我国《合同法》均规定，发盘是可以撤回的，只要撤回通知先于发盘送达受盘人或与发盘同时送达受盘人。据此，一项发盘作出后，即使注明不可撤销的，在送达受盘人之前，发盘人可以修改或撤回发盘。撤回的条件是发盘人必须向受盘人发出撤回通知，且该通知必须在发盘到达受盘人之前或与发盘同时到达受盘人。

关于发盘能否撤销，《公约》和我国《合同法》均规定，在订立合同之前，发盘可以撤销，如果撤销的通知于受盘人发出接受通知之前送达受盘人。但在下列两种情况下，发盘不得撤销：①在发盘中规定了有效期，或以其他方式表示该发盘是不可撤销的；②受盘人有理由信赖该发盘是不可撤销的，并本着对该发盘的信赖采取了行动。由此可见，撤销发盘是有一定条件的。如果发盘中明确规定了有效期或使用了“Firm”、“Irrevocable”等字样，或受盘人从主观上相信该发盘是不可撤销的，并在客观上采取了与交易有关的行动，如寻找客户、组织货源等，发盘人就不可撤销其发盘，否则，有可能给受盘人造成一定的损失。

（5）发盘的终止

发盘的终止（Termination of Offer），又称发盘的失效，是指发盘法律效力的消灭，也就是发盘人不再受发盘的约束，受盘人也失去了接受该发盘的权利。《公约》和我国《合同法》对发盘的终止均有规定，认为一项发盘，即使是不可撤销的，其效力可在一定条件下终止。

- 发盘有效期届满，受盘人未作出接受，即发盘在规定的有效期内未被接受，或虽未规定有效期，但在合理时间内未被接受。
- 发盘人依法撤销发盘。
- 受盘人拒绝发盘，即拒绝发盘的通知送达发盘人时，发盘的效力即告终止。
- 受盘人对发盘的内容作了实质性的变更，即受盘人对发盘的还盘。
- 此外，发盘人作出发盘后，发生了不可抗力，如所在国政府对发盘中的商品或所需外汇发布禁令等。在此情况下，按不可抗力免责的一般原则，发盘的效力即告终止；发盘人或受盘人在发盘被接受前丧失行为能力，如死亡、破产、精神失常等，该发盘的效力也可终止。

2.1.4　还盘（COUNTER OFFER）

1. 还盘的概念

还盘是指受盘人在接到发盘后，不同意或不完全同意发盘人在发盘中提出的条件，为进一步磋商交易对发盘提出修改意见。还盘可以用口头方式也可用书面方式。

下面是一个还盘例子：

WE ARE IN RECEIPT OF YOUR LETTER OF APRIL 15 OFFERING US 100 SETS OF THE CAPTIONED GOODS AT USD ××× PER SET. WHILE APPRECIATING THE QUALITY OF YOUR COMPUTERS，WE FIND YOUR PRICE IS TOO HIGH. SOME COMPUTERS OF SIMILAR QUALITY FROM OTHER COUNTRIES HAVE BEEN SOLD HERE AT A LEVEL ABOUT 30% LOWER THAN YOURS. SHOULD YOU BE READY TO REDUCE YOUR LIMIT BY， SAY 10%，WE MIGHT COME TO TERMS. IT IS HOPED THAT YOU WOULD SERIOUSLY TAKE THIS MATTER INTO CONSIDERATION AND LET US HAVE YOUR REPLY SOON.

（已经收到你方4月15日来信，报100台标题货物每台×××美元。计算机质量不错，但是价格太高。其他国家的类似质量的产品有些低于你方价格的30%，如果可以降价比如10%我们就可以成交。请考虑此事并尽快答复。）

2. 还盘的法律意义

还盘是对发盘的一种拒绝，还盘一经作出，原发盘即失去效力，发盘人不再受其约束。一项还盘等于受盘人向原发盘人提出的一项新的发盘。还盘作出后，还盘的一方与原发盘人在地位上发生改变。还盘人由原来的受盘人变成新发盘的发盘人，而原发盘人则变成新发盘的受盘人。新受盘人有权针对还盘内容进行考虑，接受、拒绝或者再还盘。

贸易谈判中，一方在发盘中提出的条件与对方能够接受的条件不完全吻合的情况经常发生，特别是在大宗交易中，很少有一方一发盘即被对方无条件全部接受的情况。因此，虽然从法律上讲，还盘并非交易磋商的必经环节，但在实际业务中，还盘的情况还是很多。有时一项交易须经过还盘、再还盘等多次讨价还价，才能做成。

3. 还盘注意的问题

（1）还盘可以明确使用“还盘”字样，也可不使用，只是在内容中表示对发盘的修改；

（2）还盘可以针对价格，也可以针对交易商品的品质、数量、装运、支付或价格；

（3）还价（盘）时，一般只针对原发价（盘）提出不同意见和需要修改的部分，已同意的内容在发价（盘）中可以省略；

（4）接到还价（盘）后要与原发价（盘）进行核对，找出还盘（价）中提出的新内容，结合市场变化情况和销售意图认真对待和考虑。

4．对买方还盘的答复

国际贸易中，最常见的还盘是买方对卖方发盘价格的还盘。遇到此种还盘时，卖方一般可按以下方法予以处理和答复。

（1）感谢来函但不能接受其还价。例如：

THANK YOU FOR YOUR FAX OF JUNE 5.WE REGRET TO SAY THAT WE CANNOT ACCEPT YOUR COUNTER OFFER.

（2）强调原价格的合理性并陈述理由。例如：

ALTHOUGH WE ARE DESIROUS OF MEETING YOUR REQUIREMENTS, WE REGRET BEING UNABLE TO COMPLY WITH YOUR REQUEST FOR PRICE REDUCTION. THE PRICE WE QUOTED IS ACCURATELY CALCULATED. WE HAVE CUT OUR PROFIT TO THE MINIMUM.

2.1.5 接受（ACCEPTANCE）

1．接受的含义

接受在法律上称为“承诺”，是受盘人同意发盘人在发盘中提出的各项交易条件，并愿意按这些条件达成交易、订立合同的一种表现。按《公约》规定，受盘人必须以某种方式向发盘人表示接受。接受的方式有两种：一是用“声明”（Statement），即以口头或书面形式表示；二是以“行为”（Conduct）来表示，如卖方发运货物或买方支付价款。

2．构成接受的条件

构成一项有效的接受必须具备以下条件。

（1）接受必须由指定的受盘人作出。发盘是向特定的人作出的，因此，只有发盘中指定的受盘人才能对发盘作出接受。任何第三方作出的接受，都不能视为有效的接受，只能作为一项新的发盘。

（2）接受的内容必须与发盘的内容一致。接受必须是受盘人无条件地、全部同意发盘中的条件。

《公约》及我国《合同法》将接受中对发盘条件的变更分为实质性变更和非实质性变更发盘条件。凡对货物的价格、付款、质量和数量、交货地点和时间、赔偿责任范围或解决争端等的添加或不同条件，均视为实质上变更发盘条件。受盘人在表示接受的同时，如对发盘的条件作了实质性变更，则构成还盘；如属非实质性变更，例如，要求提供装箱单、产地证书等单据，或要求增加某些单据的份数等，除发盘人及时反对其间的差异外，仍可构成有效的接受，使合同得以成立。

（3）接受必须在发盘有效期内送达发盘人。当发盘规定了有效期，受盘人必须在规定的有效期将接受通知送达发盘人，接受方能有效。如发盘没有规定有效期，则受盘人应在合理时间内将接受通知送达发盘人。

3．接受生效的时间

《公约》和我国《合同法》均规定，接受送达发盘人时生效。如受盘人是以某种行为表示接受的，在受盘人作出某种行为时，接受即生效。接受生效的时间就是国际货物买卖合同成立的时间。

4．接受的撤回

根据《公约》及我国《合同法》规定，接受可以撤回，如果撤回通知先于接受通知或于接受通知同时送达发盘人。

接受一旦送达发盘人即不能撤销，因为，接受送达发盘人，接受即生效，而接受一旦生效，合同即告成立，当事人就不得撤销接受或修改其内容，否则就是撤销或修改合同。

5．接受应注意的问题

国际贸易中，表示接受的可以是买方，也可以是卖方。

如果是我方表示接受，应注意以下几个问题。

（1）接受时应慎重对洽商的函电或谈判记录进行认真核对，经核对认为对方提出的各项交易条件确已明确、肯定、无保留条件时，再予接受。

（2）接受可以简单表示，如“你10日电接受”，也可详细表示，即将洽商的主要交易条件再重述一下，表示接受。对一般交易的接受，可采用简单形式表示，但接受电报、电传或信函中须注明对方来电、信函的日期或文号；对大宗交易或交易洽商过程比较复杂的，为慎重起见，在表示接受时，应采用详细叙述主要交易条件的形式。

（3）表示接受应在对方报价规定的有效期之内进行，并严格遵守有关时间的计算规定。

（4）表示接受前，详细分析对方报价，准确识别对方函件性质是发盘还是询盘，以免使自己被动或失去成交的机会。

由国外客户表示接受时，应注意以下问题。

（1）收到国外客户接受后，要认真分析客户接受的有效性，根据客户接受情况及我方经营意图，正确处理把握合同成立与不成立的法律技巧。

（2）注意贯彻“重合同、守信用”的原则，只要对方接受有效，即使情况变化对我方不利，我们仍应同客户达成交易、订立合同，维护我方信誉。

2.2 写开发信的技巧

2.2.1 写开发信有技巧

外贸函电，包括信函、电报、电传、传真及电子邮件，是当今国际间货物买卖磋商的主要载体。无论采取何种形式，目的都是为了有效传递商务信息。因此，合格的函电必须是以简洁的语言、明晰的结构来表述完整的内容，同时，还要体现出成熟的业务气息。

一笔具体的交易往往始于出口商主动向潜在客户发函建立业务关系。就标准规范的层次而言，建立业务关系的信函一般应包括以下内容。

1．说明信息来源，即如何取得对方资料

作为贸易商，可以通过各种途径了解客户资料，如通过驻外商务参赞处、商会、商务办事处、第三家公司的介绍；或在企业名录、各种传媒广告、互联网上寻得；或在某交易会、展览会上结识；甚至是在进行市场调查时获悉。因此，我们有各种表达方式来说明信息来源，例如：

We have learned from the Commercial Counselor’s Office of our Embassy in your country that you are interested in Chinese handcraft.

从我们在贵国大使馆商务参赞处获悉，贵公司对中国的手工艺品感兴趣。

We obtained your name and address from the internet.

我们从网上得知贵公司的名称和地址信息。

Our market survey showed that you are the largest importer of cases and bags in Egypt.

我们的市场调查显示你们是埃及最大的箱包进口商。

Your company has been kindly recommended to us by…

你们公司由……推荐给我们。

2．言明去函目的

一般来说，出口商主动联系进口商，总是以扩大交易地区及对象、建立长

期业务关系、拓宽产品销路为目的。

例如：

In order to expand our products into South America, we are writing to you to seek cooperate possibility.

为了拓展我们的产品进入南美市场，我们给您写信，寻求合作的可能性。

We wish to express our desire to enter into business relationship with you.

我们写信希望与你们建立长期的贸易关系。

3．本公司概述

这里所说的公司概述，包括对公司性质、业务范围、宗旨等基本情况的介绍及对公司某些相对优势的介绍，例如，经验丰富，供货渠道稳定，有广泛的销售网络等。

例如：

We are a leading company with many years' experience in machinery export business.

我们是有很多年机械设备出口经验的领先公司。

We enjoy a good reputation internationally in the circle of textile.

我们在纺织圈中享有良好的国际声誉。

A credible sales network has been set up and we have our regular clients from over 100 countries and regions worldwide.

我们已经建立一个可靠的销售网络，并且有自全球100多个国家和地区的固定客户。

4．产品介绍

在这部分可能会出现两种不同的产品介绍：在较明确对方需求时，要选取某类特定产品，进行具体的推荐性介绍；否则，通常就只对公司经营产品的整体情况，如质量标准、价格水平、目前销路等，做较为笼统的介绍。当然，附上目录、报价单或另寄样品供对方参考也是公司经常采取的做法。

举例如下：

Our products are enjoying popularity in Asian market.

我们的产品在亚洲市场广受欢迎。

To give you a general idea of our products, we are enclosing our catalogue for your reference.

为了让您对我们的产品有全面的了解，我们附上目录，供您参考。

Art. No. 108 is our newly launched one with superb quality, fashionable design, and competitive price.

108 是我们新推出的产品，它品质卓越、设计时尚，并且价格有竞争力。

5. 激励性结尾

与其他商业促销一样，在结尾部分，通常都会写上一两句希望对方给予回应或劝服对方立即采取行动的语句，例如：

Your comments on our products or any information on your market will be really appreciated.

你对我们的产品和其他市场信息的意见，我们将非常感激。

We are looking forward to your specific inquiries.

我们期待您的详细咨询。

2.2.2 外贸信函的回复

外贸函电的回复，简单来讲就是对贸易合作伙伴来函的回复。由于对方来函的类型不同，因此，对外贸函电的回复也不同。不管是买方还是卖方，收到建立业务关系请求后，都应该迅速、完整、礼貌地作出答复，以便给对方留下良好的印象。

每一封信函的往来，都是跟收信人彼此之间的一次沟通与交流。千万不要小看处理外贸信函的艺术，很多外贸业务员不懂如何处理。其关键点就在于你能否很好地把握客户来函及询盘的真正意图，从而给他最需要的、最有针对性的答复。

对于外贸函电的回复，总结了以下几点。

1. 及时回复——外贸函电的时效性

外贸函电的时效性，指你联系客户的时间问题，越早联系客户，得到回复的概率和商机就越大。更进一步地说，不管你写的邮件如何好，你的报价如何的有竞争力，如果你联系外商的时间太迟，则也许你的一切努力最终都会没用。所以，一定要尽量在第一时间联系客户，这是写作外贸函电的首要原则。及时回复询函，尽量做到当天邮件当天答复，这是国际商务活动中应有的礼貌。

例如：

Thank you for your interest in our products.

感谢你对我们的产品感兴趣。

Your letter of August 8 has been received with thanks.

感谢你方 8 月 8 号的来信。

Your wish of establishing business relations coincides with ours.

你们建立业务关系的愿望和我们不谋而合。

This is also our desire.

这也是我们的愿望。

We shall be very glad to enter into business relations with you.

我们将非常高兴与你们建立业务关系。

2. 有问必答——外贸函电的针对性

外贸信函回复的针对性，简单来说就是要做到有问必答。回复客户时，应当是一次性一封邮件完整交代客户要求的所有信息。如果客户询盘中，要求你报盘，提供产品参数、参考图片、价格、相关条款等。你的回复，应当一次性一一回答客户的全部要求；如果不能提供全也没关系，但你应当告知客户，哪些可以提供，哪些不能提供以及何时可以提供等。

目前普遍存在的问题是：回复不完整、不专业。比如，只报价，即使有产品参数也不全面，更不用说不附参考图片或相关条款了。做不到有问必答，客户可能没有耐心反复来函一一询问，客户会因你的“不专业”流失，商机自然就会转移到比你更加专业的同行。现在不是“价格为王”的时代，价格重要，质量重要，服务也重要。

例如:

We are sending you our catalog and pricelist.

我们给你方寄去我们的目录和价格表。

We shall be glad to have your specific enquiry.

我们将很高兴得到你方的具体询价。

Enclosed is the picture of specification of your interested item.

附上你感兴趣产品的图片和详细规格。

Sample is available upon request.

样品可应要求提供。

3. 外贸函电的灵活性

灵活性是指你要按照具体情况来调整你的邮件内容，对不同的情况、不同的询盘、不同的外商、甚至不同国别的外商，你的外贸函电内容自然应该灵活处理，而不必千篇一律，如果来函中询盘内容具体而很实在，则你的邮件也须具体而很实在，报价也应报实价，相反，如有些询盘本来就很虚，而你只是想碰碰机会，则先泛泛联系一下也无妨。

4．外贸函电校对

写完之后，一定要检查。最起码要确保拼写和语法正确，然后检查一下你所提供的事实、数据等是否有错。我们都会犯错，但即使在你的外贸函电里有一个极小的失误，也可能会破坏你在沟通方面的可信度，并使人对你表达的其他信息投下怀疑的阴影（见下表）。

英文尊称和称呼

收信人		尊称	称呼
男性	单数	Mr. (Mister)	Dear Sir
	复数	Messrs. (Messieurs)	Dear Sirs
女性	未婚单数	Miss	Dear Miss
	未婚复数	Misses	Dear Ladies
	已婚单数	Mrs.(Mistress)	Dear Mrs.
	已婚复数	Mmes.(Mesdames)	Dear Ladies
	不分婚否	Ms.	Dear Ms.

称呼和对应的结尾敬语

称呼（Salutation）		结尾敬语 (Complimentary close)	备注（Remarks）
男性（Male）	女性（Female）		
Sir Sirs	Madam Mesdames	Yours respectively Yours very respectively	下对上，人民对政府官员十分正式的称呼和敬语
Dear Sir Dear Sirs	Dear Madam Mesdames	Yours faithfully Faithfully yours	英国的标准用法
Gentlemen	Ladies	Yours truly Truly yours	美国的普遍用法
Dear Mr.Smith My dear Mr.Smith	Dear Mrs.Smith Dear Miss Smith Dear Ms.Smith My dear Mrs.Smith	Yours sincerely Yours cordially Yours very sincerely Yours very cordially	用于互相熟悉的私人函，有时也用于业务函

第3章

谈价格

进出口商品价格是指对外贸易中所实行的价格。在实际业务中，正确掌握进出口商品的价格，合理采用各种定价方法和加强成本核算，选用有利的计价货币，适当运用与价格有关的佣金和折扣，并订好合同中的价格条款，对提高外贸经济效益有十分重要的意义。

3.1 定价方法和成本核算

常见的定价方法和成本核算，包括成本加成定价法、竞争对手定价法等。

3.1.1 定价方法

在国际货物买卖中，进出口商品价格的确定直接影响企业的经济效益和产品市场竞争力，是企业对外开展业务时必须面对的问题。因此，对于外贸出口企业而言，准确合理地进行成本核算及出口报价显得尤为重要。

企业确定进出口商品价格的方法主要有以下几种。

1. 成本加成定价方法

这是成本导向定价法中最主要的一种定价形式，为外贸企业广泛使用。采用成本加成定价法时，只需了解有关进出商品的成本和相对于成本的利润率(或利润)，并以相应的外币表示，即能获得基本价格。

以出口商品为例，出口商品的基本成本要素包括以下内容。

（1）出口商品生产成本或采购成本。

（2）装运前融资利息成本。

（3）出口成本及费用（包括出口包装、国内运输、保险费用、码头费用、仓储费用、各种国内税、海关关税及费用、出口企业管理费用等）。

（4）装运后的融资利息成本和银行手续费用。

（5）可能的汇率变动成本。

（6）国外运费（自装运港至目的港的海上运输费用）。

（7）国外保险费（海上货物运输保险）。

（8）如果有中间商，那么还应包括将支付给中间商的佣金。

（9）出口商预期利润率等。

出口商在采用成本加成定价方法时，应根据买卖双方所确定的贸易术语，首先确定出口商品的总成本，并在此基础上计算出出口商品利润，即得到出口商品的价格。

2. 竞争对手定价法

竞争对手定价法以对付竞争对手为目标，在定价前，出口企业必须广泛搜集竞争对手的各种信息，并与本企业生产的同类商品加以比较，根据对比的情况确定己方的价格。

3. 市场定价法

市场定价法以市场为导向，根据目标市场的特点制定己方的价格。主要有推定价值定价法和区别定价法等。推定价值定价法指根据产品和市场营销因素的组合，以及消费者对产品价值的认可程度制定己方产品的价格。采用该种定价方法的关键是预测价格的准确性。区别定价法则是按照不同的市场情况，服务于企业战略目标而采取的定价方法，具体可分为客户差价、式样差价、地点差价、时间差价、数量差价、产品差价等。

3.1.2 成本核算

外贸企业在掌握出口商品价格时，要注意加强成本核算，以便采取措施不断降低成本，提高经济效益。

1. 商品的成本

出口商品的成本可以包括生产成本、加工成本和采购成本三种。对于贸易型出口企业（外贸企业）而言，商品成本在一般情况下即为采购成本，是指外贸企业向供货商采购商品的价格（增值税发票上的计税金额）。在出口价格中，正常采购成本所占比例最大，因而成为价格的重要组成部分。一般来讲，供货商所报的价格就是外贸企业的采购成本，但是由于增值税是转嫁税，需要购买方负担税款，因此供货商报出的价格包含增值税，由于出口商品实行退税政策，外贸企业因购买货物所负担的税款由国家全额或按一定比例（有征退税率差的商品）退还。如果是全额退税的商品，如征税率 13%、退税率 13%的商品，商品成本即为不含税的采购成本。因为购货商所负担的税款，国家全额退付给企业，不需要企业承担。这里另外需要强调的是，假如该商品用于内销，商品成本也是不含税的采购成本，因为购货商所负担的税款，即出口企业内销的销项税金，转嫁到下一家购货企业或消费者来负担。如果是按一定比例（有征退税率差的商品）退税的出口商品，如征税率 13%、退税率 9%的商品，商品成本应该是采购成本和征退税率差部分，因为征退税率差部分由企业负担增加成本。换句话讲，外贸出口企业购进出口退税商品的实际采购成本应将出口退税部分从含税的采购成本中予以扣除，从而得出实际采购成本。

实际采购成本的计算如下：

含税采购成本=购货成本=货价+增值税额（增值税额=货价×增值税率）=货价+货价×增值税率=货价×（1+增值税率）

货价=含税采购成本÷（1+增值税率）

出口退税额=货价×出口退税率

实际采购成本=含税采购成本−出口退税额=货价×（1+增值税率）−货价×出口退税率

=货价×（1+增值率−出口退税率）=含税采购成本÷（1+增值税率）×（1+增值税率−出口退税率）

由此，得出如下公式：

含税采购成本=实际采购成本÷（1+增值税率−出口退税率）×（1+增值税率）

实际采购成本=含税采购成本÷（1+增值税率）×(1+增值税率−出口退税率)

退税额=含税采购成本÷（1+增值税率）×出口退税率

案例：一件产品的含税采购成本（价税合计）是 113 元人民币，其中包括 13%的增值税，若该产品的退税率为 9%，那么该产品的实际采购成本为多少？

实际采购成本=113÷（1+13%）×（1+13%−9%）=104（元）

2. 出口商品盈亏率、出口商品换汇成本、出口创汇率

考核企业的经济指标主要有以下几项：出口商品盈亏率、出口商品换汇成本、出口创汇率。

（1）出口商品盈亏率

出口商品盈亏率是指出口商品盈亏额与出口总成本的比率。

出口商品盈亏额是指出口销售人民币净收入与出口总成本的差额，其中，出口销售人民币净收入是由该出口商品的 FOB 价格按当时外汇牌价折成人民币，出口总成本是指该商品的进货成本加上出口前的一切费用和税金。前者大于后者为盈利，反之为亏损。

出口商品盈亏额 = 出口销售人民币净收入 − 出口总成本

出口商品盈亏率 =（出口商品盈亏额÷出口总成本）×100%

或：

出口商品盈亏率=（出口销售人民币净收入 − 出口总成本）/出口总成本×100%

（2）出口商品换汇成本

出口商品换汇成本是指某商品的出口总成本（人民币）与出口销售该商品的外汇净收入（美元）之比。通过计算得出该商品出口收入一美元需要多少人民币的总成本，也就是说，多少元人民币换回一美元。

计算公式为：出口商品换汇成本 = 出口总成本（人民币）÷出口销售外汇

净收入（外汇）

出口换汇成本是衡量外贸企业和进出口盈亏的重要指标，与外汇牌价相比能直接反映出口商品是否盈利。换汇成本如高于银行外汇牌价，说明出口为亏损；换汇成本低于银行外汇牌价，则说明出口盈利。

例如，当日的人民币对美元的买入牌价是USD100=RMB620，若计算出换汇成本为 6.05RMB/USD，则可盈利，而另一商品出口换汇成本为6.35RMB/USD，则会亏损。

在实际业务中，会经常引入换汇成本来作为计算价格的参考。比如，公司在某一段时间，根据汇率、产品的退税率、预期利润率等来确定一个换汇成本，要求外贸人员在报价时以这个换汇成本作为标准来计算价格。

（3）出口创汇率

出口创汇率亦称外汇增值率，原本是用以考核进料加工的经济效益，具体做法是以成品出口所得的外汇净收入减去进口原料所支出的外汇，算出成品出口外汇增值的数额，即创汇额，再将其与原料外汇成本相比，计算出百分率。在采用国产原料的正常出口业务中，也可计算创汇率，这就要以该原料的FOB出口价格作为原料外汇成本。

计算公式：出口创汇率＝（成品出口外汇净收入−原料外汇成本）÷原料外汇成本×100%

3.1.3 案例（出口商品盈亏率、出口商品换汇成本、出口创汇率）

【案例】某公司以每公吨1 000美元CIF价格出口商品，已知每公吨需支付国际运输费100美元，保险费率为0.1%，国内商品采购价格为5 000元人民币，其他商品管理费为500元，试计算该笔业务出口盈亏率？（汇率为1∶6.45）

解：

出口成本=5 000+500=5 500（RMB）

保险费（I）=CIF×投保加成×保险费=1 000×1.1×0.1%=1.1（USD）

出口净收入（FOB）=CIF−F−I =1 000−100−1.1=898.9（USD）

出口人民币净收入=898.9×6.45=5 797.905（RMB）

出口盈亏率=（5 797.905−5 500）/5 500=5.42%

案例：出口某椅子（Sit-up Bench）1 000只，出口价：每只22美元CIF纽约，CIF 总价 22 000 美元，其中运费 2 160 美元、保险费 112 美元。进价每只人民币 113 元，共计人民币 113 000 元（含增值税 13%），费用定额率 10%，出口退税率 9%，当时银行外汇（美元）买入价为 6.45 元。试计算该笔业务的出口盈亏率。

解：

出口总成本=113 000 ×（1+10%）−113 000 ÷（1+13%）× 9%=124 300−9 000=115 300（RMB）

出口净收入（FOB）=22 000 − 2 160−112=19 728（USB）

出口销售人民币净收入=19 728 × 6.45=127 245.6（RMB）

出口盈亏率 =（127 245.6 − 115 300）÷ 115 300 × 100% = 10.36%

案例：某商品国内进价为人民币 7 270 元，加工费 900 元，流通费 700 元，税金 30 元，出口销售外汇净收入为 1 500 美元，计算该商品的换汇成本。

解：

出口总成本 = 7 270+900 + 700 + 30 = 8 900（RMB）

换汇成本 = 8 900 ÷ 1 500 = 5.93（RMB/USD）

案例：某公司出口商品 1 000 箱，每箱人民币采购价是 100 元，国内费用为采购价的 15%，出口后每箱可退税 7 元人民币，外销价每箱 19 美元 CFR 曼谷，每箱货应付海运费 1.2 美元，计算该商品的换汇成本（保留两位小数）。

解：

每箱货物出口总成本=100 ×（1+15%）−7=108（RMB）

每箱货物出口销售外汇净收入 =19−1.2=17.8（USD）

换汇成本 =108 ÷ 17.80=6.07（RMB/USD）

案例：中国某公司出售一批椅子至日本，出口总价为 USD125000CIF 横滨，从中国口岸至横滨的运费和保险费占 10%，这批货物的国内购进价格为人民币 702 000 元（含 13%增值税）。该外贸公司费用定额率为 5%，出口退税率为 9%。结汇时银行外汇中间价 USD1=RMB6.45，试计算这笔出口交易的换汇成本、盈亏率及创汇率。

解：

出口商品外汇净收入 FOB 价=CIF 价−国外运费−保险费=125 000−125 000 × 10% =112 500（USD）

出口商品人民币净收入=112 500 × 6.45=725 625（RMB）

出口总成本=进货成本（含增值税）+出口前的一切费用和税金−出口退税额

=702 000+702 000 × 5%− [702 000/（1+13%）] × 9%=681 188.50（RMB）

出口总成本（外汇）=681 188.50 ÷ 6.45=105 610.62（USD）

（1）出口商品换汇成本=出口总成本（人民币）÷出口销售外汇净收入（美元）

=681 188.50/112 500=6.06

（2）出口商品盈亏率=（出口销售人民币净收入−出口总成本）÷出口总成本 × 100%

=（725 625−681 188.50）÷ 681 188.50 × 100%=6.52%

（3）出口创汇率=（成品出口外汇净收入−原料外汇成本）÷原料外汇成本 × 100%

=（112 500−105 610.62）÷ 105 610.62 × 100%=6.52%

3.2 报价方法

外贸企业根据企业和市场的情况确定了相应的定价方法后，为了达成交易，还应注意报价方法的使用。

1. 顺向报价方法

顺向报价方法是一种传统的报价方法，即卖方首先报出最高价格或买方报出低价。这种报价方法，价格中的虚报成分一般较多，为买卖双方的进一步磋商留下了空间。卖方报出高价后，如果买方认为卖方价格过高时，会立即拒绝或怀疑卖方的诚意，并要求卖方降低价格。而当买方认为卖方的价格较为合理时，买方依然会坚持要求卖方继续降低价格，一旦卖方降价，买方就会产生一定的满足心理，这时只要卖方能够把握时机，往往能够促使交易成功。如果卖方所报价格水分过多，超出对方可预见的最小收益，就变成乱开价，买卖双方的谈判也就无法继续进行。

2. 逆向报价方法

逆向报价方法是一种反传统的报价方法，具体做法是，卖方首先报出低价或买方报出高价，以达到吸引客户、诱发客户谈判兴趣的目的。然后，再从其他交易条件寻找突破口，逐步抬高或压低价格，最终在预期价位成交。运用此种报价方法，对首先报价一方风险较大。在报价一方的谈判地位不是很有利的情况下，在报出令对方出乎意料的价格后，虽然有可能将其他竞争对手排斥在外，但也会承担难以使价位回到预期水平的风险，对商务谈判人员要求较高，除非确有必要，在实际商务谈判中应尽量避免使用。

3. 先报价方法

先报价方法是指争取己方首先报价，使己方掌握主动权，为双方提供了一个价格谈判范围，如当买方先报低价时，则双方的预期成交价格是买方价位与卖方预期价格之间。相反，当卖方首先报出高价时，双方预计的成交价位则应在卖方所报价位与买方预期价格之间。

4. 尾数报价方法

尾数报价方法，即利用具有某种特殊意义的尾数或人们的“心理尾数”定价，尽量避免整数报价。采用尾数报价方法一方面是针对人们对数字的心理，另一方面也是出于商业谈判技巧的需要。如前所述，某种商品的价格一般是按实际成本加上利润计算的，较少出现整数，因此，当一方采用整数报价方法时，往往难以使对方信服。比如，利用一些民族或地方的风俗习惯，在报价或还价中使用当地人们特别偏好的数字，投其所好等。

3.3 佣金和折扣

在合同的价格条款中，有时会涉及佣金（Commission）和折扣（Discount）问题。佣金和折扣直接关系到商品的价格，灵活地运用佣金和折扣，可以调动外商的积极性，增强市场竞争力，起到扩大出口的目的。

3.3.1 佣金

佣金是代理人或经纪人为委托人介绍买卖或提供其他服务而取得的报酬。在货物买卖中，佣金常常表现为交易一方支付给中间商的报酬。例如，出口商支付佣金给销售代理人，或进口商支付佣金给采购代理人。

包含佣金的价格称为含佣价，不含佣金者则为净价（Net Price）。佣金如在价格条款中明确规定则称作明佣，也有的不在价格条款中表示出来，由当事人按约定另付，这种做法称为暗佣。

明佣的表示方法一般是在价格之后加列一定百分比的佣金率。例如，USD22．50 per piece CIFC5 New York。这里的 C5 指 5% Commission，即佣金率；佣金额是在含佣价的基础上计算的，即：

佣金额 = 含佣价 × 佣金率

净价 = 含佣价−佣金额=含佣价（1−佣金率）

含佣价=净价÷（1-佣金率）

佣金的支付方法有两种：一种是在交易达成时就向中间商支付佣金，另一种是卖方在收到全部货款后，再另行支付佣金。在前一种情况下，虽交易已达成，但万一合同无法履行，委托人仍要向中间商支付佣金。而后一种情况对委托人比较有利。为了避免和防止误解，除要明确规定委托人与中间商之间的权利与义务之外，委托人最好事先与佣金商达成书面协议，明确规定出支付佣金的方法。通常佣金可在合同履行后逐笔支付，也可按月、按季、按半年，甚至一年汇总支付。

3.3.2 折扣

折扣（Discount）则是卖方给予买方的一种价格减让。国际贸易中使用的折扣名目较多，除一般折扣外，还有为扩大销售而使用的数量折扣（Quantity Discount），为某种特殊目的而给予的特殊折扣（Special Discount）及年终回扣（Turnover Bonus）等。折扣与佣金一样，有“明扣”和“暗扣”之分。明扣在价格条款中明确表示出来，如“USD220.00per M／T CIF London less 3% Discount。”

折扣通常是以成交额或发票全额为基础计算出来的。

折扣额＝原价×折扣率

折扣额一般在买方支付贷款时预先予以扣除。

3.3.3 佣金折扣案例

【案例】我国某公司就某商品对外商报价为100美元/公斤，CIF新加坡，该外商回电要求我方改报CIFC2新加坡价格，在保证我方外汇收入不减少的条件下，试计算该新报价应为多少？（计算结果保留到小数点后两位）

解：

含佣价=净价÷（1-佣金率）

CIFC2=CIF÷（1-2%）=100÷（1-2%）=102.04（美元/公斤）

案例：上海某公司出口1 000箱货物至科威特，每箱US$50.00美元CFRC3科威特。客户要求改报FOBC5上海价。该货物每箱尺码为42厘米×28厘米×25厘米，总毛重为20 000千克。海运运费按W/M（11级）。查出口地至科威特11级货基本运费为70美元，港口附加费为运费的20%，试求FOBC5上海

价是多少？（要求写出计算公式及计算过程）

解：

CFR 净价=含佣价×（1-佣金率）=50×（1-3%）=48.5（USD）

尺码吨：42×28×25×1 000=29.4＞20（吨）

因为海运费按 W/M，所以运费按照 29.4 计算。

运费=29.4×70×（1+20%）=2469.6（USD）

FOB=CFR-F=48.5-2.469 6=46.030 4（USD）

含佣价=净价÷（1-佣金率）

FOBC5=46.030 4÷（1-5%）=48.45（USD）

3.4 外贸合同中的价格

对于跟单员而言，掌握商品的价格是一项复杂而又十分艰巨的工作。为了做好这项工作，跟单员必须熟悉交易商品成本核算方法、主要贸易术语的价格构成和换算方法；了解作价方法和国际市场商品价格变动趋势，充分考虑影响价格的各种因素，合理地制定国际货物买卖合同中的价格条款。

3.4.1 主要贸易术语的价格构成

1. FOB、CFR、CIF 三种贸易术语的价格构成

FOB、CFR、CIF 三种贸易术语在价格构成中，通常包括三方面内容：生产或采购成本、各种费用和净利润。其中，费用的核算最为复杂，通常包括国内费用和国外费用两部分。

国内费用项目较多，主要有：

- 加工整理费用；
- 包装费用；
- 保管费（包括仓租、火险等）；
- 国内运输费用（仓至码头）；
- 证件费用（包括商检费、公证费、领事签证费、产地证费、许可证费、报关单费等）；
- 装船费（装船、起吊费和驳船费等）；
- 银行费用（贴现利息、手续费等）；
- 预计损耗（耗损、短损、漏损、破损、变质等）；

- 邮电费（电报、电传、邮件等费用）。

国外费用主要有：

- 国外运费（自装运港至目的港的海上运输费用）；
- 国外保险费（海上货物运输保险）；
- 中间商佣金。

FOB、CFR 和 CIF 三种贸易术语的价格构成的计算公式如下：

FOB 价 = 生产 ÷ 采购成本价 + 国内费用 + 净利润

CFR 价 = 生产 ÷ 采购成本价 + 国内费用 + 国外运费 + 净利润

CIF 价 = 生产 ÷ 采购成本价 + 国内费用 + 国外运费 + 国外保险费 + 净利润

2. FCA、CPT 和 CIP 三种贸易术语的价格构成

FCA、CPT 和 CIP 三种贸易术语的价格构成也有三部分：生产或采购成本、各种费用和净利润。由于采用的运输方式不同，交货地点和交货方式不同，有关费用也有所不同。

FCA、CPT 和 CIP 三种贸易术语涉及的国内费用通常包括以下几种：

- 加工整理费；
- 包装费；
- 保管费（包括仓租、火险）；
- 国内运输费用（仓至码头、车站、空港、集装箱运输站、集装箱堆场）；
- 拼箱费（如果货物不足一整集装箱）；
- 证件费用（商检费、公证费、领事签证费、产地证费、许可证费、报关费等）；
- 银行费用（贴现、手续费等）；
- 预计损耗（耗损、短损、漏损、破损、变质等）；
- 邮电费（电报、电传、邮件等）。

国外费用主要有：

- 国外运费（自出口国内陆起运地至国外目的地的运输费用）；
- 国外保险费；
- 中间商佣金。

FCA、CPT 和 CIP 三种贸易术语的价格构成的计算公式如下：

FCA 价 = 生产 ÷ 采购成本价 + 国内费用 + 净利润

CPT 价 = 生产 ÷ 采购成本价 + 国内费用 + 国外运费 + 净利润

CIP 价 = 生产 ÷ 采购成本价 + 国内费用 + 国外运费 + 国外保险费 + 净利润

3.4.2　主要贸易术语的价格换算

1. FOB、CFR 和 CIF 三种价格的换算

（1）FOB 价换算为其他价

CFR 价 = FOB 价 + 国外运费

CIF 价 =（FOB 价 + 国外运费）÷（1-投保加成 × 保险费率）

（2）CFR 价换算为其他价

FOB 价 = CFR 价 − 国外运费

CIF 价 = CFR 价 ÷（1 − 投保加成 × 保险费率）

（3）CIF 价换算为其他价

FOB 价 = CIF 价 ×（1 − 投保加成 × 保险费率）− 国外运费

CFR 价 = CIF 价 ×（1 − 投保加成 × 保险费率）

2. FCA、CPT 和 CIP 三种术语的换算

（1）FCA 价换算为其他价

CPT 价 = FCA 价 + 国外运费

CIP 价 =（FCA 价 + 国外运费）÷（1 − 投保加成 × 保险费率）

（2）CPT 价换算为其他价

FCA 价 = CPT 价 − 国外运费

CIP 价 = CPT 价 ÷（1 − 投保加成 × 保险费率）

（3）CIP 价换算为其他价

FCA 价 = CIP 价 ×（1 − 投保加成 × 保险费率）− 国外运费

CPT 价 = CIP 价 ×（1 − 投保加成 × 保险费率）

第4章

进行样品跟单

样品跟单是企业获取订单的重要途径。跟单员需要了解样品的重要性和种类，根据客户的要求制作和提供样品，做好样品管理，及时跟进客户对样品的反馈，以及后续跟进等工作。

4.1 样品的重要性和主要种类

4.1.1 样品的重要性

样品（Sample）是能够代表商品品质的少量实物，或者是从整批商品中抽取出来作为对外展示模型和产品质量检测所需；或者在大批量生产前根据商品设计而先行由生产者制作、加工而成，并将生产出的样品标准作为买卖交易中商品的交付标准。

样品作为商品的品质代表展示时，代表同类商品的普遍品质，包括商品的物理特性、化学组成、机械性能、外观造型、结构特征、色彩、大小、味觉，等等。

样品是外贸企业获得订单的主要途径，样品的重要性如下。

- 样品是一个企业的形象代表。样品直接反映一个企业的经营推广能力、生产制造能力、售后服务能力。
- 样品是产品品质的代表。一个样品能体现企业经营的产品是高档还是低档，是超市产品还是地摊货。
- 样品是价格的代表。很多时候，同样的产品在不同的工厂生产其价格有较大差别，只有看到了样品，才能确定产品的定价。
- 样品是生产的代表。订单都是根据确认的样品来生产的，确认样品的难度、工艺要求、结构直接关系到生产的难度、时间、进程。
- 样品是验货和索赔的依据。验货是根据确认样来验的，索赔也是根据确认样来进行的。

从上面可以看出，样品对于一个企业有多重要，一个样品的好坏直接关系着客人是否能进来，订单是否被敲定，是关系着有没有生意做的大问题，所以大家一定要引起重视，不要因为一个小小的样品毁了一个大大的订单！

4.1.2 样品的主要种类

样品的种类很多，常用的有：宣传推广样、参考样、测试样、修改样、对等样、确认样、成交样、产前样、生产样、出货样等。此外，在不同的行业还有针对本行业的样品分类。

1. 宣传推广样

宣传推广样是指企业用于境内外参展、对外展示的实物。一般是从一批商品中抽取出来的，或是由生产、使用部门设计加工出来能代表今后交货质量的实物，通过样品的实物形态向公众反映出商品品质全貌。

2. 参考样

参考样是指卖方向买方提供仅作为双方谈判参考用的样品。参考样与成交样品的性质不同，不作为正式的检验依据。样品寄给买方只做品质、样式、结构、工艺等方面的参考，为产品的某一方面达成共识创造条件。

3. 测试样

测试样是交由买方客户通过某种测试检验卖方产品品质的样品。如果样品测试结果不能达到客户的要求，客户可能不会下单订货。

4. 修改样

修改样是指买方对样品的某个方面提出修改，修改后卖方又重新寄回买方确认的样品。

5. 对等样

对等样（Counter Sample），指卖方根据买方提供的样品，复制出一个类似的样品交买方确认，这种经确认的样品就称为“对等样”或“回样”。

6. 确认样

确认样（Approval Sample）是指买卖双方认可、最后经买方确认的样品。在完成确认样品后，必须由技术检验部门评估，只有经技术检验部门评估合格的样品才可发送给客户。

跟单员在评估确认样时，必须重点注意以下方面。

- 所选的材料是否与客户要求完全一致。
- 样品各个部位的尺寸是否与客户的图纸完全一致。
- 样品的颜色和包装是否与客户的要求完全一致。
- 样品的数量是否与客户的要求完全一致。
- 本企业是否有留样。留样至少需保留一件，以便作日后生产大货订单的实物依据。

确认样要打好，要注意生产的难度性，不要确认样打的是牡丹花，生产出来的却像牵牛花，生产工艺达不到的样品，不能做，否则害人害己。

对客户在较长时间后才确认的确认样，下达的订单要十分注意。长时间才确认可能是客户太挑剔，也可能是确认样生产存在问题。如果接了这类订单，在生产时要盯紧质量，不能有一丝马虎，因为这种订单索赔的比例最高。

7．成交样

成交样是指经买卖双方最终确认并作为合同标的的样品，是双方交货和验货的重要依据。

凭成交样品买卖的商品不多，一般限于不能完全使用科学方法和文字数据来表示品质的一些商品才采用。例如，皮鞋、服装、土特产品、少数轻工产品及工艺美术品等。凭样品买卖属于特殊买卖的一种，其与一般买卖的区别在于，凭样品买卖在订立合同时就存在样品，并且当事人在合同中明确约定“标的物的质量必须与样品的质量保持一致”或“按样品买卖”等字样。如果当事人未在合同中明确规定，即使出卖人已向买方提示了样品，都不为凭样品买卖。在采取凭成交样品买卖时，由于某种商品的特点，事实上难以做到“货”与“样”完全一致的，外贸企业在成交时应争取以我方提供的样品为依据在合同中订明“品质与样品大致相同”的条款，以争取主动。为了判断卖方交付的标的物是否与订立合同时的样品保持同一质量，《合同法》第 168 条规定，凭样品买卖的当事人应当封存样品，并且可以对样品质量予以说明。

成交样的确认有以下几种方式。

- 由卖方或买方提出，经过双方确认。
- 由买方提供样品，经卖方复制样品（又称回样）再寄买方确认。
- 由买卖双方会同签封。
- 申请出入境检验检疫机构签封，一般以相同的样品一式三份，经审核后签封，买卖双方各执一份，另一份由出入境检验检疫机构留存，供今后检验时对照。

跟单员对出口商品的成交样品要慎重把握，成交样必须具有代表性，应当能够代表今后交货的实际质量，不能偏高或偏低。

8．产前样

产前样（Preproduction Sample），是指大货生产之前需寄客户确认的样品。一般是客户为了确认大货生产前的颜色、工艺等是否正确，向卖方提出的基本要求之一。

9．生产样

生产样（Production Sample），又称为大货样，是大货生产中随机抽取的样品，可以及时反映大货生产时的品质等情况。客人根据生产样，可能会作出一些新的改进指示。

10．出货样

出货样是指在交付货物中随机抽取的样品，有些客户就根据这个样品来检验这批货的品质。

外贸样品种类及功能如下表所示。

外贸样品种类及功能

样品种类	样品功能
初样	通常由卖方提供，代表其供货品质，一般看生产工艺和做工
复样	卖方向买方提供原样时，同时留存的具有同样品质的样品，以保证买卖双方各执一份同样品质的样品，作为品质纠纷的解决依据
对等样品	在由买方提供样品的情况下，卖方根据买方来样仿制或从现有货物中选择品质相似的样品提供给买方，以供买方确认
确认样品	作为确认样，比如，面料确认样，客户看中的是：颜色要对，辅料要齐，印绣花也要按照要求的做，特别是代表大货面料一定要好
产前样	一般来说是在大货面料出来后，为了保证大货的准确性，在裁剪前，给客户看的样品，代表大货水平，也是客户对大货的检验
生产样	卖方在大货生产过程中，应买方要求随机抽取的样品，用以反映大货生产的产品品质的样品
出货样	在大货生产完成后，卖方在做好全部出货准备后寄送的样品，用来确定产品的品质及包装
封样	由第三方或由公证机关（如商品检验机构）在一批货物中抽取同样质量的样品若干份，每份样品采用铅丸、钢卡、封条、封识章、不干胶印纸及火漆等各种方式加封识别，由第三方或公证机关留存一份备案，其余供当事人使用

此外，在不同的行业中，还有与该行业对应的其他样品种类。例如，纺织服装中的款式样（Pattern Sample）、广告样（Salesman Sample）、齐色齐码样（Size/color Set Sample）、水洗样（Washed Sample）、船样（Production Sample/Shipping Sample）、色样（Lap Dip）、绣（印）花样（Embroidery/Printed Sample）、辅料样（Accessory Material Sample）等。

4.2 外贸寄样全攻略——有客户索要样品，怎么办

从事外贸的人，总会遇到很多问题，寄样品就是其中之一。而谈到外贸寄样，也要提及一个细节，那就是客户如果索取产品目录，公司该采取什么样的处理方式来对待样品运费问题？ 这与样品费用是相同的。每个公司都有不同的处理方式，所以每个公司也就形成了不同的客户群体和企业文化。

许多外贸新手在是否给客户寄样品问题上举棋不定，因为这涉及样品费和邮寄费及是否为有效客户等因素。如果是老客户要求寄样品，那就按照公司的管理操作即可。如果面对各种各样的新客户索取样品，就需要不同情况不同对待。

外贸寄样问题的实质，就是如何甄选潜在客户，并发展业务关系。

以下我们将从寄样前、寄样中、寄样后三个阶段分别展开分析。

4.2.1 寄样前：判断、打样、费用确认

跟单员 A，做外贸快三个月了，现在遇到寄送样品的问题。每次和客户谈到寄样品的环节，就会谈不下去。 客户想要 A 免费寄送样品和付快递费。可是公司规定：样品可以免费的，但是快递费必须由客户承担。然后 A 就这样直接给客户说了，然后客户就不回复我了。

如何判断寄样与否？如何有效控制寄样品的成本和费用？了解以下种种情况，我们从中找到答案。

1. 明确自己公司的寄样原则

（1）清楚自己公司的定位及海外拓展策略

- 是实力有限，海外拓展初期的、希望有力控制公司销售成本的公司？还是实力雄厚、希望加大海外拓展力度，愿意多投入的公司？
- 是前者，可以量入为出；是后者，样品方面（样品、运费）可多做预算。
- 建议根据客户等级建立样品寄送标准。
- 从公司的角度对一定销售期间的样品数量及金额做预算。

（2）对潜在客户做深入的分析判断

- 一般来讲，对于合作已久，知其底细的老客户，可考虑样品费、运费全免。
- 设计客户背景调查表（见附件），用以了解新客户；如果是有诚意的客户，不会计较互相深入了解，而且会提出很有针对性的询价和寄样要求。

- 对于有诚意的新客户，可告知虽然样品可免费提供，但从发展双方业务计，请对方付运费。
- 希望能一次性提供多个样品，且不愿支付任何费用的，经进一步详细分析（对方公司背景，样品用途等）后，酌情处理。

（3）与产品相关

- 从公司的角度，首先要明确样品及运费成本。
- 要让客户知道，即使样品免费，无论其货值如何，都是您公司的运营成本。
- 样品价值高、运费也贵的，无论新老客户，请对方谅解，本着共同发展的原则，希望对方分担运费。
- 可事先准备标准模板信，就样品寄送问题做基本阐明。

（4）了解客户索样的用途，为今后订单铺底

客户常见的索样用途有以下几种。

- 纯粹收集样品做分析比较。
- 产品有关参数测试。
- 最终用户的使用体验。
- 潜在的、可见的订单。

（5）正确心态：不是只有带来订单的样品投入才有价值

- 想想做广告吧。只有让更多的人知道，才有可能有更多更好的效果。
- 即便暂时没有订单，也可以通过客户反馈，了解目标市场的最新行情、产品需改进的要素及产品线的 R&D 方向。
- 有些产品如纺织品，需做成分检查；如手机，需经过相关入网测试（一般 2～3 个月），所以需耐心等待。

2．寄样和无须寄样的几种情况

（1）无须寄样的情况

这类大概均属“素昧平生”型的。这种情况比较普遍，相信大家早已有所耳闻，就是说以前根本没有联系的贸易公司突然以传真的形式（或类似形式）表示对您的产品感兴趣。具体可分以下两种。

①“单口相声”类

概念特征：希望能够提供样品供检测，同时要求提供公司简介、营业执照、法人名片等资料，通常有固定格式。如果寄样品过去，那么会很快得到答复，并要求去该公司所在地签订合同（从收到样品到下单的时间可以用神速来形

容）。

评价：这些公司一般都是自己有办公场所，但他们不是真正做生意的。这种实体一般是挂着香港等企业分公司的牌子，沿海地区较多。

②“双簧”类

概念特征：这种比上面的“单口相声”要高明一点点（一点点而已）。顾名思义，这里需要两方面的密切配合。即 A 厂（没有联系过的）突然电话告之曰：“我方为一生产厂家，现在需要你方作我方的 XX 区销售独家代理。（云云）……”正当你困惑之时，有一另外一单位（称 B 厂，同样没有联系过）电话告之急需什么什么产品，而这种产品正是 A 厂提供的；这样一来，你对 A 厂的怀疑也许就会被 B 厂的询盘所掩盖，这样就上钩了。然后你就会被牵着鼻子。甲乙两方你来我往，好似双簧，吃亏的当然不会是他们。

评价：甭管大骗还是小骗，总之他们的宗旨是“骗就一个字”！

这两种骗术其实很容易防范，只要大家不贪图小便宜。要知道努力之后都不一定有成果，更何况是送上门来的免费午餐？

（2）应该寄样的情况

- 自己联系的国内、外公司，在经过几次磋商（询盘、报盘、还盘等）后，为了使客户更深入地了解自己的产品，可以考虑送样！这一种情况应该是比较正常的情况了。
- 对于一些规模较大、在行业范围内较有名气的客户，要主动出击，主动拜访，主动递上资料，否则抢不到先机，在市场竞争中恐怕就落入困境了。

如果是自己主动寄样，所寄的样品也不一定太多，有代表性一点，或造型新颖一点就可以了。但样品的质量一定要保证，要知道样品它代表的就是你们公司，样品不好，等于给你们公司的名称上贴上了劣等标签，给对方留下不好的第一印象。第一印象一旦形成，以后可能很难改变了。所以大家一定要注意给客户的“第一印象”——样品的质量。

如果是客户要求寄样，应该尽量满足对方合理的要求；注意，我这里讲“合理”，如果对方一次性要几十种样品，工厂可能不会一下子拿出这么多产品，或是基于费用的问题也不想拿出太多，这样就需要同对方商量一下。有的客户会同意寄几款有代表性的；有的客户仍然全部都要，但可以给你时间让你准备或是分批交样。在这种情况下我们还是赞成尽量满足客户要求的。

(3) 可寄可不寄的情况

实际上，在与一部分潜在客户沟通的过程中，你会感到作出寄样的决心与作出不寄的决心几乎相等的情况，把它单独归纳出来。

这里，潜在客户要么不大，要么产品不是十分的匹配，联系可能也不太频繁和热烈，所以让人提不起精神来。我想这种情况就会体现出企业宗旨的差异了。如果说你的工厂规模较大，样品费几乎不是问题，完全可以负担得起，而且工厂也希望通过各种途径扩大企业的知名度，那就不妨一试，毕竟这也是一个机会；但如果你的工厂没有过多富余的资金，或没有专门的这项预算，企业也是本着稳妥的市场开发方针，那就不必寄了。

这两种寄与不寄也没有什么好与不好的分别，这是不同企业情况所体现的差异，这种差异的存在也是完全正常的。

但一些人秉着“工厂要有骨气”的思想，说碰到不付样品费的就不寄样，这种一概而论的观点未免偏颇。毕竟你是在给自己（的工厂）联系业务，到时候没钱赚亏的也不是别人，干吗要义气用事呢？这跟骨气没有丝毫的关系。

3. 样品收费和样品免费原则

对于初次交往的客户

- 对国内客户收取样品费用，按产品报价的三倍收取，另加快递费用。如真皮产品，按整张真皮收到费用。
- 以 E-mail 或 FAX 样品费用的形式发票给客户确认及要求支付费用。在样品形式发票上需注明工厂详细资料。

> **提示：**将这些没诚意做订单只是索取样品的公司从客户中过滤出来，可以方便企业将重点放在有效的客户身上。

合作的贸易公司（有过订单的公司）

- 在样品费用较小及公司主营产品与工厂产品对口的情况下，免费提供样品；客户需支付样品运费。对连运费都不想支付的公司，可以将这些公司纳入放弃的客户群体。
- 当样品费用较重，需收取样品费用，承诺在订单后从货款中全部退还。且在订单后主动将样品费用退还。

大客户（订单频率较高，数量较大者）

国外客户需支付样品运费，样品免费；如样品制作费用较重（涉及印刷、模具等），需让客户支付部分样品费用。

关于样品费用这个问题，收取样品费用和免费都是正确的。主要看公司在客户开发上的策略。下面分析两种方式的优势和劣势。

收取样品费用，使公司有限的资源更有效地被利用，同时减少公司在样品成本方面的开支。并过滤掉许多无价值的客户，但同时也可能放掉真正的客户。

样品免费，从态度来说，是积极性的进攻。同时，为竞争对手制造障碍。但公司承担所有样品制作费用，在样品上的负担较重。

4.2.2　寄样中：检疫报关、寄送方式

1. 寄样准备

（1）样品确认很关键

- 确认客户需要的样品型号及规格，包装、说明书、每单数量要求、形式发票的格式等细节不容忽视。
- 必要时可结合邮件及光盘、照片。

（2）取样原则

- 样品要有代表性，是从批量生产的产品中抽样而得。
- 保证待寄样品的质量是严格符合客户要求的。
- 制作样品标签。
- 要留样品及其生产批次等相关资料以备日后核查。

（3）与客户确认寄样地址和收件人等信息

贸易公司等往往存在公司地址与寄样地址不一致的情况，一旦错寄会严重影响你的商业机会。每次寄样务必和客户确认寄样信息：地址、收件人及电话信息。

2. 一般的样品寄送方法

（1）邮政的航空大包：价格较便宜，航程大约在两周左右（不含目的国的海关检验和其国内的邮政递送时间）。此方法可适用于大宗的低值产品寄送。可在各地邮局办理。一般商品（非危险品）可正常寄送；如系普通化工品，仅需要出具一般的品质证书（证明其无毒、无害、无爆破性等），便于海关查验核实。如系危险化工品或者疑似危险化工品（如钛白粉），需要出特殊的证明，以及特殊托运。

提示：最小邮寄重量是 2 千克，20 千克为一个限重单位。如超出部分，需要另行打包计费。

（2）航空快递：分为国内邮政的国际 EMS 和国外大快递公司（如 FedEx 联邦快递、DHL 敦豪快递、TNT 等），其费率大致相当。较邮政的航空大包费用贵。若与快递公司有协议，可有折扣价。时间大约一周（或者 3～5 天）。如系普通化工品，仅需要出具一般的品质证书（证明其无毒、无害、无爆破性等），便于海关查验核实。如果是危险化工品或者疑似危险化工品（如钛白粉），需要出特殊的证明，以及特殊托运。

提示：对限重单位有要求。

寄送样品的运费支付方式如下。

- 运费预付（Freight Prepaid）：寄件方交付所需邮寄费用。此支付方式多用于寄送费用低、客户信誉好或老客户、成交希望大的情况下。
- 运费到付（Freight Collect）：收件人交付所需邮寄费用。此支付方式多用于寄送费用高，客户信誉差或新客户、成交希望无法确定的情况下。

3. 如何办理进出口商品检验

办理进出口商品检验，是国际贸易中的一个重要环节。关于出口商品的检验，其程序如下。

（1）商检机构受理报验

首先由报验人填写“出口检验申请书”，并提供有关的单证和资料，如外贸合同、信用证、厂检结果单正本等；商检机构在审查上述单证符合要求后，受理该批商品的报验；如发现有不合要求者，可要求申请人补充或修改有关条款。

（2）抽样

由商检机构派员主持进行，根据不同的货物形态，采取随机取样方式抽取样品。报验人应提供存货地点情况，并配合商检人员做好抽样工作。

（3）检验

检验部门可以使用从感官到化学分析、仪器分析等各种技术手段，对出口商品进行检验，检验的形式有商检自验、共同检验、驻厂检验和产地检验。

（4）签发证书

商检机构对检验合格的商品签发检验证书，或在“出口货物报关单”上加盖放行章。出口企业在取得检验证书或放行通知单后，在规定的有效期内报运出口。

根据进口商品登记规定，进口商品的检验分两大类。

一类是列入《种类表》和合同规定由我国商检机构检验出证的进口商品。进口商品到货后，由收货、用货或其代理接运部门立即向口岸商检机构报验，填写进口货物检验申请书，并提供合同、发票、提单、装箱单等有关资料和单证，检验机构接到报验后，对该批货物进行检验，合格后，在进口货物报关单上加盖印章，海关据此放行。

另一类进口商品，由收货、用货或代理接运部门向所在地区的商检机构申报进口商品检验，自行检验或由商检机构检验，自行检验须在索赔期内将检验结果报送商检机构，若检验不合格，应及时向商检机构申请复验并出证，以便向外商提出索赔。

4.2.3　寄样后：跟踪、下单、改进

1．及时通知很重要

- 将寄样和快递包裹信息及时通知客户，包括寄样品的快递 Courier 跟踪号码何时发送，预计到达时间等信息。以便客户跟进样品快递状态和及时接收。
- 形式发票也不可少。形式发票除了是客户清关的必需单据外，也是出口商样品管理的重要记录。
- 请客户收到样品后确认。

2．样品管理

可设计样品管理表，包括送样国别、客户、样品名、样品的版本及生产批次、样品数量、金额等，参见以下样品管理表 Sample Management。

样品管理表 Sample Management

编号：　　　　　　　　跟单员：

来样/去样	公司名称 Company	联系人 Contact	地址 ADD	国家 Country	样品名称 Sample Name	数量 QTY	运费 Freight	快递及单号 Courier& Tracking #	发样时间 Sending Date	收到的时间 Arrival Date	跟进情况

妥善保存好形式发票，用以留档。客户对样品的评估内容也应记录留存，增加到样品管理表中。

3．跟踪样品情况

- 询问样品顺利到达与否，表达对客户的重视程度，体现外贸的专业精神，避免被忘记。
- 以质量检测报告跟进客户端的样品进展情况（准入测试、终端用户使用体验、参展等）。
- 客户对样品的评估，满意不满意都想办法让客户给出具体说明。

4．建立稳定的联系

- 不管短期内有无订单，尽量与拿样客户建立起一种稳定的联系，不间断通知公司的产品线新情况。
- 沟通的频率很重要。电子商务沟通非常便利，每周定期联系客户，让客户可以随时找到你。否则如果你不联系客户，就有其他供应商联系客户。

4.2.4　寄样后没消息，怎么办

做外贸到了寄样品这一步，表明我们已经向成功靠近了。但是，还是提醒大家：只是靠近成功一步，不是说你的样品寄后，就一定能够拿到订单！

外贸中会经常遇到这样的情况：有些客人在未得到你的样品前，会经常催你寄样，等收到样品后就没有消息了。寄样后究竟有没有订单？这是跟单员最为关心的话题。跟单员寄样后期盼客户下订单，心情可以理解。但是，样品跟单后，客户来不来订单，最好要有个分析，能做好准备充分应对将来的多种可能，并调整心态、心中有数。

给客户寄了样品，没有回复怎么办？有以下几种情况。

（1）客户是贸易商或中间商，而不是最终买家和客户，中间商需要时间寄给最终客户并等待最终的反馈信息。这种情况是因为中间环节多的问题，寄样后需等待的时间长可以理解，但还是有希望的，需要定期跟进客户。

（2）客户在收到样品后，感到不满意，比如，质量、款式等，这类情况会使他不再理你。

（3）样品本身的特殊性。样品属于某些特殊类型的，比如，纺织品，可能有测试或成分检查等，电器则有相关的认证等，这也需要一定的过程。此类情况，也还是有希望。

（4）遇到收集样品的客户，他可能已经找到了更好的替代品或将您的样品放入他们的档案做样品资料，仅此而已，故会找借口来搪塞你，这种情况下订单没有希望。

（5）可能你的样品是比较满意的，但相关的交易条件令人不满意，比如付款方式、价格条款、交货期等。有些客户不会说，收集样品也不止一家。总之，碰到这样的事，则要有耐心，能有订单则最好，若没有，也很正常。但你要努力去跟催客人，知道客户对样品的真实想法，以求在以后的沟通和联系中取得最好的效果。如果本次不成功并不意味着没有希望，经常保持与客户的联系和沟通，如果他是最终客户可能在以后的接触中会另外选择您。您要做好潜在客户的跟进和维护。

以上，客户有各种各样，会遇到的情况也千千万万，但无论怎样，都要及时与客户直接联系和沟通，通过邮件、即时在线聊天软件（如 Skype）、社交网络（如 Twitter）、电话等。当然如果条件允许，电话沟通是最直接最有效的。通过样品单的接触，可以分辨出无效客户和潜在客户。之后重点放在潜在客户，了解他们的真正想法、要求和反馈建议。

第5章

订单跟踪

订单跟踪是外贸工作的中心，跟单员要对订单进行审核和确认，并认真跟进以确保合同的履行。

5.1 订单审核与确认

报价和样品符合要求后，即可以要求下单进行制作，这时就需要进行订单的审核和确认。

5.1.1 订单的几种形式

在对外贸易中，跟单员接到的订单形式没有特定的限制，常见的有以下几种形式。

1. 合同

出口合同根据草拟人的不同，有销货合同（Sales Contract）和购货合同（Purchase Contract），前者由卖方草拟，后者由买方草拟。合同内容一般包括三部分：合同首部、合同主体和合同尾部。

2. 确认书

确认书（Confirmation）是合同的简化形式，对于异议、索赔、仲裁、不可抗力等一般条款都不会列入，使用第一人称语气。根据草拟方的不同，分别命名为售货确认书（Sales Confirmation）和购货确认书（Purchase Confirmation）。这种格式的合同，适用成交金额不大、批次较多的轻工日用品、小土特产品，或已有包销、代理等长期协议的交易。

3. 协议书

协议书或协议在法律上是合同的同义词，除非是初步协议（Preliminary Agreement）或原则性协议（Agreement in General），且协议内订明：本协议属初步性质，正式合同有待进一步洽商后签订（This agreement is of preliminary nature，a formal contract will be signed after further negotiation）或作出其他类似意义的声明，以明确该协议不属正式有效的合同性质。

4. 备忘录

备忘录也可作为书面合同的形式之一，但在跟单中较少使用。它在法律上对双方不具有约束力。

5. 意向书

意向书只是双方当事人为了达成某项协议所作出的一种意愿的表示（Expression of Intentions），它不是法律文件，对双方没有约束力。

6．订单和委托订购单

订单（Order）是指由进口商或实际客户拟制的货物订购单。委托订购单（Indent）是指由代理商或佣金商拟制的代客购买货物的订购单。

5.1.2　跟单员必须会审查订单

审查合同（包括合同初稿）的内容主要包括货物的名称、质量、数量、单价、交货期限、交货方式、付款方式及包装等要求。

1．审查货物名称（Name of Commodity）

例：Rice 180 EUR per M/T FOB QINGDAO，其中 Rice 即为品名条款。

跟单员在审查货物的品名条款时，应注意下列事项。

- 内容是否明确、具体，避免空泛、笼统的规定。
- 该货物是否是企业能够供应且买方需要的商品，凡做不到或不必要的描述性的词句都不应列人品名条款。
- 是否使用国际上通用的名称，若使用地方性的名称，交易双方是否事先就其含义达成共识。某些新商品的定名及其译名是否准确、易懂，并符合国际上的习惯称呼。
- 是否选用了合适的品名，以便减低关税、方便进出口和节省运费开支。

2．审查货物质量（Quality）要求

货物质量的表示方法主要有以下几种。

（1）凭规格

规格是指用以反映货物质量的若干主要指标，如成分、含量、纯度、大小、长短、粗细等。

（2）凭等级

等级是指同一类货物，根据长期生产和贸易实践，按其品质差异、重量、成分、外观或效能等的不同，用文字、数码或符号所做的分类。“凭等级买卖”只需说明其级别，即可明确买卖货物的质量。

（3）凭标准

标准可分为国家标准、行业标准、地方标准和企业标准四种。

（4）凭牌号或商标

在国际市场上信誉良好、品质稳定，并为买方所熟悉的货物，可凭牌号或商标对外销售。牌号和商标是区分和识别货物质量的标志。所以，在凭牌号或商标的买卖中，即使在合同中不具体规定质量和规格，卖方在交货时仍必须按该牌号或商标所通常具有的质量交付货物，否则，不仅构成违约，而且做坏“牌子”。

（5）凭产地名称

有些商品，特别是农副土特产品，例如，绍兴黄酒、金华火腿、龙口粉丝等，这些货物冠以产地名称，与工业品采用牌号和商标一样，同样可起到明确货物质量的作用。卖方凭产地名称销售某种农副土特产品，就必须交付具有为国内外消费者所周知的特定质量的产品，否则，买方可拒收货物并提出索赔。

（6）凭说明书和图样

有些商品，如机械、电器、仪表等，由于结构复杂，型号繁多，性能各异，难以用几项指标来表示其品质，也不能用简短的文字说明其使用方法。在销售这类商品时，就需凭说明书和图样（Descriptions and illustrations）来表示商品的质量。

（7）用样品表示

有些货物的质量难以用文字说明来表示，如部分工艺品、服装、土特产品、轻工产品等，则可用样品表示。这种做法又称“凭样买卖”或“凭样销售”（Sale by Sample），凭样买卖有凭卖方样品买卖和凭买方样品买卖两种。

3. 审查货物数量（Quantity）

跟单员应审查合同中所规定的货物的数量是否可以及时筹集到，其计量单位、重量及约数有何规定。

（1）审查计量单位

在国际贸易中，通常采用的计量单位有下列几种。

- 重量（Weight）：如克、千克、盎司、磅、吨、长吨、短吨等。
- 个数（Numbers）：如只、件、套、打、罗、令等。
- 长度（Length）：如米、码等。
- 面积（Area）：如平方米、平方码等。
- 体积（Capacity）：如立方米、立方码等。
- 容积（Volume）：如升、加仑、蒲式耳等。

（2）审查重量的计算

有以下两种：

- 按毛重计算。即“以毛作净”（Gross for Net）或“以毛作净价”（Gross for Net Price）。

- 按净重计算。此外，个别商品有按公量（conditioned' Weight）和理论重量（Theoretical Weight）计算的。

（3）审查约数

在合同数量前加“约”字，也可使具体交货数量作适当机动，即可多交或少交一定百分比的数量。但国际上对“约”字的含义解释不一，有的解释为 2.5%，有的则为 5%。《跟单信用证统一惯例》（国际商会第 600 号出版物）则规定：信用证上如规定“约”字，应解释为允许有不超过 10%的增减幅度。鉴于“约”数在国际上解释不一，为防止纠纷，使用时双方应先取得一致的理解，并有书面协议。

4．审查货物价格（Price）

跟单员应审查货物的价格是否过低，是固定价格还是非固定价格，有没有价格调整条款，价格里包不包含佣金与折扣，采用何种币制，计价单位是什么等。此外，要特别引起跟单员重视的是不同贸易术语下的价格构成因素是不同的，它们包含着不同的费用。例如，FOB 术语中不包括从装运港至目的港的运费和保险费；CFR 术语则包括从装运港至目的港的通常运费；CIF 术语中既包括从装运港至目的港的通常运费，又包括保险费。在对外洽商交易过程中，有时一方按某种贸易术语报价时，对方要求改报其他术语所表示的价格，如一方按 FOB 报价，对方要求改报 CFR 或 CIF 价，这就涉及价格的换算问题。了解贸易术语的价格构成及其换算方法，是跟单员必须掌握的基本知识和技能。

5．审查交货期限（Time 0f Delivery）

跟单员应审查交货期限是否合理，公司是否能及时筹备到货物，并装船送达，交货期限一般应规定一个期限，而不是某个具体日期。

目前常用的有以下几种规定方法：

- 规定在某月内装运。例如，一月份装运（Shipment During Jan）。按此规定，全部成交货物可在 1 月 1～31 日这一期限内的任何一天装运。
- 规定在某月月底或以前装运。例如 6 月底或以前装运（Shipment at or before the end of June），即自订立合同之日起，最迟不超过 6 月 30 日装运。
- 规定在某月某日或以前装运。例如 7 月 15 日或以前装运（Shipment on or before July），即自订立合同之日起，最迟不超过 7 月 15 日装运。
- 跨月装运，即规定在某 2 个月、3 个月或几个月内装运。例如 1 月、2

月份装运或 1 月、2 月、3 月份装运（Shipment during Jan/Feb.Jan./Feb./March shipment），即指货物可分别在 1 月 1 日至 2 月 28 日止或 1 月 1 日至 3 月 31 日止这一期限内的任何一天装运。

- 在信用证结算方式下，也可采用规定在收到信用证后的一定时间内装运。例如收到信用证后 30 天内装运（Shipment Within 30days after Receipt of L/C）。由于交货期是以买方开出信用证为前提，如买方拖延或拒绝开证则卖方仍很被动，因而一般还应同时规定开到信用证的期限。例如买方必须不迟于某月某日将信用证开到卖方（The L/C Must reach the Seller not later than...(date)）。

6．审查付款方式（Payment）

跟单员审查的内容主要是看客户的付款方式是否为企业可以接受的方式。因为每个企业都自定其付款条件，规定有些付款方式企业不能接受。国际贸易中的支付方式主要有：信用证结算方式、汇付、托收。

7．审查包装要求（Packing）

商品的包装一般分为销售包装和运输包装。在商品的销售包装上一般除了印有商品的品名、商标、产地外，也有根据具体需要或要求印有简单的规格、用途或其他一些内容，特别是很多商品的销售包装上都有计算机容易识别的条形码标志。

在运输包装上，一般都需要刷制一定的包装标志。包装的运输标志按照其用途可刷制运输标志（Shipping Mark），指示性、警告性标志（Indicative and Warning Marks）。

运输标志俗称唛头，习惯上一般由三部分内容组成，即简单的几何图形，合同编号、商品货号或者发货人/收货人的代号、目的地或目的港的名称，箱号或件号。

典型的指示性标志有：小心轻放（Handle with Care），保持干燥（Keep Dry）、请勿用钩（Use no Hook）；

警告性标志有：爆炸品（Explosive），有毒品（Poison），易燃品（Inflammable）。

通常在运输包装上除了上述包装标志外，一般还有磅码、产地标志。所谓磅码就是指印制或刷制在运输包装上的包件的毛净重和尺码。产地标志用 made in×××的英文字样标明（如 made in China），有时包装标志会应客户的要求作相应的调整。

跟单员应审查客户的包装要求是否能够满足，客户提供的包装资料是否齐全，有无明显的错误。客户的包装资料一般包括内包装、外包装、标签、说明书、条码等。内包装主要有白盒包装、彩盒包装、吸塑包装等；外包装主要是印刷唛头。标签主要是看客户规定哪些地方需贴标签，印刷要求是什么。

8．审查交货方式（Method of Shipment）

交货方式主要有航空运输、海洋运输、铁路运输等。

航空运输：在空运业务中，除了采取包机、班机等方式外，随着国际贸易的发展，还产生航空急件业务。目前在国际上较为有名的航空急件公司有 DHI、TNT、UPS、EMS 等。

海洋运输：海洋运输又可以分为班轮运输和租船运输两种。

5.1.3　合同订单的生效条件，你知道吗

跟单员审校订单后，如果没有发现任何问题，业务员经请示领导批准后，跟单员就可按双方确定的内容与客户办理订单相关手续，即签订合同。

1．签署合同、订单的作用

（1）合同成立的证据

通过口头谈判达成的交易，签署一份书面合同是必不可少的。

（2）合同成立的条件

买卖双方为达成交易而交换的信件、电报或电传等，也可构成书面合同。但是，在磋商交易时，买卖双方的一方曾声明并经另一方同意："合同的成立以双方签订正式书面合同或确认书为准"，那么，即使双方已对交易条件全部取得一致意见，在正式书面合同或确认书签订之前，合同还未成立。在此情况下，正式书面合同或确认书就成为合同成立的不可缺少的条件。

（3）合同履行的依据

买卖双方不论通过口头还是书面磋商，在达成交易后将商定的交易条件全面清楚地一一列明在一个书面文件上，对进一步明确双方的权利和义务，以及为合同的正确履行提供依据，都具有重要意义。

2．合同成立的时间

《联合国国际货物销售合同公约》也规定，接受送达发盘人时生效，接受生效的时间，实际上就是合同成立的时间，合同一经订立，买卖双方即存在合同关系，彼此就应受合同的约束。

在实际业务中，有时双方当事人在洽商交易时约定，合同成立的时间以签约时合同上所列明的日期为准，或以收到对方确认合同的日期为准，在这两种情况下，双方的合同关系即在签订正式书面合同时成立。此外，我国法律和行政法规规定应当由国家有关部门批准的合同，在获得批准时方成立。

3. 订单生效条件

根据各国合同法规定，一项合同即有法律约束力的合同要成为有效合同，除买卖双方就交易条件通过发盘和接受达成协议外，还需具备下列有效条件。

（1）当事人必须具备签订合同的行为能力。签订买卖合同的当事人主要有自然人或法人。根据我国法律规定，除对未成年人、精神病人签订合同的能力加以限制外，对某些合同的签订主体还作了一定的限定，例如，规定只有取得对外贸易经营权的企业或其他经济组织，才能签订对外贸易合同；没有取得对外贸易经营权的企业或经济组织，如签订对外贸易合同，必须委托有对外贸易经营权的企业代理进行。

（2）合同必须有对价或约因。所谓对价（Consideration），即指当事人为了取得合同利益所付出的代价，这是英美法的概念。所谓约因（Cause），即指当事人签订合同所追求的直接目的，这是法国法的概念。按照英美法和法国法的规定，合同只有在有对价或约因时，才是法律上有效的合同，无对价或无约因的合同，是得不到法律保障的。

（3）合同的内容必须合法。

（4）合同必须符合法律规定的形式。当事人约定采用书面形式的，应当采用书面形式。

（5）合同当事人的意思表示必须真实。各国法律都认为，合同当事人的意思表示必须是真实的，该合同才能成为一项有约束力的合同，否则，这种合同无效或可以撤销。

4. 电子商务合同的签订

1996 年 6 月 14 日联合国国际贸易法委员会第 29 届年会上通过了《电子商业示范法》。该示范法允许贸易双方通过电子手段传递信息、签订买卖合同和进行货物所有权的转让。

我国《合同法》第 11 条规定：“合同的书面形式是指合同书、信件和数据电文（包括电报、电传、传真、电子数据交换和电子邮件）等可以有形地表现可载内容的形式。”

5.2 订单的履行

在国际货物买卖中，合同一经依法有效成立，双方当事人就必须履行合同规定的义务。根据《公约》和我国《合同法》规定，卖方的主要义务是交付货物移交与货物有关的单据并转移货物所有权，买方的主要义务是支付价款和收取货物。

“重合同、守信用”是履行买卖合同时必须遵守的原则，也是我国对外贸易一贯遵守的一项原则。按照约定全面履行合同，不仅关系到买卖双方行使和履行各自的权利和义务，而且关系到企业及国家的对外信誉。

5.2.1 出口合同的履行

在我国出口业务中，大多数采用 CIF 或 CIP 术语和不可撤销即期信用证支付方式签订合同。履行这类出口合同的程序，通常包括货（备货与报检）、证（催证、审证和改证）、运（租船订舱、报关、保险、装运等）、款（制单结汇）四个环节。

1．备货与报检

（1）备货

备货就是根据出口合同的规定，按时、按质、按量准备好应交付的货物。主要工作内容包括：安排生产或组织收购货源，核实检查出口货物的质量、数量和包装等状况，在外包装上刷制运输标志和其他必要的标志等。

（2）报检

凡属法定检验或合同、信用证规定必须经出入境检验检疫机构检验出证的商品，在货物备齐后，出口企业应向所在地的出入境检验检疫机构申请检验，只有取得出入境检验检疫机构签发的合格检验证书，海关才准放行。

2．催证、审证和改证

（1）催证

在采用信用证支付方式时，买方应按合同规定按时开立信用证。如合同未规定开证时间，买方则应在装运前的合理时间内开证。当国外进口方在遇到市场变化或资金短缺等情况而拖延开证或不开证时，出口方应提醒和催促对方迅速办理开证手续，特别是大宗商品交易或按买方要求而特制的商品交易，更应结合备货情况及时进行催证，必要时也可请我驻外机构或有关银行等协助代为催证。

（2）审证

为确保收汇安全和合同顺利履行，出口企业应在国家对外经贸政策指导下，依据买卖合同并参照《UCP 600》的规定对国外来证进行认真的审核。

在实际业务中，银行和出口企业共同承担审证任务。银行重点审核有关开证行资信、所承担的付款责任和索汇路线等方面的内容，并要保证来证各项内容符合我国对外政策，不存在歧视性或错误性的政治条款。出口公司则重点审核信用证内容是否与买卖合同及《UCP 600》规定一致，一般包括以下几个方面。

- 开证行的资信。
- 信用证的性质与开证行的付款责任。
- 信用证的金额与货币。
- 有关商品的说明。
- 信用证的装运期、到期日、交单期和到期地点。
- 单据条款。
- 特殊条款。

（3）改证

在审核信用证后，如发现有问题且不能接受的，或因其他原因不能按信用证条款办理，出口企业应及时向开证申请人提出修改的要求。凡是属于不符合我国外经贸方针政策，影响合同履行和收汇安全的问题，必须要求国外进口人修改。

当来证需要修改时，出口企业先向国外进口人（开证申请人）提出，进口人同意后通过开证行办理修改手续。开证行将信用证修改书航寄或以电信方式发送至通支行，通支行再转交受益人。

在办理改证工作中，凡需要修改的各项内容，出口人应做到一次向国外客户提出，并坚持在收到信用证修改书且认可后装运货物。

受益人应对信用证的修改作出接受或拒绝的表示。表示的方法有两种：一是向通支行作出明确的通知；二是在向指定银行或开证行交单时表示，如提交的单据符合信用证修改书的内容，即接受其修改，如提交的单据只符合原证的内容，则为拒绝其修改。此外，《UCP 600》还规定，当信用证修改书的内容有多项时，接受部分修改内容是无效的。

3．租船订舱、报关、保险和装运

出口企业在被活动的同时，应根据合同或信用证规定的装运期，做好托运、报关、保险、装运等工作。

（1）托运（租船订舱）

在 CIF、CIP 或 CFR、CPT 条件下，卖方负责洽租运输工具，安排货物装运。在实际业务中，出口企业通常委托货运代理公司（以下简称货代公司）向船公司或船公司的代理人（以下称为承运人）办理货物运输。

在集装箱班轮运输方式下，有关订舱工作的基本程序大致如下。

出口企业根据各船公司的船期表，填妥海运出口托运单（Booking Note，B/N）后交货代公司，委托其办理订舱出运业务。货代公司接受订舱代理后，持托运单向承运人办理订舱手续。所谓托运单是指托运人（发货人）根据买卖合同（或信用证内容）填写的向货代公司或承运人办理货物托运的单证，也是向承运人订舱配载的依据。

承运人接受订舱委托后，按托运单内容，根据配载原则，结合船舶的航线及货运情况，安排船只和舱位，然后签发场站收据副本（第 1 联），即装货单（Shipping Order，S/O）。

装货单作用有以下 3 点。

- 通知托运人货物已配妥××航次××船、装货日期，让其备货装船；
- 托运人向海关办理出口报关手续的必备单据，海关查货证后，在装货单上加盖放行章；
- 作为告知船长接受该批货物装船的通知。当出口企业收到装货单时就意味着运输合同已经成立。

（2）报关

出口货物装运前，出口企业必须向海关申报，交验有关单证，接受海关对货物的查验。在办理报关时，除提交出口货物报关单（或电子数据报关单）外，还须提供装货单、发票、装箱单或质量单、商检证书及其他有关证件，如系国家限制出口的货物，还需提交出口许可证。出口货物的报关，除海关特准的外，应当在货物运抵海关监管区后，装货的 24 小时以前向货物出境地海关办理。

海关以出口货物报关单及其他单证为依据，对出口货物进行实际的检查和核对，如查验无误，在装货单上加盖放行章。

（3）投保

凡是按 CIF 或 CIP 条件成交的出口合同，出口企业在装船前须及时向保险公司办理投保手续，填制投保单。出口商品的投保手续，一般都是逐笔办理的。保险公司接受投保后，即签发保险单或保险凭证。

（4）装运

集装箱堆场收到集装箱货物后，经核实如认为货物或包装表面状况良好，则签发场站收据正本，交货运人或货代公司。场站收据（Dock Receipt）是承运人委托集装箱堆场在收到货物后，签发给托运人的证明一收到货物，托运人可凭以换取提单的收据。

承运船舶抵港后，船方凭盖有海关放行章的装货单装运集装箱货物。货物装船完毕，集装箱堆场将场站收据副本（第 2 联），即大副联交于船上的大副，作为随船凭证。托运人或货代公司凭正本场站收据向承运人交付运费并换取提单（在装船前，可换取收妥待运提单；装船后，换取已装船提单）。

在散装货运输下，货物装船完毕后，船长或大副签发收货单，即大副收据（Mate's Receipt）。收货单是船方签发给托运人的表明货物已装船的临时收据。托运人凭收货单向承运人交付运费并换取已装船提单。

货物装运后，出口企业应及时向国外买方发出“装运通知”（Shipping Advice），以便对方做好付款、接货等各项准备工作。

4. 制单结汇

出口企业按照信用证的规定，正确缮制各种单据，并在信用证规定的到期日和交单期内，向指定银行提交单据，办理结汇手续。《UCP 600》规定，银行必须审核信用证规定的一切单据，以确定其是否表面上与信用证条款相符，如单据表面上与信用证相符，银行即应付款。因此，为保证安全迅速收汇，出口单据的制作应力求做到“正确、完整、及时、简明、整洁”。

（1）常用的结汇单据及其制作

出口单据的种类很多，出口企业提交的单据种类、内容、份数和制作方法，应视不同的交易和信用证规定而定。以下介绍几种常用的出口单据及其制作时应注意的一些问题。

①汇票（Bill of Exchange, draft）

在信用证业务中，汇票即是支付凭证，又是主要结汇单据，因此，汇票的内容必须与信用证规定相符。

付款人：汇票的付款人应按信用证的规定填写，通常为开证行或其指定的付款行。如来证未作规定，则可理解为开证行是付款人。

受款人：在信用证方式下，汇票的受款人通常为议付行或出口人的往来银行。在我国出口业务中，通常采用指示性抬头，例如“付给某银行或其指定人”（Pay to the Order of XX Bank）。

开具汇票的依据：此即为汇票的“出票条款”（Drawn Clause），应按照信用证规定的文句填写。如信用证未作规定，应在汇票上注明开证行名称、信用证号码及开证日期。例如，“凭××银行××年×月×日第××号不可撤销信用证开立”。

此外，除非信用证另有规定，汇票的金额和货币应与发票规定一致；汇票的出票人通常为信用证的受益人；汇票一般一式两份，两份具有同等效力，其中一份付讫，另一份自动失效。

②发票（Invoice）

发票的种类很多，通常指的是商业发票。此外，还有海关发票、领事发票和厂商发票等。

商业发票（Commercial Invoice）：它是卖方开立的载有货物名称、规格、数量、价格等内容的清单；作为买卖双方交接货物和结算货款的主要单证；也是进出口报关完税必不可少的单证之一。在不使用汇票的情况下，发票作为付款的依据。

商业发票的内容必须符合买卖合同规定，在信用证支付方式下，还应与信用证的规定严格相符。根据《UCP 600》规定，除非信用证另有规定，商业发票必须由信用证指定的受益人出具；必须做成开证申请人的抬头；无须签署；商业发票中对货物的描述，必须与信用证规定相符。

海关发票（Customs Invoice）：一些国家海关制定的、由国外出口人填写的一种固定格式的发票，通称为海关发票。进口国要求提供海关发票，主要是作为估价完税，或征收差别待遇关税或反倾销税的依据，此外，还供编制统计资料之用。

领事发票（Consular Invoice）：有些国家规定，凡输往该国的货物，国外出口人必须向该国海关提供经出口国领事签证的发票，即为领事发票。有些国家制定了固定格式的领事发票；也有些国家则规定可在出口人的商业发票上由该国领事签证（Consular Visa）。领事发票的作用与海关发票基本相似。

厂商发票（Manufacturer' Invoice）：是由出口货物的制造厂商出具的以本国货币计算价格、用来证明出口国国内市场的出厂价格的发票。其目的也是供进口国海关估价、核税及征收反倾销税之用。

③运输单据（Transport Documents）

运输单据随不同的运输方式而各异，这里介绍信用证支付方式下海运提单制作应注意的事项。

提单的各项内容应与信用证规定相符，但其中货物的描述只要与信用证中货物描述不抵触，可使用统称。根据《UCP 600》，除非信用证另有规定，海运提单必须是已装船提单。

国外来证通常要求提供“全套清洁已装船提单，空白抬头和空白背书”（Full set clean on board B/L made out to order and blank endorsed）。根据《UCP 600》规定，银行接受全套正本仅有一份的正本提单，或一份以上的正本提单。

提单的托运人（Shipper），即发货人，一般为信用证的受益人。除非信用证另有规定，银行亦接受以信用证受益人以外的第三方为托运人，如合同的买方等。提单的收货人（Consignee），即提单的抬头，应按信用证规定制作，如做成“凭指定”（To order）或“凭托运人的指定”（To order of shipper）或“凭××银行的指定”（To order of ×× bank）。提单的被通知人（Notify Party），应与信用证规定一致，通常是货物的开证申请人，即进口人或其代理。

提单的运费项目，在 CIF、CFR、CPT、CIP 条件下，应注明“运费已付”（Freight Prepaid）。如为 FOB、FCA 条件，则应注明“运费到付”（Freight Collect）。

提单的签发日期及签发地点。以装船提单的签发日期为货物装船完毕的日期，提单日期不应迟于信用证规定的最迟装运日。提单的签发地点应按装运地点填列。

④保险单（Insurance Policy）

采用 CIF、CIP 条件成交的合同，出口人办理结汇时，应提交保险单据。保险单的被保险人应是出口人，即信用证的受益人，并加空白背书，便于办理保险单转让。

保险单上的保险险别和保险金额应与信用证规定一致。《UCP 600》规定，如信用证未规定保险金额，则保险金额不低于货物 CIF 或 CIP 价值的 110%。保险单上的货币还应与信用证的货币相同。

保险的签发日期应当合理，除非保险单上表明保险责任最迟于货物装船或发运或接受监督之日起生效外，银行将拒收出单日期迟于装船或发运或接受监督日期的保险单。

（2）交单结汇

指定的银行收到受益人（出口人）提交的符合信用证要求的汇票/或单据，经审核确认无误后，即应根据信用证的规定办理付款、承兑或议付。

在我国出口业务中，使用议付信用证方式收款，其结汇的做法主要有买单结汇、收妥结汇和定期结汇。

买单结汇：又称出口押汇，即国际银行界通常采用的“议付”做法，是指议付行在审单无误的情况下，按信用证条款买入受益人的汇票和/或单据，即根据票面金额扣除从议付日到估计收到票款之日的利息，将余额按议付日外汇牌价折成人民币，付给受益人。议付行议付后，可凭汇票和/或单据向付款行索偿。银行做出口押汇，是向出口企业提供资金融通，有利于出口人的资金周转。

收妥结汇：又称收妥付款，是指议付行收到受益人的单据和/或汇票后，经审查无误，将单据和汇票寄交国外付款行索取货款，待收到付款行将货款拨入议付行账户的贷记通知书（Credit Note）时，即按当日外汇牌价，折合人民币收入受益人账户。

定期结汇：是指议付行根据向国外付款行索偿所需时间，预先确定一个固定的结汇期限，到期后主动将票款金额折成人民币拨交受益人。

根据国家有关部门规定，我国出口企业在办理货物出口及制单结汇后，还应及时办理出口收汇核销和出口退税手续。

5.2.2　进口合同的履行

进口合同订立后，作为合同的买方，进口企业要坚持“重合同、守信用”的原则，按合同规定支付货物价款和收取货物。同时，还要随时督促对方按合同规定履行交货义务。

在我国进口业务中，如按 FOB 或 FCA 条件和不可撤销即期信用证支付方式成交，进口合同履行的一般程序是：开立信用证、洽租运输工具与接运货物、办理保险、审单付款、报关、接货与拨交、检验等。

以下介绍进口合同履行的主要环节和工作内容。

1. 信用证的开立和修改

进口合同签订后，进口企业应按合同规定时间向开证行办理开证手续，填写开证申请书。开证申请书的内容应以买卖合同为依据。信用证开出口，对方要求修改某些条款，则应区别情况处理。如同意修改，我方应及时通知开证行办理修改手续；如不同意修改，也应及时通知出口人，敦促其按原证条款履行。

2．洽租运输工具

在履行 FOB 或 FCA 术语成交的合同中，进口企业负责洽租运输工具或指定承运人。在实际业务中，租船订舱工作通常也是委托货运代理公司向船公司或船公司的代理人办理。办理租船或订舱后，应按规定的期限将船名、船期等通知对方，以便卖方备货装船。

卖方装船后应及时向我方发出装船通知，以便我方办理保险和接货等工作。

3．办理保险

按 FOB、FCA 或 CFR、CPT 条件成交的合同，我方进口企业需负责办理货物运输保险。进口货物运输保险有预约保险和逐笔投保两种做法。

4．审单付款

国外卖方交货后，按信用证规定将全套单据提交开证行或议付行，经审核如单据与信用证相符，开证行或付款行就必须按信用证规定付款，开证行或付款行审单付款后无追索权。如单据表面上与信用证规定不符，也可拒绝付款。根据《UCP 600》规定，如银行决定拒绝接收单据，则必须在收到单据次日起五个银行工作日以内，以电信方式或其他快捷方式提出。

开证行在审单无误对外付款的同时，即通知我方进口企业向开证行付款赎单。

5．报关、接货与拨交、检验货物

船舶到达卸货港口后，承运人或货代公司向收货人发出到货通知书。收货人持正本提单和到货通知书向承运人或货代公司换取提货单，随后，向海关办理进口报关手续。海关对货证查验，如货物符合国家的进口规定，即在提货单上签章放行。未经海关放行的货物，任何单位或个人不得提取。

在代理进口业务中，进口企业提货后，向订货或用货单位就地拨交货物或委托运输机构将货物转运内地并交付给订货或用货单位。有关进口关税和运往内地的费用，由运输机构向进口企业结算后，进口企业再向订货或用货单位结算。

对于法定检验的进口货物，进口企业应在入境前或入境时向出入境检验检疫机构办理报检手续。未经检验的货物不准销售和使用。

6．进口索赔

在进口业务中，当进口企业收到货物后，经检验发现货物与买卖合同规定不符，应及时向有关责任方进行索赔。根据造成损失原因的不同，进口索赔的对象主要有卖方、承运人和保险公司。

凡货物原装数量不足、货物的质量、规格与合同规定不符、未按期交货或拒不交货等，应向卖方索赔。在进口业务中，向国外卖方索赔时，我方一般须注意以下问题。

- 索赔证据充分。应备齐索赔单据，包括检验证书、发票、装箱单、提单副本。在问题未解决之前，索赔的商品应当保持原状。
- 索赔金额合理。根据国际贸易惯例，索赔金额应与因卖方违约所造成的实际损失相等，合理的预期利润也应计入索赔金额。
- 索赔期限。按《公约》和我国《合同法》规定，如买卖合同中没有规定索赔期限，而到货检验中又不易发现货物缺陷的，则买方行使索赔的最长期限是自其实际收到货物起不超过 2 年。
- 违约的补救。当卖方违约时，买方除表示拒收货物并要求损害赔偿或只要求损害赔偿外，还可采取其他补救办法。如货物不符合合同已构成根本违反合同，买方可以要求卖方交付替代货物，也可要求卖方对货物进行修理，或要求减低价格，或规定一段结合力的额外期限，让卖方继续履行其义务。但是，在卖方同意赔偿前，买方必须保持货物的原状并妥为保管。根据《公约》即国际惯例，如果买方不可能按实际收到货物的原装归还货物，他就丧失宣告合同无效或要求卖方交付替代货物的权利。买方还必须按情况采取合理措施，以保全货物。

总之，进口索赔是一项比较复杂的工作，为此，要做好进口索赔，不仅要有维护国家和企业权益的高度责任心，要熟悉国际惯例和有关法律规定，还需要进口企业、订货单位、运输机构、检验检疫机构等各有关单位的密切配合。

第6章

客户关系管理CRM

随着互联网络的迅猛发展、市场的不断成熟，世界经济进入了电子商务时代。产品和服务的差异越来越小。以生产为中心、以销售产品为目的的市场战略逐渐被以客户为中心、以服务为目的的市场战略所取代。谁能掌握客户的需求趋势、加强与客户的关系、有效发掘和管理客户资源，谁就能获得市场竞争优势，在激烈的竞争中立于不败之地。

6.1 CRM 简介

订单制作完成后，这时就需要用到客户关系的管理，而 CRM 系统就是这种管理的标准模式。

6.1.1 CRM 的定义

客户关系管理（Customer Relationship Management, CRM）起源于 20 世纪 80 年代提出的“接触管理”（Contact Management），即专门收集整理客户与公司联系的所有信息。到 90 年代初期则演变为包括电话服务中心与支援资料分析的客户服务（Customer Care）。经历了近 20 年的不断发展，客户关系管理不断演变发展并趋向成熟，最终形成了一套完整的管理理论体系。

关于 CRM 的定义，不同的研究机构有着不同的表述（见下表）。最早提出该概念的 Gartnet Group 认为：所谓的客户关系管理就是为企业提供全方位的管理视角；赋予企业更完善的客户交流能力，最大化客户的收益率。Hurwitz group 认为：CRM 的焦点是自动化并改善与销售、市场营销、客户服务和支持等领域的客户关系有关的商业流程。CRM 既是一套原则制度，也是一套软件和技术。它的目标是缩减销售周期和销售成本、增加收入、寻找扩展业务所需的新的市场和渠道及提高客户的价值、满意度、营利性和忠实度。CRM 应用软件将最佳的实践具体化并使用了先进的技术来协助各企业实现这些目标。CRM 在整个客户生命期中都以客户为中心，这意味着 CRM 应用软件将客户当作企业运作的核心。

主要观点	CRM
高特纳的观点	采用各种有效方法，使潜在客户转变为真正的客户，从而获得最大的利润回报
埃森哲的观点	通过企业与客户互动，获取和发展最有价值的客户，以达到企业长期发展的目标
IBM 的观点	通过客户的关系管理、流程管理和按人管理等一系列技术手段，了解客户目前的需求和潜在客户的要求，整合各方信息，使得企业对于某一个客户的信息了解达到完整性和一致性
德勤公司的观点	将客户关系管理视为一个创新过程，综合孤立和分散的客户数据，为客户提供个性化的服务，不断优化服务水平

CRM 应用软件简化协调了各类业务功能（如销售、市场营销、服务和支持）的过程并将其注意力集中于满足客户的需要上。CRM 应用还将多种与客户交流

的渠道，如面对面、电话接洽及 Web 访问协调为一体，这样，企业就可以按客户的喜好使用适当的渠道与之进行交流。

而 IBM 则认为：客户关系管理包括企业识别、挑选、获取、发展和保持客户的整个商业过程。IBM 把客户关系管理分为三类：关系管理、流程管理和接入管理。从管理科学的角度来考察，客户关系管理（CRM）源于市场营销理论；从解决方案的角度考察，客户关系管理（CRM）是将市场营销的科学管理理念通过信息技术的手段集成在软件上面，得以在全球大规模的普及和应用。作为解决方案（Solution）的客户关系管理（CRM），它集合了当今最新的信息技术，它们包括 Internet 和电子商务、多媒体技术、数据仓库和数据挖掘、专家系统和人工智能、呼叫中心等。作为一个应用软件的客户关系管理（CRM），凝聚了市场营销的管理理念。市场营销、销售管理、客户关怀、服务和支持构成了 CRM 软件的基石。

综上所述，CRM 有三层含义：①体现为新态企业管理的指导思想和理念；②是创新的企业管理模式和运营机制；③是企业管理中信息技术、软硬件系统集成的管理方法和应用解决方案的总和。其核心思想就是：客户是企业的一项重要资产，客户关怀是 CRM 的中心，客户关怀的目的是与所选客户建立长期和有效的业务关系，在与客户的每一个“接触点”上都更加接近客户、了解客户，最大限度地增加利润和利润占有率。

6.1.2 CRM 的核心思想

CRM 的核心思想，主要包括以下几个方面。

1. 客户是企业发展最重要的资源之一

企业发展需要对自己的资源进行有效的组织与计划。随着人类社会的发展，企业资源的内涵也在不断扩展，早期的企业资源主要是指有形的资产，包括土地、设备、厂房、原材料、资金等。随后企业资源概念扩展到无形资产，包括品牌、商标、专利、知识产权等。再后来，人们认识到人力资源成为企业发展最重要的资源。时至工业经济时代后期，信息又成为企业发展的一项重要资源，乃至人们将工业经济时代后期称之为“信息时代”。由于信息存在一个有效性问题，只有经过加工处理变为“知识”才能促进企业发展，为此，“知识”成为当前企业发展的一项重要资源，信息总监（CIO）让位于知识总监（CKO），这在知识型企业中尤显重要。

在人类社会从“产品”导向时代转变为“客户”导向时代的今天，客户的选择决定着一个企业的命运，因此，客户已成为当今企业最重要的资源之一。CRM 系统中对客户信息的整合集中管理体现出将客户作为企业资源之一的管理思想。在很多行业中，完整的客户档案或数据库就是一个企业颇具价值的资产。通过对客户资料的深入分析并应用销售理论中的 2/8 法则将会显著改善企业营销业绩。

2. 对企业与客户发生的各种关系进行全面管理

企业与客户之间发生的关系，不仅包括单纯的销售过程所发生的业务关系，如合同签订、订单处理、发货、收款等，而且要包括在企业营销及售后服务过程中发生的各种关系。如在企业市场活动、市场推广过程中与潜在客户发生的关系。在与目标客户接触过程中，内部销售人员的行为、各项活动及其与客户接触全过程所发生的多对多的关系。还包括售后服务过程中，企业服务人员对客户提供关怀活动、各种服务活动、服务内容、服务效果的记录等，这也是企业与客户的售后服务关系。

对企业与客户间可能发生的各种关系进行全面管理，将会显著提升企业营销能力、降低营销成本、控制营销过程中可能导致客户抱怨的各种行为，这是 CRM 系统的另一个重要管理思想。

3. 进一步延伸企业供应链管理

20 世纪 90 年代提出的 ERP 系统，原本是为了满足企业的供应链管理需求，但 ERP 系统的实际应用并没有达到企业供应链管理的目标，这既有 ERP 系统本身功能方面的局限性，也有 IT 技术发展阶段的局限性，最终 ERP 系统又退回到帮助企业实现内部资金流、物流与信息流一体化管理的系统。

CRM 系统作为 ERP 系统中销售管理的延伸，借助 Internet Web 技术，突破了供应链上企业间的地域边界和不同企业之间信息交流的组织边界，建立起企业自己的 B2B 网络营销模式。CRM 与 ERP 系统的集成运行才真正解决了企业供应链中的下游链管理，将客户、经销商、企业销售部全部整合到一起，实现企业对客户个性化需求的快速响应。同时也帮助企业清除了营销体系中的中间环节，通过新的扁平化营销体系，缩短响应时间，降低销售成本。

客户关系管理的核心是客户价值管理，通过“一对一”营销原则，满足不同价值客户的个性化需求，提高客户忠诚度和保有率，实现客户价值持续贡献，从而全面提升企业盈利能力。简而言之，客户关系管理的核心是客户价值管理，就是以客户为中心，并为客户提供最合适的个性化服务。

6.2 客户信息收集的途径与方法

6.2.1 客户信息的内容

跟单员在与客户来往中要利用各种手段收集现有客户和潜在客户的信息，建立信息档案，及时为业务员提供信息支持。跟单员收集客户信息应注意信息的真实性、可靠性、准确性、及时性，见下表。

客户信息	具体内容
基本资料	客户名称、地址、电话、传真、电子邮件、网址、客户负责人、业务范围、公司规模等
信用资料	客户的注册资本、建立时间、信用额度、信用期限、结账日期和付款条件等
经营资料	人员数量、商业范围、营业面积、仓储面积、竞争产品情况等
业绩资料	与客户每年甚至每个月实际订单记录、客户历年的订单量及金额等
个人资料	领导及主要负责人的性别、年龄、生日、家庭状况、爱好、性格、社会阶层、生活方式、交往情况、个人影响力、信用等级等
其他资料	客户最近的采购计划及采购时间表、客户的主要竞争对手和合作伙伴、客户过去与哪些供应商合作过及合作情况等

6.2.2 客户信息收集的途径

1. 案桌调研

- 国内外贸易指南。
- 国内外展览会。
- 国内外新闻传播媒体（报纸、刊物、广播电台、电视、网络）。
- 国内外展销会。
- 政府组织的各类商品订货会。
- 国内外行业协会——会员名录、产业公报。
- 国内外企业协会。
- 国内外各种厂商联谊会或同业工会。
- 国内外政府相关统计调查报告或刊物，如工厂统计资料、产业或相关研究报告。
- 其他。各类出版物的厂商名录。

2. 直接调研

- 同行交流。跟单员可通过各种途径得到竞争对手客户的资料。
- 客户介绍。向客户询问，客户可能会提供相关信息。
- 客户自行找上门。等相关客户的业务人员自行找上门。

客户信息收集的途径

客户信息收集的途径	具体途径
通过互联网	比如谷歌、百度、阿里巴巴等
通过展会寻找客户	国内外展览会，比如广交会等
通过国内外企业协会/行业协会/商会	会员名录
通过国内外新闻媒体	报纸、刊物、电视、网络等
通过驻外使馆或机构	介绍、参加活动等
通过国内外政府相关统计调查报告或刊物	统计资料、分析报告或调研报告
通过同行介绍	介绍

6.2.3 客户信息收集的方法

1. 统计资料法

统计资料法是跟单员收集客户信息的主要方法，它通过企业的各种统计资料、原始记录、营业日记、订货合同、客户来函等，了解企业在营销过程中各种需求变化情况和意见反映。这些资料多数是靠人工收集和整理的，而且分散在企业各职能部门内部，需要及时整理汇总。

2. 观察法

观察法主要是通过跟单员在跟单活动的第一线进行实地观察收集客户信息。此法由于信息来源直接，可以减少传递者的主观偏见，所得资料较为准确，但观察法主要是看到事实的发生，难于说明内在原因。在现实生活中是处处都有信息的，只要善于观察，就能捕捉市场机会。

3. 会议现场收集法

会议现场收集法主要是通过各种业务会议、经验交流会、学术报告会、信息发布会、专业研讨会、科技会、技术鉴定会等，进行现场收集。

4. 阅读法

阅读法主要是指从各种报纸、杂志、图书资料中收集有关信息。报刊是传播信息的媒介，只要详细阅读，认真研究，不难发现其中对自己有用的信息。据外国一所战略研究所分析，世界上有 60%～70%的信息情报是来自公开的图书资料，可见从阅读中收集信息的重要性。

5．视听法

视听法主要是指在广播、电视节目中去捕捉信息。广播与电视是大众传播媒介，信息传递快，除广告外还有各种市场动态报道，这些都是重要的信息源。

6．多向沟通法

多向沟通法是指与企业外部有关单位建立信息联络网，互通情报，交流信息。多向沟通可分为纵向沟通与横向沟通两大类：纵向沟通是加强企业上下级之间的信息交流，建立自上而下的信息联络网，既反映企业的情况，又能取得上级有关部门的情报资料；横向沟通是指行业内企业之间、地区之间、协作单位之间建立各种信息交换渠道，定期或不定期交换信息情报资料。

7．聘请法

聘请法根据企业对信息的需求情况，聘请外地或本地的专职或兼职信息员、顾问等，组成智囊团，为企业提供专业情报，并为企业出谋划策。

8．购买法

购买法是一种有偿转让信息情报的方法。随着信息革命的发展，国内外新兴起各种信息行业，如咨询公司、顾问公司等，他们负责收集、整理各种信息资料；各类专业研究机构、大学研究部门也有各种信息资料。购买法就是向这些信息服务单位有偿索取，虽然这些资料多数属于第二手资料，但省时且来源广，只要目的明确，善于挑选，也不失为重要来源。

9．加工法

企业的结构，一般都有底层、中层、顶层之分，不同的层次有不同的信息流。底层的一些数据，如日报、周报、月报等。这还不能算是高一层次所需要的信息，但当这些数据往上输送，中层进行加工，便成为一种有用的信息。例如，企业将各部门的月报加以综合分析，便可形成一种信息。

10．网络收集法

现代信息快速通道——网络，是现代信息收集的主要方法，它具有快捷、直观、丰富等特点。互联网是主要媒体之一，企业可以自设网站征集信息，也可从别的网站下载自己需要的信息。充分利用这一资源，对企业进行信息收集大有帮助。

11．数据库收集法

许多公司开始使用从一个称作数据库的大型数据组中寻找所需客户资料的方法。银行和信用卡公司、电信公司、目录营销公司，以及其他需存储客户大量信息数据的公司，存储的数据不仅包括客户的地址，还包括他们的经营状况、员工人数、营业额及其他信息。

通过仔细地研究这些信息，公司能在以下方面受益。

（1）了解哪些客户能够承受产品升级后的价格。

（2）了解哪些客户可能会下订单给公司。

（3）了解哪些客户能够成为公司的预期客户。

（4）了解哪些客户能够成为更长期的顾客并产生价值，从而给他们以关注及优惠。

（5）了解哪些客户打算终止下订单并采取一定的措施阻止退出发生。

6.3　客户的分类整理

6.3.1　客户分类整理的原则

成功而有效的客户分类整理，应当考虑四个方面的条件，或者说，应当遵循 4 条基本准则。

1．客户可衡量性

客户的可衡量性，是指客户分类必须是可以识别的和可以衡量的，亦即分类出来的客户不仅范围比较明晰，而且能大致判断该市场的大小。因而据此分类的各种特征应是可以识别和衡量的。凡是企业难以识别、难以衡量的因素或特征，都不能据此分类。否则，客户的分类整理将会因无法界定和度量而难以描述，分类也就失去了意义。所以，恰当地选择分类衡量十分重要。

2．客户的需求足量性

分类出来的客户总量，必须大到足以使企业实现它的利润目标。在进行分类时，企业必须考虑客户的数量，他们的订单数量及金额。大的、关键的客户，应是那些有足够市场拓展能力，并且他们又有充足的货币支付能力，使企业能够补偿生产与行销成本，并能获得利润的市场。为此，分类不能从销售潜力有限的客户起步。比如，波音 747 飞机的整个订单是按商用与军用、货机与客机客户加以细分的，而私人定制的客户极少，如果按私人定制的需求特征去分类，那将是极其不明智的。

3. 客户的可开发性

客户的可开发性是指分类的客户应是企业的业务活动能够开发的，亦即分类出来的客户应是企业能够对其发生影响，产品能够展现在其面前的客户。这主要表现在三个方面：一是企业具有开发这些客户的资源条件和竞争实力；二是企业能够通过一定的传播途径把产品信息传递给客户；三是产品能够经过一定的方式抵达该客户。考虑客户的可开发性，实际上就是考虑企业业务活动的可行性。显而易见，对于不能开发或难以开发的客户进行分类是没有意义的。

4. 客户的反应差异性

客户的反应差异性是指分类出来的各类客户，对企业营销组合中任何要素的变动都能灵敏地作出差异性的反应。如果几类客户对于一种营销组合按相似的方式作出反应，就不需要为每一类客户制定一个单独的营销组合。例如，如果所有分类的客户按同一方式对价格变动作出反应，就无须为每一分类客户规定不同的价格策略。也就是说，这样的客户分类是不成功的。成功的客户分类应当是：客户分类立即会对价格变动作出反应，而不太在意价格变化的另一个客户分类却能对这种或别的什么因素的变化作出更大的反应。这就是说，对分类的客户，应当统筹考虑他们对所有营销组合因素的各种反应，而不能以单一的变项为基础加以考虑。只有这样进行分类，才可能为分类出的客户制定出有效的营销组合方案。

6.3.2 客户的汇总整理

跟单员应及时对客户信息进行分类，建立客户信息资料库，对客户信息资料进行整理。

跟单员应该做好客户信息管理，利用客户信息登记表和潜在客户信息登记表，做好原始数据记录。

客户信息管理就是把收来的客户信息中的有关内容登录到相关表格中，并形成客户登记表、客户统计表、一级客户登记表和与本公司客户交易客户一览表的形式，并进行规范存档。

几种常用表格如下。

客户登记表

序号	合同号	客户名称	产品名称	成交金额	出货时间	联系人	电话	备注

客户统计表　　　　年度：　　　　编号：

合同号	国别	客户名称	货物名称	订单数量	交易额	平均年交易额

一级客户登记表　　　　编号：

客户名称	负责人	负责项目	交易产品	年交易额

交易客户一览表　　　　编号：

序号	订单号	下单日	出货日	产品	型号	数量	金额	付款方式	备注

客户跟进表　　　　跟单员：

客户编号：		
客户名称：		
电　话：	网　址：	
传　真：	地　址：	
联系人：	职　位：	
邮　箱：	手　机：	
跟进日期	跟进情况	备注

6.3.3　客户的分类方法

1. 客户分类的主要方法

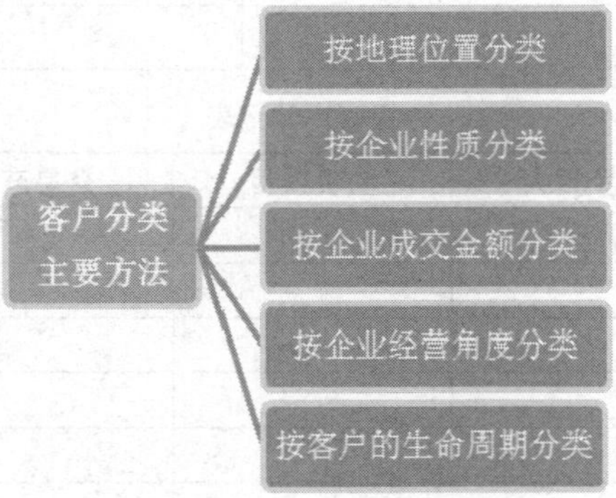

（1）按地理位置分类（见下表）

国内客户	在中国境内的企业，可分为内地客户、港澳客户和台湾客户
国外客户	境外企业，可分为欧盟客户、东亚客户、北美客户、中南美洲客户、东盟客户、澳新客户、非洲客户等

（2）按照企业性质分类（见下表）

贸易型企业	主要是在流通领域中进行转手倒卖，是公司的主要客户
非贸易型企业	是直接销售或最终用户，其对产品的规格、型号、品质、功能、价格等方面有不同的要求

（3）按企业成交金额分类

二八定律又名80/20定律、帕累托法则（定律）也称为巴莱特定律、最省力的法则、不平衡原则等，被广泛应用于社会学及企业管理学等。

80/20法则不仅在经济学、管理学领域应用广泛，它对我们的自身发展也有重要的现实意义：学会避免将时间和精力花费在琐事上，要学会抓主要矛盾。

一个人的时间和精力都是非常有限的，要想真正“做好每一件事情”几乎是不可能的，要学会合理分配自己的时间和精力。要想面面俱到还不如重点突破。把80%的资源花在能出关键效益的20%的方面，这20%的方面又能带动其余80%的发展。

二八定律可以解决的问题：时间管理问题、重点客户问题、财富分配问题、资源分配问题、核心产品问题、关键人才问题、核心利润问题、个人幸福问题等。

下表所示为客户分类对二八定律的应用：

A类客户	成交额和客户数量分别占公司总额的70%和10%左右，是公司的重点客户，可给予价格优惠，有限保证该订单的履行
B类客户	成交额和客户数量各占公司总额的20%左右，跟单员应进行必要的跟踪
C类客户	成交额和客户数量各占公司总额的10%和70%左右，跟单员可每季或每年进行跟踪，根据实际业务情况可做适当的调整

应对措施如下。

- 一般来说，对于A类客户，跟单员是需要重点跟踪，加强联络；对于B类客户也可以进行必要的跟踪；而对于C类客户可以按年或按季进行跟踪，必要时甚至可以放弃。
- 要用发展的眼光来看问题，三类客户也可能互相演变。
- 结合周边环境动态分析三类客户。

（4）按企业经营角度分类（见下表）

客户层次	比重	档次	利润	目标性
头等客户（关键客户）	5%	高	80%	财务利益
潜力客户（合适客户）	15%	中	15%	客户价值（战略联盟）
常规客户（一般客户）	80%	低	5%	客户满意度

（5）按客户的生命周期分类（见下表）

客户生命周期	客户对企业收益的贡献
考察期	企业只能获得基本的利益，客户对企业的贡献不大
形成期	客户开始为企业做贡献，企业从客户交易获得的收入大于投入，开始盈利
稳定期	客户愿意支付较高的价格，带给企业的利润较大，而且由于客户忠诚度的增加，企业将获得良好的间接收益
退化期	客户对企业提供的价值不满意，交易量回落，客户利润快速下降

客户生命周期也称客户关系生命周期，是指从企业与客户建立业务关系到完全终止关系的全过程，是客户关系水平随时间变化的发展轨迹，它动态地描述了客户关系在不同阶段的总体特征。客户生命周期可分为考察期、形成期、稳定期和退化期四个阶段，如下图所示。

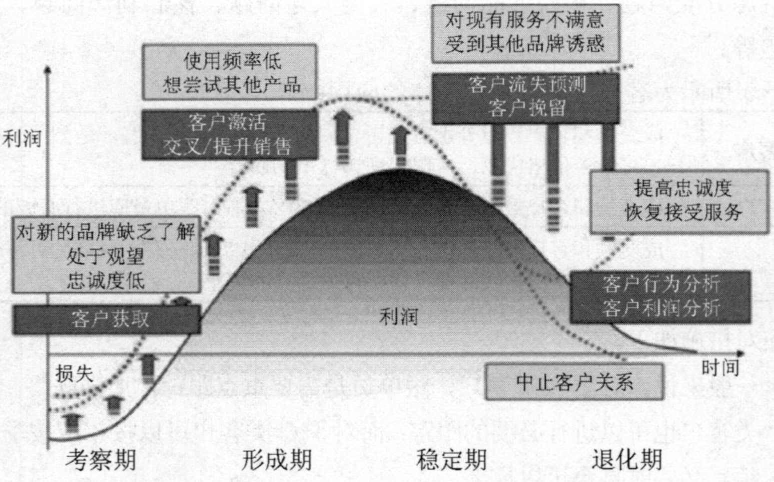

客户生命周期各阶段特征

①考察期

考察期，关系的探索和试验阶段。在这一阶段，双方考察和测试目标的相容性、对方的诚意、对方的绩效，考虑如果建立长期关系双方潜在的职责、权利和义务。双方相互了解不足、不确定性大是考察期的基本特征，评估对方的潜在价值和降低不确定性是这一阶段的中心目标。在这一阶段客户会下一些尝试性的订单，企业与客户开始交流并建立联系。因客户对企业的业务进行了解企业要对其进行相应的解答，某一特定区域内的所有客户均是潜在客户，企业投入是对所有客户进行调研，以便确定出可开发的目标客户。此时企业有客户关系投入成本，但客户尚未对企业做出大的贡献。

②形成期

形成期，关系的快速发展阶段。双方关系能进入这一阶段，表明在考察期双方相互满意，并建立了一定的相互信任和相互依赖。在这一阶段，双方从关系中获得的回报日趋增多，相互依赖的范围和深度也日益增加，逐渐认识到对方有能力提供令自己满意的价值（或利益）和履行其在关系中担负的职责，因此愿意承诺一种长期关系。在这一阶段，随着双方了解和信任的不断加深，关系日趋成熟，双方的风险承受意愿增加，由此双方交易不断增加。当企业对目标客户开发成功后，客户已经与企业发生业务往来，且业务在逐步扩大，此时已进入客户成长期。企业的投入和开发期相比要小得多，主要是发展投入，目的是进一步融洽与客户的关系，提高客户的满意度、忠诚度，进一步扩大交易量。此时客户已经开始为企业做贡献，企业从客户交易获得的收入已经大于投入，开始盈利。

③稳定期

稳定期，关系发展的最高阶段。在这一阶段，双方或含蓄或明确地对持续长期关系作了保证。这一阶段有如下明显特征。

- 双方对对方提供的价值高度满意；
- 为能长期维持稳定的关系，双方都作了大量有形和无形投入；
- 大量的交易。因此，在这一时期双方的相互依赖水平达到整个关系发展过程中的最高点，双方关系处于一种相对稳定状态。此时企业的投入较少，客户为企业作出较大的贡献，企业与客户交易量处于较高的盈利时期。

④退化期

退化期，关系发展过程中关系水平逆转的阶段。关系的退化并不总是发生在稳定期后的第四阶段，实际上，在任何一阶段关系都可能退化。引起关系退化的可能原因很多，如一方或双方经历了一些不满意、需求发生变化等。

退化期的主要特征如下。

交易量下降；一方或双方正在考虑结束关系甚至物色候选关系伙伴（供应商或客户）；开始交流结束关系的意图等。当客户与企业的业务交易量逐渐下降或急剧下降，客户自身的总业务量并未下降时，说明客户已进入衰退期。

此时，企业有两种选择，一种是加大对客户的投入，重新恢复与客户的关系，进行客户关系的二次开发；

另一种做法便是不再做过多的投入，渐渐放弃这些客户。企业两种不同做法自然就会有不同的投入产出效益。（为了便于论述，本文以企业的第二种做法进行研究）。当企业的客户不再与企业发生业务关系，且企业与客户之间的债权债务关系已经理清时，意味着客户生命周期的完全终止。此时企业有少许成本支出而无收益。

客户生命周期各阶段客户与企业的关系

在客户生命周期不同阶段，客户对企业收益的贡献是不同的。

在考察期，企业只能获得基本的利益，客户对企业的贡献不大；

在形成期客户开始为企业做贡献，企业从客户交易获得的收入大于投入，开始盈利；

稳定期内客户愿意支付较高的价格，带给企业的利润较大，而且由于客户忠诚度的增加，企业将获得良好的间接收益；

在退化期，客户对企业提供的价值不满意，交易量回落，客户利润快速下降。

根据客户生命周期理论，客户关系水平随着时间的推移，从考察期到形成期和稳定期直至退化期依次增高，稳定期是理想阶段，而且客户关系的发展具有不可跳跃性。同时，客户利润随着生命周期的发展不断提高，考察期最小，形成期次之，稳定期最大。

客户成熟期的长度可以充分反映出一个企业的盈利能力。因此，面对激烈的市场竞争，企业借助建立客户联盟，针对客户生命周期的不同特点，提供相应的个性化服务，进行不同的战略投入，使企业获得更多的客户价值，从而增强企业竞争力。

6.4 客户服务及其跟单

6.4.1 客户的联络

客户的联络与拜访是跟单员的重点工作之一，其目的是为了创造一个与客户交流的机会，联络感情；通过交流，向客户传达资料、样品等无法表达的信息；了解客户的信用情况、经营状况、个人性格等；同时也可听取对方的要求和建议，等等。

（1）客户联络计划

- 联络重点。
- 预计订货的品种、数量和金额。

- 联络频率（一定时间内的访问次数）。
- 联络时间。
- 联络方法。通常的联络方法是定期联络，这样有利于客户早做准备，按期订货。

（2）联络的准备

- 客户有关的资料准备。
- 商品资料、样品的准备。
- 各类文书、票据的准备。
- 名片、印章、文具的准备。
- 交通工具的准备。

（3）联络注意的问题

- 恪守访问计划，不进行推销目的以外的行为。
- 不应与客户长时间闲谈。
- 掌握洽谈的主动权，不为客户所左右。
- 利用闲暇时间，帮助客户做力所能及的工作。
- 利用闲暇时间，与本企业取得联系。
- 利用闲暇时间，向在场的其他人介绍宣传企业。

6.4.2　客户的跟踪

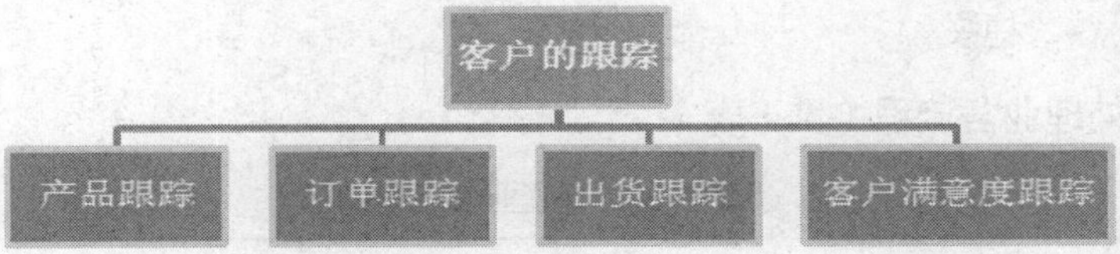

下表所示为几种跟踪表。

订单跟踪表　　　　编号：

序号	订单编号	客户名称	客户类别	联系人	发票号	信用证号码	数量	金额	下单日期	交货日期	备注

出货跟踪表　　　　编号：

客户名称	合同号	出货日期	数量	规格	运输方式	交货地点	制造状态	出货情况	备注

产品跟踪表　　　　编号：

序号	产品编号	品名规格	颜色	包装尺寸	外箱尺寸	净重	毛重	成本价	成交价	主要材料	备注

6.4.3　客户投诉管理

处理客户的投诉，对客户表示同情、道歉，只是礼节上的需要，客户投诉的主要目的还是要求对投诉作出妥善的处理。所以处理客户的问题是最重要的一环，其中答复对方的解决方案又是最关键的步骤。最终的答复方案应当做到明快、诚恳、稳妥。

1. 处理业务流程（见下表）

客户投诉处理业务流程

处理业务流程	工作内容及要求
倾听问题 LISTEN	重视问题的态度，在倾听客户对企业的抱怨或投诉时，要运用平视客户、诚恳点头等肢体语言和记录表示对客户提出问题的关注
确认问题 IDENTITY	确认问题的所在，要询问问题细节或不清楚的地方，按客户和产品的分类分别进行登记，如果客户提出的问题没有事实依据，要对客户进行说明并予以确认
评估问题 ASSESS	评估问题的实质，要确认问题的责任与程度，如果责任为我方，应了解客户对经济补偿和其他要求

续表

处理业务流程	工作内容及要求
处理问题 ACTION	注意协商的方式，要考虑责任的归属，是否为长期客户，问题解决后有无再度成交的可能，尽可能地提出双方能接受的方案
追踪反馈	实施约定的处理方案，跟单员应对处理方案的执行进行监督，认真付诸实施，圆满处理好客户的投诉

2．处理客户投诉的方法（见下表）

处理客户投诉的方法

处理方法	主要工作内容及要求
电话处理	● 以恭敬有礼的态度接受客户的投诉，从客户的视角分析问题，防止主观武断，并注意说话的方法和语调，使对方产生信赖感。 ● 如果接到长途电话的投诉，也可以主动请对方留下电话号码，再立即给对方打过去。这样做可节省对方的电话费用，以“为对方着想”的态度让对方产生好感。并可借此确认对方的电话号码，避免不负责任的投诉。遇到“激愤的客户”也能缓和对方的情绪。 ● 将对方的姓名、地址、电话号码、商品名称和投诉的主要内容等重要事项，以简洁的方式填写到客户投诉处理卡或录入电脑，并把处理人员的姓名、部门等信息告诉对方，便于对方联络。 ● 电话处理是与客户的直接沟通，不仅能获取宝贵的信息，有利于外贸营销业务的展开，而且可借此树立企业的形象，与客户建立更深的感情
信函处理	● 不厌其烦地处理。当受到客户利用信函所提出的投诉时，要立即回复信函通知客户收到投诉。 ● 清晰准确地表达。信函要有针对性地提出解决问题的方案，征求客户的意见。表述要亲切易懂，让对方一目了然和产生一种亲近感。 ● 妥善处理。对投诉的处理要慎重，应征得主管同意，并以企业负责人的名义寄出，需加盖企业公章。 ● 存档归类。处理投诉过程中的来往信函，应编号进行保留，并将有关内容填入追踪表，再进行相关文件资料的存档
现场处理法	● 创建亲切轻松的气氛，倾听客户怨言，态度诚恳，不要中途随意中止谈话，并认真做好详细记录。 ● 当不能马上解决问题时，要让客户了解自己处理的权限，向客户说明原因。在提出解决问题的方案时，应让客户有所选择。 ● 面谈结束后，要向客户表示歉意，确认与客户的联络方式，并对处理的效果进行追踪，提高客户的满意度

3. 做好客户投诉记录

对客户投诉做好系统记录，及时了解客户投诉内容，有针对性地解决客户投诉问题，做到对客户投诉进行规范化处理。在客户服务中，可以借助以下表格。

客户投诉记录表　　　　**编号：**　　　　**日期：**

<table>
<tr><td>客 户</td><td colspan="3"></td><td colspan="2">外贸部门</td><td colspan="3"></td></tr>
<tr><td>订单号</td><td colspan="3"></td><td colspan="2">交运日期</td><td colspan="3"></td></tr>
<tr><td colspan="2">品名及规格</td><td colspan="2">单位</td><td colspan="2">交货数量</td><td colspan="3">金额（美元）</td></tr>
<tr><td colspan="2"></td><td colspan="2"></td><td colspan="2"></td><td colspan="3"></td></tr>
<tr><td colspan="2"></td><td colspan="2"></td><td colspan="2"></td><td colspan="3"></td></tr>
<tr><td colspan="2"></td><td colspan="2"></td><td colspan="2"></td><td colspan="3"></td></tr>
<tr><td rowspan="4">投诉内容</td><td colspan="2">投诉理由</td><td colspan="6">（）所附文件　（）投诉记录　（）传真件　（）信函</td></tr>
<tr><td colspan="2"></td><td colspan="6"></td></tr>
<tr><td colspan="2">客户要求</td><td colspan="2">赔款 美元</td><td colspan="2">折价　美元</td><td>退货</td><td>其他</td></tr>
<tr><td colspan="2">经办人意见</td><td colspan="2"></td><td colspan="2">主管意见</td><td colspan="2"></td></tr>
<tr><td>外贸部意见</td><td colspan="8"></td></tr>
<tr><td>生产部意见</td><td colspan="8"></td></tr>
<tr><td>采购部意见</td><td colspan="8"></td></tr>
<tr><td>研发部意见</td><td colspan="8"></td></tr>
<tr><td>其他</td><td colspan="8"></td></tr>
<tr><td>副总经理批示</td><td colspan="8"></td></tr>
<tr><td>总经理批示</td><td colspan="8"></td></tr>
</table>

客户投诉处置通知书　　　编号：　　日期：

<table>
<tr><td>客户名称</td><td></td><td>单位地址</td><td></td></tr>
<tr><td>订单编号</td><td></td><td>订购日期</td><td></td></tr>
<tr><td>货物名称</td><td></td><td>订购数量</td><td></td></tr>
<tr><td>投诉部门</td><td></td><td>投诉内容</td><td></td></tr>
<tr><td>索赔数量</td><td></td><td>索赔金额</td><td></td></tr>
<tr><td colspan="2" rowspan="2">发生原因及调查结果：</td><td colspan="2">客户要求：
换新品
退款
打折扣
赔偿损失
其他</td></tr>
<tr><td colspan="2">营业部观察结果：</td></tr>
<tr><td colspan="2" rowspan="2">处置及公司对策：</td><td colspan="2">公司对策实施要领：</td></tr>
<tr><td colspan="2">对策实施确认 ：</td></tr>
<tr><td colspan="4">签核：</td></tr>
</table>

案例

A、B 两名跟单员分别有一票 FOB QINGDAO 条款的货物，均配载在××轮从青岛经釜山转船到纽约的航次上。开船后第二天，××轮在釜山港与另一艘船相撞，造成部分货物损失。接到船东的通知后，两位跟单员的处理方法如下。

A 跟单员：马上向客户催收运杂费，收到费用后才告诉客户有关船损一事。

B 跟单员：马上通知客户事故情况并询问该票货物是否已投保，积极协调，承运人查询货物是否受损并及时向客户反馈。待问题解决后才向客户收费。

结果：

A 跟单员客户的货物最终没有损失，但客户在知道真相后，对 A 及其公司表示不满，并终止合作。

B 跟单员客户的货物最终没有损失，事后客户给 B 的公司写来感谢信，并扩大了双方的合作范围。

第 7 章

制作信用证跟单

信用证（Letter of Credit，L/C），是指开证银行应申请人的要求并按其指示向第三方开立的载有一定金额的、在一定的期限内凭符合规定的单据付款的书面保证文件。信用证是国际贸易中最主要、最常用的支付方式。

简言之，信用证是一种银行开立的有条件的承诺付款的书面文件。

7.1 信用证付款

信用证（Letter of Credit，L/C）支付方式把由进口人履行付款责任，转为由银行付款。因此，在一定程度上解决了进出口人之间互不信任的矛盾，同时，也为进出口双方提供了资金融通的便利。所以，信用证付款已成为国际贸易中普遍采用的一种支付方式。

有关信用证的国际贸易惯例是由国际商会制订并修订的《跟单信用证统一惯例》，即国际商会第600号出版物，简称《UCP 600》。

7.1.1 信用证的当事人及特点

1．信用证的当事人

信用证所涉及的当事人主要有：开证申请人、开证银行、通知银行、受益人、议付行和付款行等，如下图所示。

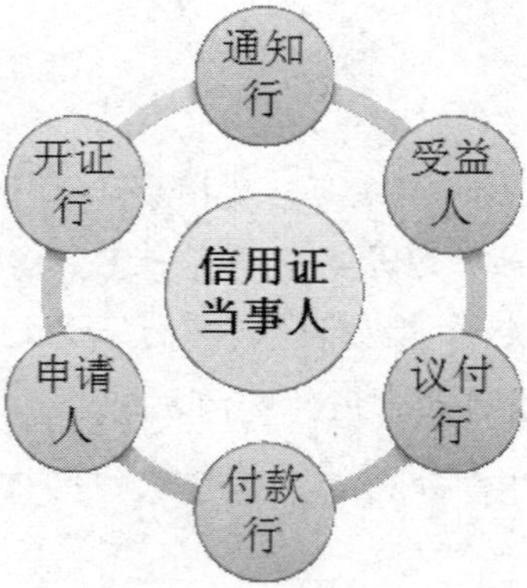

采用信用证方式结算货款，从进口人向银行申请开出信用证，一直到开证行付款后又向进口人收回垫款，其中经过多道环节，并需办理各种手续，如下图所示。加上信用证的种类不同，信用证条款有着不同的规定，这些环节和手续也各不相同。

2. 信用证支付方式的特点

信用证支付方式有以下三个特点。

信用证支付的特点	1.信用证是一项自足文件（self-sufficient instrument）。信用证不依附于买卖合同，银行在审单时强调的是信用证与基础贸易相分离的书面形式上的认证；
	2.信用证方式是纯单据业务（pure documentary transaction）。信用证是凭单付款，不以货物为准。只要单据相符，开证行就应无条件付款；
	3.开证银行负首要付款责任（primary liabilities for payment）。信用证是一种银行信用，它是银行的一种担保文件，开证银行对支付有首要付款的责任。

7.1.2　信用证的主要内容

信用证虽然没有统一的格式，但其基本项目是相同的，主要包括以下几方面。

信用证支付的主要内容	1. 对信用证本身的说明。如信用证的种类、性质及其有效期和到期地点、交单期限等。
	2. 对货物的要求。包括货物的名称、品种、规格、数量、包装、金额、价格等。

3. 对运输的要求。如装运的最迟期限、起运地和目的地、运输方式、可否分批装运和转运等。

4. 对单据的要求。单据主要可分为三类：①货物单据（以发票为中心，包括装箱单、重量单、产地证、商检证明书等；②运输单据，如提单，这是代表货物所有权的凭证）；③保险单据(保险单)。除上述三类单据外，还有可能提出其他单证，如寄样证明、装船通知电报副本等。

5. 特殊要求。根据进口国政治经济贸易情况的变化或每一笔具体业务的需要，可以作出不同规定，如限制由某银行议付等。

6. 开证行对受益人及汇票持有人保证付款的责任条款，根据国际商会《跟单信用证统一惯例》开立的文句，开证行签字和密押等。

7.1.3 跟单员应该会选择最适合的信用证

信用证根据其性质、期限、流通方式等特点，分为以下几种。

1. 跟单信用证和光票信用证

以信用证项下的汇票是否附有货运单据划分，信用证可分为跟单信用证和光票信用证。

跟单信用证(Documentary L/C)

- 跟单信用证是开证行凭跟单汇票或仅凭单据付款的信用证。此处的单据指代表货物所有权的单据（如海运提单等），或证明货物已交运的单据（如铁路运单、航空运单、邮包收据）。

光票信用证(Clean L/C)

- 光票信用证是指开证行凭不附单据的汇票付款的信用证。有的信用证要求汇票附有非货运单据，如发票、垫款清单等，也属光票信用证。在采用信用证方式预付货款时，通常是用光票信用证。

2．不可撤销信用证和可撤销信用证

以开证行所负的责任为标准，信用证可分为不可撤销信用证和可撤销信用证。

不可撤销信用证(Irrevocable L/C)

- 不可撤销信用证是指信用证一经开出，在有效期内，未经受益人及有关当事人的同意，开证行不得片面修改和撤销，只要受益人提交的单据符合信用证规定，开证行必须履行付款义务。这种信用证对受益人较有保障，在国际贸易中，使用最为广泛。凡是不可撤销信用证，在信用证中应注明“不可撤销（Irrevocable）”字样，并载有开证行保证付款的文句。

可撤销信用证(Revocable L/C)

- 可撤销信用证是指开证行对所开信用证不必征得受益人或有关当事人的同意有权随时撤销或修改的信用证。凡是可撤销信用证，应在信用证上注明“可撤销(Revocable)”字样，以资识别。**这种信用证对出口人极为不利，因此出口人一般不接受这种信用证。**鉴于国际上开立的信用证，绝大部分都是不可撤销的，因此，在《UCP 600》中规定，如信用证中未注明“不可撤销”或“可撤销”的字样，应视为不可撤销信用证。

3．保兑信用证和不保兑信用证

按有没有另一银行加以保证兑付，信用证可分为保兑的和不保兑的信用证。

保兑信用证(Confirmed L/C)

- 保兑信用证是指开证行开出的信用证，由另一银行保证对符合信用证条款规定的单据履行付款义务。对信用证加保兑的银行，叫作保兑行(Confirming Bank)。

不保兑信用证(Unconfirmed L/C)

- 不保兑信用证是指开证银行开出的信用证没有经另一家银行保兑。当开证银行资信较好或成交金额不大时，一般都使用这种不保兑的信用证。

IRREVOCABLE DOCUMENTARY CREDIT APPLICATION

TO: DESUN GLOBAL BANK　　　　Date: 030419

○ Issue by airmail ○ With brief advice by eletransmission ○ Issue by express delivery ⊙ Issue by teletransmission(which shall be the operative instrument)	Credit No. Date and place of expiry 030525 CHINA
Applicant FASHION FORCE CO., LTD P.O.BOX 8935 NEW TERMINAL, ALTA, VISTA OTTAWA, CANADA	Beneficiary(Full name and address) NANJING DESUN TRADING CO.,LTD. ROOM 2901,HUARONG MANSION, GUANJIAQIAO 85#, NANJING 210005, P.R.CHINA
Advising Bank	Amount USD8937.6
Parital shipments ○ allowed ⊙ not allowed　　Transhipment ○ allowed ⊙ not allowed	Credit available with ANY BANK
Loading on board/dispatch/taking in charge at/from SHANGHAI PORT not later than 030510　for transportation to: MONTREAL PORT	by ○ sight payment ○ acceptance ⊙ negotiation ○ deferred payment at against the documents detailed herein ⊙ and beneficiary's draft(s) for 100 % of invoice value at **** sight drawn on ISSUE BANK
○ FOB ○ CFR ⊙ CIF ○ or other terms	

Documents required:
+ COMMERCIAL INVOICES IN 3 COPIES SIGNED BY BENEFICIARY'S REPRESENTATIVE.
+ FULL SET OF ORIGINAL MARINE BILLS OF LADING CLEAN ON BOARD PLUS 2 NON NEGOTIABLE COPIES MADE OUT OR ENDORSED TO THE ORDER OF DESUN GLOBAL BANK MARKED FREIGHT PREPAID AND NOTIFY APPLICANT'S FULL NAME AND ADDRESS.
+ PACKING LIST IN 3 COPIES INDICATING QUANTITY, GROSS AND WEIGHTS OF EACH PACKAGE.
+ COPY OF CERTIFICATE OF ORIGIN FORM A.
+ INSURANCE POLICY OR CERTIFICATE IN 1 ORIGINAL AND 1 COPY ISSUED OR ENDORSED TO THE ORDER OF DESUN GLOBAL BANK FOR THE CIF INVOICE PLUS 10 PERCENT COVERING ALL RISKS, WAR RISKS.

Description of goods:
BEAR WITH 3 COLOR ASST
5DOZ PER CARTON 12 PCS
QUANTITY: 9120PCS
UNIT PRICE: USD0.98

Additional instructions:
+ IF DOCUMENTS PRESENTED ARE FOUND BY US NOT TO BE UN FULL COMPLIANCE WITH CREDIT TERMS. WE WILL ASSESS A CHARGE OF USD 55.00 PER SET OF DOCUMENTS.
+ ALL CERTIFICATES/LETTERS/STATEMENTS MUST BE SIGNED AND DATED.

保存

4. 即期信用证、远期信用证和议付信用证

按付款方式的不同，信用证可分为即期信用证、远期信用证和议付信用证。

即期信用证(Sight Payment L/C)

- 即期信用证是指开证行或付款行收到符合信用证条款的跟单汇票或装运单据后，立即履行付款义务的信用证。这种信用证的特点是出口人收汇迅速、安全，有利于资金周转。
- 即期付款信用证中通常注明“付款兑现(Available by Payment)”字样。即期付款信用证的付款行可以是开证行，也可以是出口地的通知行或指定的第三国银行。付款行一经付款，对受益人均无追索权。

远期信用证（Usance L/C）

- 远期信用证是指开证行或付款行收到信用证的单据时，在规定期限内履行付款义务的信用证。远期信用证主要包括延期付款信用证和承兑信用证。
- 延期付款信用证（Deferred Payment L/C）是指开证行在信用证中规定货物装船后若干天付款，或开证行收单后若干天付款的信用证。
- 承兑信用证（Acceptance L/C）是指付款行在收到符合信用证规定的远期汇票和单据时，先在汇票上履行承兑手续，等到汇票到期日再行付款的信用证。

议付信用证（Negotiation L/C）

- 议付信用证是指开证行允许受益人向某一指定银行或任何银行交单议付的信用证。议付是指由议付行对汇票和(或)单据付出对价。只审单据而不支付对价，不能构成议付。

5. 可转让信用证和不可转让信用证

根据受益人对信用证的权利可否转让，分为可转让信用证和不可转让信用证。

可转让信用证（Transferable Credit）

- 可转让信用证是指信用证的受益人（第一受益人）可以要求授权转让的银行将信用证全部或部分转让给一个或数个受益人（第二受益人）使用的信用证。

不可转让信用证（Non-transferable Credit）

- 不可转让信用证是指受益人不能将信用证的权利转让给他人的信用证。凡信用证中未注明"可转让"（Transferable）者，就是不可转让信用证。

除了上述的几种，其他还有循环信用证、对开信用证和对背信用证等。总之，信用证的种类繁多，交易双方应根据交易具体情况合理选择，并在合同中做出明确的规定。

7.1.4　信用证的操作流程你熟悉吗

作为跟单员，必须对信用证的操作流程了然于胸，信用证的具体操作流程如下。

（1）国际贸易买卖双方在贸易合同中约定采用信用证付款。

（2）买方根据合同填写开证申请书，向所在地银行申请开证。

（3）开证银行按申请书中的内容开出以卖方为收益人的信用证，再通过卖方所在地的往来银行向卖方发出信用证通知书。卖方接到信用证通知后，凭此通知书前往银行领取信用证，经过核对信用证与合同条款，审核信用证合格后发货。

（4）卖方在按信用证规定发货后，取得货物装船的有关单据，并开出汇票，在信用证有效期内，向所在地银行交单，办理议付货款。

（5）议付银行核验信用证和有关单据合格后，按照汇票金额扣除利息和手续费，将货款垫付给卖方，卖方收到后即可结汇。

（6）议付银行将汇票和货运单寄给开证银行收账，开证银行收到汇票和有关单据后，通知买方付款。

（7）买方接到开证银行的通知后，向开证银行付款或承兑并领取货运单据。付款是指向开证银行交付除预交开证定金后的信用证余额货款。

信用证的流程图如下图所示。

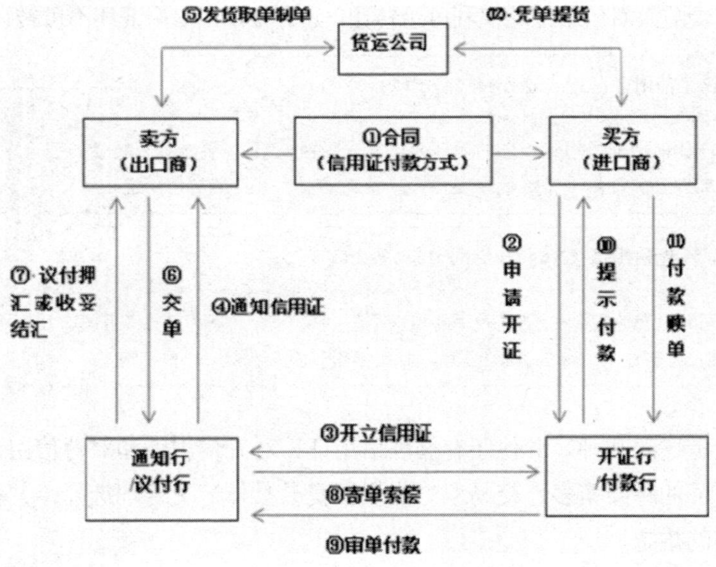

7.2 信用证催开、审核和修改

催开、审核和修改信用证直接关系到贸易双方收汇的安全，是履行出口合同的重要工作。

7.2.1　催开信用证

在正常情况下，买方信用证至少应在货物装运期前 15 天（有时也规定 30 天）开到卖方手中，但在实际业务中，国外客户在遇到市场发生变化或资金短缺时，往往拖延开证，因此，我们应经常检查开证情况。为使合同顺利履行，下列几种情况，应及时催促对方开立信用证。

催开信用证	1．合同规定装运期限较长(如三个月)而买方应在我方装运期前一定期限(如15天)内开证，那么我们应在通知对方预计装运期时，同时催请对方按约定时间开证。
	2．根据我方备货和船舶情况，如果有可能提前装运时，也可与对方商量，要求其提前开证。
	3．国外买方未在合同规定的期限内开证，我方可向对方催促对方开证，或要求损害赔偿。
	4．开证期限未到，但发现客户资信不佳，或市场有变，也可催促对方开证。

电传催证如下：

> Sales Contract No 9401 Goods are ready. Please rush to open the relevant L/C.
> 合同 NO.9401 的货已备好。请尽快开立相关信用证。

7.2.2　审核信用证

跟单员在收到买方开来的信用证后，应对照销售合同并依据《跟单信用证统一惯例》进行审核。审证的基本原则是，信用证的内容必须与销售合同的规定相一致，否则会直接影响我方安全收汇和履行合同。审证的简易流程如下图所示。

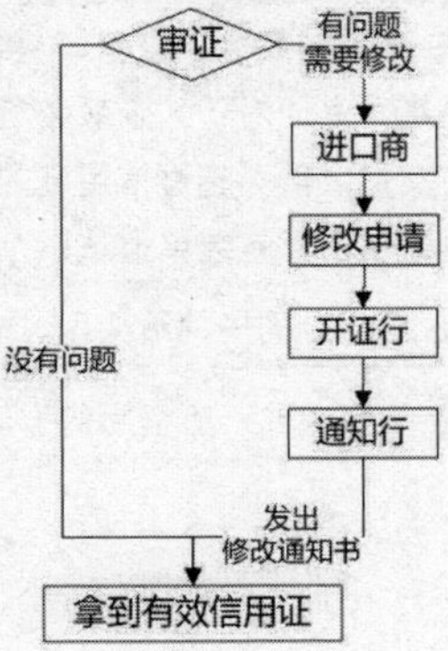

在实际业务中，经常发现国外来的信用证内容并不完全符合合同规定。原因是多方面的，有的是因为某些国家、地区的习惯做法往往有特殊规定；有的是因为对我国政策不了解；有的是国外客户或开证银行工作的疏忽或差错造成的；也有的是国外客户故意玩弄手法而在信用证中加了一些不合理的条款，等等。因此，对国外来证，我们必须认真审核。

一般而言，信用证主要审核以下几点。

1. 对信用证本身的审核	（1）信用证的页码是否齐全。
	（2）金额、币种是否与合同相符；大小写是否一致；溢短(more or less)是否适用金额。
	（3）是否按照合同规定的期限开出信用证。
	（4）装运期是否与合同规定的相符。
	（5）信用证有效期和到期地点是否符合合同规定。
	（6）信用证交单期一般在装船后10～15天。
	（7）信用证开证申请人和受益人的名称和地址是否有误。
	（8）通知行是否与受益人在同一地点。
2. 对汇票条款的审核	（1）付款人是否为信用证中的开证行或指定的付款行。
	（2）付款期限是否与合同中的付款期限相符。
3. 对单据条款的审核	（1）信用证项下要求受益人提交议付的单据通常包括商业发票、海运提单、保险单、装箱单、检验证书及其他证明文件。要注意单据由谁出具、信用证对单据是否有特殊要求、单据的规定是否与合同条款一致等。
	（2）信用证中有无影响收款的软条款。
4. 对货物描述的审核	（1）信用证中商品的品名、规格、包装、数量、贸易术语是否与销售合同一致。就数量而言，对于大宗散装货物，除非信用证规定数量不得有增减，那么在支付金额不超过信用证的情况下，货物数量可以允许有5%的增减，但不适用于以包装单位或以个体为计算单位的货物。
	（2）唛头是否对应合同中的唛头。
	（3）详细资料参照××，所引用的合同是否与买卖双方签订的合同相符。

5．对装运条款的审核	（1）装运港与目的港是否与合同相符。若存在重名问题，其后应加国别。
	（2）装运时间是否恰当，若到证时间与装运期太近，无法如期装运，就应及时与开证申请人联系修改。逾期装运的运输单据将构成单证不符，银行有权不付款。
	（3）货物是否允许转运，除非另有规定，货物是允许转运的。
	（4）货物是否允许分批出运，若信用证中没有明确规定，应理解为货物是允许分批装运的。并且如果信用证中明确规定每一批货物出运的确切时间，则应注意能否悉数办到，如无法做到，则应立即要求修改。

6．对其他条款的审核	（1）信开/电开信用证是否有银行保证付款的责任文句，如：Undertaking clause of opening bank。
	（2）信用证对费用的规定是否可接受。
	（3）信用证是否受《UCP600》的约束。

7.2.3　修改信用证

对信用证进行全面细致的审核之后，如果没有问题，我们就可按信用证条款发货、装运、制单结汇。但审证后如果发现问题，就要对信用证进行修改。

信用证的常见问题有包装、总金额、装船期、保险和拼写方面的错误。根据问题性质的不同，就要作出不同的处理方法。一般来说，凡是属于不符合我国对外贸易方针政策，影响合同履行和安全收汇的情况，我们必须要求国外客户通过开证行进行修改；凡不违反政策原则，经过努力可以做到而又不增加太多费用的情况，可以酌情处理，或不做修改，按信用证规定走货。

修改信用证同审证一样，是保证顺利履行合同和安全迅速收汇的重要前提，所以，必须给予足够的重视。

1．修改信用证应注意的事项

（1）凡是需要修改的内容，应做到一次性向客户提出，避免多次修改信用证的情况。

因为，每次修改国外客户都要向开证行交纳一定的手续费，外贸公司也要向通知行交纳一定的修改通知费，它不仅增加了双方的手续和费用，而且对外影响不好，也影响及时履约。

（2）收到信用证修改后，应及时检查修改内容是否符合要求，并根据情况表示接受或重新提出修改。

（3）按《跟单信用证统一惯例》第 600 号出版物第 10 条的规定，未经开证行、保兑行及受益人同意，信用证既不能修改，也不能撤销。

如果国外客户来证后，又主动要求修改来证内容，而我方对修改内容不接受时，我们可以拒绝，但是我们应该立即发出拒绝接受修改的通知。发出该通知后，就可按原证各项条款和内容办理出运。

（4）对于修改内容要么全部接受，要么全部拒绝，部分接受修改中的内容是无效的。

（5）有关信用证修改必须通过原信用证通知行才真实有效，通过客户直接寄送的修改申请书或修改书复印件不是有效的修改。

（6）明确修改费用由谁承担。一般按照责任归属来确定修改费用由谁承担。

《跟单信用证统一惯例》第 600 号出版物第 10 条（修改）的内容如下。

《跟单信用证统一惯例》国际商会第600号第十条 修改	a. 除第三十八条别有规定者外，未经开证行、保兑行（如有的话）及受益人同意，信用证既不得修改，也不得撤销。
	b. 开证行自发出修改之时起，即不可撤销地受其约束。保兑行可将其保兑扩展至修改，并自通知该修改时，即不可撤销地受其约束。但是，保兑行可以选择将修改通知受益人而不对其加具保兑。若然如此，其必须毫不延误地将此告知开证行，并在其给受益人的通知中告知受益人。
	c. 在受益人告知通知修改的银行其接受该修改之前，原信用证（或含有先前被接受的修改的信用证）的条款对受益人仍然有效。受益人应提供接受或拒绝修改的通知。如果受益人未能给予通知，当交单与信用证及尚未表示接受的修改的要求一致时，即视为受益人已作出接受修改的通知，并且从此时起，该信用证被修改。
	d. 通知修改的银行应将任何接受或拒绝的通知转告发出修改的银行。
	e. 对同一修改的内容不允许部分接受，部分接受将被视为拒绝修改的通知。
	f. 修改中关于除非受益人在某一时间内拒绝修改，否则修改生效的规定应被不予理会。

2．修改信用证的基本程序

信用证的修改应由开证申请人（进口商）提出，经开证行同意和受益人的同意才能生效，其基本程序如下。

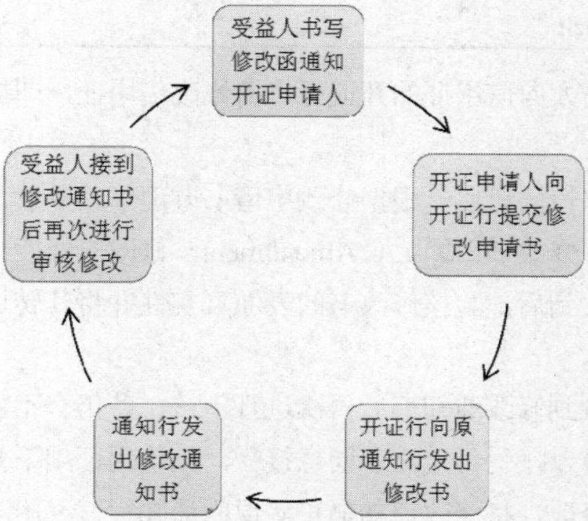

（1）受益人（出口方）将需要修改的内容通知开证申请人，即书写修改函。

跟单员书写修改函要点如下。

① 修改函要符合国际商务函电往来的格式、称呼，语气应有理有据、不卑不亢；

② 修改函首段应表明信用证已经收到，并写明信用证的号码和开证行的名称；

相关语句如下：

我们已收到你们号码为 002/235006，开证行为美国 BBB 银行的信用证。 We have received your L/C NO.:002/235006, issued by USA BBB BANK.

③ 表明修改意愿，并详细列明需要修改的项目及正确的表述；

相关语句如下：

我们发现有些条款不合适，我们建议应做如下修改： We find some items are not suitable．We propose that they should be amended as follows： 我们要求你们修改信用证如下几点： We request you to amend the L/C as follows: … shall /should be A not B. ……应该是 A 而不是 B. … has / have been amended to read as……已修改为…

④ 结尾段应表明期待早日收到修改后的信用证的意愿，并表示感谢。

相关语句如下：

我们期待尽早收到信用证修改。 We look forward to receiving the amendment at an early date. 谢谢你的帮助。 Thank you for your help.

（2）开证申请人向信用证的开证行申请修改信用证，即提交信用证修改申请书。

（3）开证行审核同意后，根据修改申请书办理修改手续，然后向信用证原通知行发出信用证修改书，即 L/C Amendment，修改一经发出就不能撤销。

（4）通知行收到后，验核修改书的表面真实性并将其转达给受益人，即发出修改通知书。

（5）受益人接到修改通知书后再次进行审核，若仍有不能接受之处可继续提出修改，直到可以接受为止。若同意接受，则信用证项下修改正式生效。如受益人拒绝接受修改，将修改通知书正本退回通知行，并附表示拒绝接受修改的文件，则此项修改不能成立，视为无效。受益人对修改拒绝或接受的表态，可推迟至交单时。

7.2.4　改证信函案例

案例：

东方进出口贸易公司跟单员大卫 David，收到加拿大客户 NEC 公司的开证行“加拿大皇家银行（Royal Bank of Canada）”于 5 月 19 日开来的信用证（L/C No.15/0519-FTC），经仔细审核后发现有些内容与合同（Sales Contract No.DFN321）不一致，信用证需要修改以下几点。

1. 货物的名称应为“CANNED WHOLE MUSHROOMS”而不是“CANNED SLICED MUSHROOMS”；

2. 将“提示的议付单据应该包括买方签发的货物收据 documents presented for negotiation should include cargo receipt issued by buyers”字样去掉；

3. 受益人名称应该是 DongFang Import & Export Company，而不是 DongFan Import & Export Company；

4. 最迟装运日不是 20150613，应该是 20150630。

请你给 NEC 公司的经理 Smith 去函催促对方改证，以便我方能够及时装运。写信时间为 2015 年 5 月 20 日。

参考信函：

RE: L/C AMENDMENTS(L/C No.15/0519-FTC)

Dear Smith,

Thank you for your L/C No.15/0519-FTC issued by Royal Bank of Canada, Dated on May 19,2015.On examination, we find that there are some discrepancies between the L/C and our Sales Contract No.DFN321.

Please kindly make the following amendments:

1. ":45A:DESCRIPTION OF GOODS AND/OR SERVICES"
should be "CANNED WHOLE MUSHROOMS" ,
instead of "CANNED SLICED MUSHROOMS".

2. ":46A: DOCUMENTS REQUIRED"
Please delete "documents presented for negotiation should include cargo receipt issued by buyers".

3. ":59: BENEFICIARY" should be "DongFang Import & Export Company", not "DongFan Import & Export Company"

4. ":44C: LATEST DATE OF SHIPMENT"
Please delete "20150613"
Please insert "20150630"

As the time of shipment is approaching, please make the amendments as soon as possible so that we can ship the goods in time.

Yours faithfully,
David

案例

跟单员李东收到了客户开来的信用证，经过仔细审核信用证，发现有以下内容需要修改。

1．信用证的性质不符合合同要求，应为不可撤销和加保兑的。

2．按合同规定，信用证 6 月 15 日到期，而不是 6 月 5 日。

3．议付地、到期地均在国外，应该为中国上海。

4．汇票的付款期不符，应为即期。

5．汇票的价格条款 CIF OSAKA 与合同不符，应改为 CIFC3 OSAKA。

6．提交的正本提单份数有误，应改为 3/3，而不是 2/3。

7．投保金额与合同不符，应为发票金额的 110%，而非 120%。

8．所采用的保险条款与合同不符，应为 CIC， 而非 ICC。

9．交单时间太紧，建议把 5 天改为 15 天。

请根据审证结果，写一封要求改证的英文信函：

Dear William,

Thank you for your L/C No. AN107 issued by ASAHI BANK LTD, TOKYO.

However we have found some discrepancies, Please amend the L/C as follows :

1. The Form of the L/C should be Irrevocable and Confirmed , not revocable and unconfirmed.

2. As contracted, the expiry date of the L/C should be October 15, 2015 instead of October 5, 2015.

3. The negotiating and expiry place should be Shanghai, China, not New York.

4. The draft is paid at sight instead of at 20 days' sight.

5. The price term should be CIFC3OSAKA instead of CIF OSAKA

6. The original B/L should be 3/3, instead of 2/3.

7. Goods should be insured for 110% of the invoice value, not 120%.

8. The insurance clause should be CIC , instead of ICC.

9. Documents should be presented for negotiation within 15 days after the date of shipment instead of "within 5 days".

We shall appreciate it if you modify promptly the L/C as requested .

Yours faithfully,

Li Dong

Shanghai CCC Co.,Ltd.

附 1　跟单必读：跟单信用证开证（MT700）

必选　20: DOCUMENTARY CREDIT NUMBER（信用证号码）

可选　23: REFERENCE TO PRE-ADVICE（预先通知号码）

如果信用证是采取预先通知的方式，该项目内应该填入"PREADV/"，再加上预先通知的编号或日期。

必选　27: SEQUENCE OF TOTAL（电文页次）

可选　31C: DATE OF ISSUE（开证日期）

如果这项没有填，则开证日期为电文的发送日期。

必选　31D: DATE AND PLACE OF EXPIRY（信用证有效期和有效地点）

该日期为最后交单的日期。

必选　32B: CURRENCY CODE, AMOUNT（信用证结算的货币和金额）

可选　39A: PERCENTAGE CREDIT AMOUNT TOLERANCE（信用证金额上下浮动允许的最大范围）

该项目的表示方法较为特殊，数值表示百分比的数值，如：5/5，表示上下浮动最大为 5%。39B 与 39A 不能同时出现。

可选　39B: MAXIMUM CREDIT AMOUNT（信用证最大限制金额）

39B 与 39A 不能同时出现。

可选　39C: ADDITIONAL AMOUNTS COVERED（额外金额）

表示信用证所涉及的保险费、利息、运费等金额。

必选　40A: FORM OF DOCUMENTARY CREDIT（跟单信用证形式）

跟单信用证有六种形式：

(1) IRREVOCABLE（不可撤销跟单信用证）

(2) REVOCABLE（可撤销跟单信用证）

(3) IRREVOCABLE TRANSFERABLE（不可撤销可转让跟单信用证）

(4) REVOCABLE TRANSFERABLE（可撤销可转让跟单信用证）

(5) IRREVOCABLE STANDBY（不可撤销备用信用证）

(6) REVOCABLE STANDBY（可撤销备用信用证）

必选　41A: AVAILABLE WITH...BY...（指定的有关银行及信用证兑付的方式）

（1）指定银行作为付款、承兑、议付。

（2） 兑付的方式有 5 种：BY PAYMENT（即期付款）；BY ACCEPTANCE（远期承兑）；BY NEGOTIATION（议付）；BY DEF PAYMENT（迟期付款）；BY MIXED PAYMENT（混合付款）。

（3）如果是自由议付信用证，对该信用证的议付地点不做限制，该项目代号为：41D，内容为：ANY BANK IN...

可选　42A: DRAWEE（汇票付款人）

必须与 42C 同时出现。

可选　42C: DRAFTS AT...（汇票付款日期）

必须与 42a 同时出现。

可选　42M: MIXED PAYMENT DETAILS（混合付款条款）

可选　42P: DEFERRED PAYMENT DETAILS（迟期付款条款）

可选　43P: PARTIAL SHIPMENTS（分装条款）

表示该信用证的货物是否可以分批装运。

可选　43T: TRANSSHIPMENT（转运条款）

表示该信用证是直接到达，还是通过转运到达。

可选　44A: LOADING ON BOARD/DISPATCH/TAKING IN CHARGE AT/FORM（装船、发运和接收监管的地点）

可选　44B: FOR TRANSPORTATION TO...（货物发运的最终地）

可选　44C: LATEST DATE OF SHIPMENT（最后装船期）

装船的最迟的日期。44C 与 44D 不能同时出现。

可选　44D: SHIPMENT PERIOD（船期）

44C 与 44D 不能同时出现。

可选　45A: DESCRIPTION OF GOODS AND/OR SERVICES（货物描述）

货物的情况、价格条款。

可选　46A: DOCUMENTS REQUIRED（单据要求）

各种单据的要求

可选　47A: ADDITIONAL CONDITIONS（特别条款）

可选　48: PERIOD FOR PRESENTATION（交单期限）

表明开立运输单据后多少天内交单。

必选　49: CONFIRMATION INSTRUCTIONS（保兑指示）

其中，CONFIRM：要求保兑行保兑该信用证；MAY ADD：收报行可以对该信用证加具保兑；WITHOUT：不要求收报行保兑该信用证。

必选　50: APPLICANT（信用证开证申请人）

一般为进口商。

可选　51A: APPLICANT BANK（信用证开证的银行）

可选　53A: REIMBURSEMENT BANK（偿付行）

可选　57A: 'ADVISE THROUGH' BANK - BIC（通知行）

必选　59: BENEFICIARY（信用证的受益人）

一般为出口商。

可选　71B: CHARGES（费用情况）

表明费用是否有受益人（出口商）出，如果没有这一条，表示除了议付费、转让费以外，其他各种费用由开出信用证的申请人（进口商）出。

可选　72: SENDER TO RECEIVER INFORMATION（附言）

可选　78: INSTRUCTION TO THE PAYING/ACCEPTING/NEGOTIATING BANK（给付款行、承兑行、议付行的指示）

附2　跟单必读：信用证修改（MT701）

必选　20SENDER'S REFERENCE（信用证号码）

必选 21　RECEIVER'S REFERENCE（收报行编号）

发电文的银行不知道收报行的编号，填写"NONREF"。

可选　23ISSUING BANK'S REFERENCE（开证行的号码）

可选　26E NUMBER OF AMENDMENT(修改次数）

该信用证修改的次数，要求按顺序排列。

可选 30　DATE OF AMENDMENT（修改日期）

如果信用证修改没填这项，修改日期就是发报日期。

可选　31C　DATE OF ISSUE（开证日期）

如果这项没有填，则开证日期为电文的发送日期。

可选　31E　NEW DATE OF EXPIRY（信用证新的有效期）

信用证修改的有效期。

可选　32B　INCREASE OF DOCUMENTARY CREDIT

AMOUNT（信用证金额的增加）

可选 33B DECREASE OF DOCUMENTARY CREDIT AMOUNT(信用证金额的减少）

可选 34B NEW DOCUMENTARY CREDIT AMOUNT AFTER AMENDMENT（信用证修改后的金额）

可选　39A　PERCENTAGE CREDIT AMOUNT TOLERANCE（信用证金额上下浮动允许的最大范围的修改）

该项目的表示方法较为特殊，数值表示百分比的数值，如：5/5，表示上下浮动最大为5%。39B与39A不能同时出现。

可选　39B　MAXIMUM CREDIT AMOUNT（信用证最大限制金额的修改）

39B与39A不能同时出现。

可选　39C　ADDITIONAL AMOUNTS COVERED（额外金额的修改）

表示信用证所涉及的保险费、利息、运费等金额的修改。

可选　44A　LOADING ON BOARD/DISPATCH/TAKING IN CHARGE AT/FORM（装船、发运和接收监管的地点的修改）

可选　44B　FOR TRANSPORTATION TO...（货物发运的最终地的修改）

可选　44C　LATEST DATE OF SHIPMENT（最后装船期的修改）

修改装船的最迟的日期。44C与44D不能同时出现。

可选　44D　SHIPMENT PERIOD（装船期的修改）

44C与44D不能同时出现。

可选　52a　APPLICANT BANK（信用证开证的银行）

必选　59BENEFICIARY(BEFORE THIS AMENDMENT)（信用证的受益人）

该项目为原信用证的受益人，如果要修改信用证的受益人，则需要在79 NARRATIVE（修改详述）中写明。

可选　72SENDER TO RECEIVER INFORMATION（附言）

/BENCON/

：要求收报行通知发报行受益人是否接受该信用证的修改。

/PHONBEN/

：请电话通知受益人（列出受益人的电话号码）。

/TELEBEN/

：用快捷有效的电信方式通知受益人。

可选　78NARRATIVE（修改详述）

详细的修改内容。

还有很多其他的如

999、199用于信息传递

760用于Bank Instrument 的传输

799用于回复

103用于付款。

附 3　有关信用证的各种样本

信用证通知书样本

中国银行

BANK OF CHINA

170 People Avenue, Shanghai, China
FAX:86-21-52896599

信 用 证 通 知 书

NOTIFICATION OF DOCUMENTARY CREDIT

日期:110829

TO 致: AIGE IMPORT & EXPORT COMPANY ROOM 2501, JIAFA MANSION, BEIJING WEST ROAD, SHANGHAI 200001, P.R.CHINA		WHEN CORRESPOND NG PLEASE QUOTE OUT REF NO.	AD94001A40576
ISSUING BANK开证行 THE BANK OF TOKYO-MITSUBISHI, LTD.		TRANSMITTED TO US THROUGH 转递行 REF NO.	
L/C NO.信用证号 002/0000026	DATED 开证日期 20110829	AMOUNT 金额 JPY 1200000	EXPIRY PLACE 有效地 CHINA
EXPIRY DATE 有效期 20110930	TENOR 期限	CHARGE 未付费用	CHARGE BY 费用承担人 BENE
RECEIVED VIA 来证方式 SWIFT	AVAILABLE 是否生效 VALID	TEST/SIGN 印押是否相符 YES	CONFIRM 我行是否保兑 NO

DEAR SIRS 敬启者:
WE HAVE PLEASURE IN ADVISING YOU THAT WE HAVE RECEIVED FROM THE A/M BANK A(N) **LETTER OF CREDIT**, CONTENTS OF WHICH ARE AS PER ATTACHED SHEET(S).
THIS ADVICE AND THE ATTACHED SHEET(S) MUST ACCOMPANY THE RELATIVE DOCUMENTS WHEN PRESENTED FOR NEGOTIATION.
兹通知贵公司，我行收自上述银行信用证一份，现随附通知。贵司交单时，请将本通知书及信用证一并提示。

REMARK备注:
PLEASE NOTE THAT THIS ADVICE DOES NOT CONSTITUTE OUR CONFIRMATION OF THE ABOVE L/C NOR DOES IT CONVEY ANY ENGAGEMENT OR OBLIGATION ON OUT PART.

THIS L/C CONSISTS OF 　　SHEET(S), INCLUDING THE COVERING LETTER AND ATTACHMENT(S).
本信用证连同面函及附件共　　纸。

IF YOU FIND ANY TERMS AND CONDITIONS IN THE L/C WHICH YOU ARE UNABLE TO COMPLY WITH AND OR ANY ERROR(S), IT IS SUGGESTED THAT YOU CONTACT APPLICANT DIRECTLY FOR NECESSARY AMENDMENT(S) SO AS TO AVOID AND DIFFICULTIES WHICH MAY ARISE WHEN DOCUMENTS ARE PRESENED.
如本信用证中有无法办到的条款及/或错误，请迳与开证申请人联系，进行必要的修改，以排除交单时可能发生的问题。

THIS L/C IS ADVISED SUBJECT TO ICC UCP PUBLICATION NO.600.
本信用证之通知系遵循国际商会跟单信用证统一惯例第600号出版物办理。

此证如有任何问题及疑虑，请与结算业务部审证科联络，电话：86-21-52896588

YOURS FAITHFULL

FOR 中国银行

中国银行 信用证通知专用章

信用证样本

LETTER OF CREDIT

--- MESSAGE TEXT ---

:27:SEQUENCE OF TOTAL
1/1
:40A:FORM OF DOCUMENTARY CREDIT
IRREVOCABLE
:20:DOCUMENTARY CREDIT NUMBER
002/0000026
:31C:DATE OF ISSUE
110829
:40E: APPLICABLE RULES
UCP LATEST VERSION
:31D:DATE AND PLACE OF EXPIRY
20110930　CHINA
:50:APPLICANT
RIQING EXPORT AND IMPORT COMPANY
P.O.BOX 1589, NAGOYA, JAPAN
:59:BENEFICIARY
AIGE IMPORT & EXPORT COMPANY
ROOM 2501, JIAFA MANSION, BEIJING WEST ROAD, SHANGHAI 200001, P.R.CHINA
:32B:CURRENCY CODE, AMOUNT
JPY　1200000,
:41D:AVAILABLE WITH BY
ANY BANK IN CHINA BY SIGHT PAYMENT
:42C:DRAFTS AT
:42A:DRAWEE
ISSUE BANK
:43P:PARTIAL SHIPMENTS
ALLOWED
:43T:TRANSHIPMENT
ALLOWED
:44E: PORT OF LOADING/AIRPORT OF DEPARTURE
SHANGHAI,CHINA
:44F: PORT OF DISCHARGE/AIRPORT OF DESTINATION
NAGOYA,JAPAN
:44C:LATEST DATE OF SHIPMENT
20110901
:45A:DESCRIPTION OF GOODS AND/OR SERVICES
01006
CANNED LITCHIS
850GX24TINS/CTN
QUANTITY: 1000CARTONS
PRICE: JPY1200
FOB SHANGHAI,CHINA
:46A:DOCUMENTS REQUIRED
+SIGNED COMMERCIAL INVOICE IN 1 ORAGINAL(S) AND 3 COPY(COPIES) INDICATING L/C NO. AND CONTRACT NO.SELL001
+FULL SET OF CLEAN ON BOARD BILLS OF LADING MADE OUT TO ORDER AND BLANK ENDORSED, MARKED "FREIGHT TO COLLECT" NOTIFYING THE APPLICANT.
+PACKING LIST MEMO IN 1 ORAGINAL(S) AND 3 COPY(COPIES) INDICATING QUANTITY, GROSS AND WEIGHTS OF EACH PACKAGE.
+CERTIFICATE OF QUANTITY/WEIGHT IN 1 ORAGINAL(S) AND 3 COPY(COPIES)
+CERTIFICATE OF QUALITY IN 1 ORAGINAL(S) AND 3 COPY(COPIES)
+CERTIFICATE OF PHYTOSANITARY IN 1 ORAGINAL(S) AND 3 COPY(COPIES)
+HEALTH CERTIFICATE IN 1 ORAGINAL(S) AND 3 COPY(COPIES)
+CERTIFICATE OF ORIGIN FORM A IN 1 ORAGINAL(S) AND 3 COPY(COPIES)
:47A:ADDITIONAL CONDITIONS
THIRD PARTY AS SHIPPER IS NOT ACCEPTABLE, SHORT FORM/BLANK BACK B/L IS NOT ACCEPTABLE.
BOTH QUANTITY AND CREDIT AMOUNT 5% MORE OR LESS ARE ALLOWED.
:71B:CHARGES
ALL BANKING CHARGES OUTSIDE THE OPENING BANK ARE FOR BENEFICIARY'S ACCOUNT.
:48:PERIOD FOR PRESENTATION
DOCUMENTS MUST BE PRESENTED WITHIN 7 DAYS AFTER DATE OF ISSUANCE OF THE TRANSPORT DOCUMENTS BUT WITHIN THE VALIDITY OF THIS CREDIT.
:49:CONFIRMATION INSTRUCTIONS
WITHOUT
:57D:ADVISE THROUGH BANK
BANK OF CHINA
170 PEOPLE AVENUE, SHANGHAI, CHINA

第 8 章

准备备货

外贸备货环节是整个外贸活动中非常重要的一部分，如果出了半点差错，所造成的麻烦将是你无法想象的！

8.1 备货

备货工作是指卖方根据出口合同及信用证的规定，按时、按质、按量地准备好应交的货物，并做好申请报验和领证工作。

1.备货环节注意事项

在备货工作中，应注意以下 4 个问题。

- 货物的品质、规格，应按合同的要求核实，必要时应进行加工整理，以保证货物的品质、规格与合同规定一致。
- 货物的数量：应保证满足合同或信用证对数量的要求，备货的数量应适当留有余地，备作装运时可能发生的调换和适应舱容之用。
- 货物的包装和唛头（运输标志）：应进行认真检查和核实，使之符合信用证的规定，并要做到对保护商品和适应运输的要求，如发现包装不良或破坏，应及时进行修或换装。标志应按合同规定的式样刷制。
- 备货时间：应根据信用证规定，结合船期安排，以利于船货衔接。

2. 报验

凡属国家规定，或合同规定必须经中国进出口商品检验局检验出证的商品，在货物备齐后，应向商品检验局申请检验，只有取得商检局发给合格的检验证书，海关才准放行。

凡需要法定检验出口的货物，应填制“出口报验的申请单”。“出口报验申请单”的内容一般包括：品名、规格、数量（或重量）、包装、产地等项。“申请单”还应附上合同信用证副本等有关单据，供商检局检验和发证时参考。

申请报验后，如出口公司发现“申请单”内容填写有误，或因国外进口人修改信用证以致货物规格有变动时，应提出更改申请，并填写“更改申请单”，说明更改事项和更改原因。

货物经检验合格，即由商检局发给检验证书。检验证书的有效期，一般货物是从发证之日起两个月内有效；鲜果、鲜蛋类为两星期，植物检疫为 3 个星期内有效；如超过有效期装运出口，应向商检局申请展期，并由商检局进行复验合格后才能出口。

8.2 物料采购

物料采购跟单是指跟单员按采购订单所载明的物料品名、规格、数量及交期等，在国内市场采购物料，向生产企业提供制造加工产品所需要的原料、零部件或辅料等的采购跟进工作。

1. 物料采购跟催流程

物料采购跟单的具体流程如下。

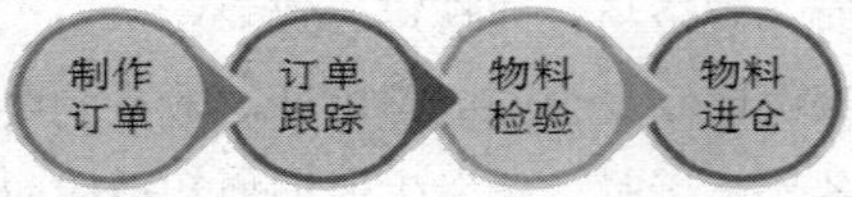

（1）制作订单

跟单员接到所需部门的请购单，制作采购单给供应商。制作采购单时注意：审查请购单、熟悉订购的物料、确认价格、确认质量标准、确认采购量，制定采购单说明书，经审核无误后发给供应商，并要求供应商签字回传。

采购物料申请单（样本）

日期					订单编号			
供应商名称					供应商编号			
供应商地址					电话/传真			
序号	料号	规格名称	单位	数量	单价	金额	交货数量	交货日期
合计								
交货方式					交货地点			
交易条款： 1．交期 2．品质 3．不良品处理 4．其他 5．附生产图纸 ____张，检验标准____ 份								
承制供应商	总经理	采购经理			采购主管	采购员		

（2）订单跟踪

跟踪原材料、加工过程、组装检测及包装入库等。

（3）物料检验

确定检验日期，通知检验人员，进行物料检验，处理检验问题。

（4）物料进仓

协调送货，协调接收，通知送货，物料入库，处理接收问题。

2. 物料采购的跟催

跟单员需要在预定的交货期开始前数天提醒供应商，一方面给供应商适当的压力，另一方面，可及时掌握供应商能否按期、按量交货等第一手资料，从而进快采取相应措施。催单的目的是使供应商在必要的时候送达所采购的物料，使企业的经营成本降低。

催单的方法如下：

催单的方法主要有按采购单跟催和定期跟催两种。

（1）按采购单跟催

按采购单预定的进料日期提前一定时间进行跟催。通常采用以下方法：①联单法：将采购单按日期顺序排列好，提前一定时间进行跟催。②统计法：将采购单统计成报表，提前一定时间进行跟催。③跟催箱：制作一个 31 格的跟催箱，将采购单依照日期顺序放入跟催箱，每天跟催相应的采购单。（以上方法的目的是保证跟单员不因工作繁忙而遗漏重要事项。）④计算机提醒法：利用 Outlook 系统中的日历安排计划功能，将每月需要办理的催单事项输入日历，每天打开 Outlook 系统后，它会自动提醒跟单员当天需要办理的事项。

（2）定期跟催

于每周固定时间，将要跟催的订单整理好，打印成报表定期统一跟催。

①催单的规划

一般监控。倘若采购的物料为一般性、非重要的商品，则仅作为一般的监控即可，通常仅需注意是否能按规定的期限收到检验报表，可定期查询实际进度。

预定进度管理实践。比较重大的业务，跟单员可在采购单或采购合同中明确规定，供应商应编制预定进程表。

生产企业实地考察。对于重要原材料的采购，除要求供应商按期递送进度表外，还可以实地前往供应商生产企业进行实地考察。此项考察，应在采购单内明确约定，必要时可派专人驻厂监督。

②催单的工作要点

跟单员要进行有效的催单，必须要做好交货管理的事前规划、事中执行与事后考察。

事前规划。具体包括：确定交货日期及数量；了解供应商生产设备的利用率；供应商提供生产计划或交货日程表；提高供应商的原料及生产管理；准备替代来源。

事中执行。具体包括了解供应商备料情况；企业提供必要的材料、模具或技术支援；了解供应商的生产效率；加强交货前的跟催工作；交货期及数量变更要及时通知；应尽量减少规格变更。

事后考核。具体包括：对交货延迟的原因进行分析，并做好应对准备；分析是否需要更换供应商；执行对供应商的奖惩办法；完成采购单后对余料、模具和图纸等进行收回及处理。

8.3 生产进度跟单

跟单员在完成原材料跟单工作后，要协助外贸业务员向生产企业下达生产通知单，要求将加工合同中的生产任务及时落实到具体的生产计划中。为了掌握加工企业的生产进度，保证按约履行交货义务，跟单员要对生产进度进行跟进，深入加工生产企业，了解工厂的生产动态，跟踪生产进度。在生产过程中，跟单员如果发现实际生产进度与计划进度有差异，必须协调加工企业一起查找原因，并采取有效措施，以保证生产有序进行。

1. 生产进度跟单的基本要求

生产进度跟单就是对生产计划进行跟踪，是外贸企业的一个重要工作环节。它对于全方位的监控生产情况，确保按时、按质、按量的顺利完成合同、订单有着重要的作用。

生产进度跟单的基本要求是使生产企业能按订单及时交货。及时交货就必须使生产进度与订单交货期相吻合，尽量做到不提前交货，也不延迟交货。

2. 生产进度跟单的要点

生产企业不能及时交货的主要原因

- 企业内部管理不当。如紧急订单插入，生产安排仓促，导致料件供应混乱，延误生产交货。
- 计划安排不合理或漏排。

- 产品设计与工艺变化过多。
- 产品质量控制不好。不合格产品增多，成品合格率下降，影响成品交货数量。
- 生产设备跟不上。
- 产能不足。

3．按时交货跟单要点

- 加强与生产管理人员的联系，明确生产、交货的权责。
- 减少或消除临时、随意的变更，规范设计、技术变更要求。
- 掌握生产进度，督促生产企业按进度生产。
- 加强产品质量、不合格产品、外协产品的管理。
- 妥善处理生产异常事务等。

4．生产进度跟单的一般流程

生产进度跟单的一般流程：下达生产通知单，制订生产计划，安排生产计划，制作产前样及跟踪生产进度。

（1）下达生产通知书

落实生产通知单内各项内容：跟单员接到订单后，应将其转化为企业下达生产任务的生产通知单，在转化时应明确客户所订产品的名称、规格型号、数量、包装、出货时间等要求。跟单员需与生产企业或本企业有关负责人对订单内容逐一进行分解，转化为生产企业的生产通知单内容。

协调生产通知单遇到的问题：有时会发生生产通知单受到生产车间具体生产操作上的技术、原材料供应等问题。跟单员 必须及时了解掌握生产通知单具体下达到车间后，在生产执行时遇到的困难情况。对于生产车间不能解决的技术问题或生产出来的产品无法达到客户要求的情况，跟单员应及时与有关部门衔接，在技术问题无法解决前，不能生产。

做好生产通知后的意外事件处理：如遇意外事件导致订单无法按时、按质完成，跟单员需要反复核实，并做好多种应急事件处理准备工作，或及时调整生产通知单个别内容，或及时调整生产厂家另行下达生产通知。

（2）制订生产计划

跟单员应协助生产管理人员将订单及时转化为生产计划，以便产品的顺利制造。

生产计划的制订：生产计划的制订主要依据订单要求、前期生产记录、计划调度以及产能分析而制订的。其计划的内容主要有各月份、各规格、设备及销售类别的生产数量，并且每月应进行修订一次。

月度生产计划的制订：计划的内容包括当月各批号、产品名称、生产数量、生产日期、生产单位的产量等。

一周生产计划的制订：一周生产计划是由月份生产计划或紧急订单转换而制订的，它是具体生产安排及物料控制的依据。

（3）安排生产计划

怎么合理的按订单，来排生产计划呢？

把订单客户分类：

第一类，重要客户（大单客户、订单大且是稳定客户、行业里有名气的客户、潜在订单多的客户）。

第二类，次重要客户（订单不大也不小，订单虽小但比较稳定）。

第三类，一般客户（零售订单客户，无名气的小单客户）。

排产原则：

一、保证第一类重要客户，按般客户要求的时间出货，排产计划按客户要求的出货时间提前一周生产才能保证按出货。

二、次重要客户，尽量保证按客户要求的出货时间提前3～5天排产。尽量按期出货。

三、一般客户，根据公司的产能来确定，如果产能大，完全能接受生产任务，尽量按期完成。如果因为重要客户突然大单，产能有限，可向客户解释清楚，延期生产出货。

（4）制作产前样

大货生产前要使用大货原料和辅料按工艺要求进行试样，由品质管理部门对产前样进行检验，必要时交给客户确认，然后进行大货生产。

通过产前样的试制，确认生产加工方案的可行性，观察各工序完工所需时间及总工时，提供可靠的技术资料与数据，为制定必要的生产管理和质量标准奠定基础。

产前样的试制通常由某一生产线来完成，这样可以确认和验证试制产品的造型、规格、生产管理、工艺技术等是否符合订单的要求，并作为批量生产的实样或者标样。

产前样通常由跟单员在产前样试制任务完成后填写“产前样确认表”。“产前样确认表”必须由双方签章，确定法律效力。

（5）跟踪生产进度（见下表）

跟踪生产进度	
生产进度控制工作程序	1．跟单员通过生产管理部门每日的“生产日报表”统计，调查每天的成品数量及累计完成数量，以了解生产进度并加以跟踪控制，以确保能按订单要求准时交货。 2．跟单员可利用每日实际生产的数字同预定生产数字加以比较，看是否有差异，以追踪记录每日的生产量。 3．跟单员发现实际进度与计划进度产生差异，应及时查找原因。如属进度发生延误导致影响交货期，除追究责任外，应要求企业尽快采取各种补救措施，如外包或加班等。 4．企业采取补救措施后，跟单员应调查其结果是否有效，如效果不佳，跟单员应要求企业再采取其他补救措施，一直到问题得到解决。 5．补救措施无效，仍无法如期交货时，跟单员应及时联络并争取取得境外客户谅解，并征求延迟交货日期
生产进度控制重点	重点是：计划落实执行情况；机器设备运行情况；原材料供应保障；不合格及报废率情况；临时任务或特急订单插入情况；各道工序进程；员工工作情绪等
生产异常的处理	发生各种生产异常，其影响最终体现于生产进度无法按计划进行。跟单员在生产过程中要掌握生产异常情况，及时进行跟踪工作

8.4 产品包装

商品的包装（Packing of Goods），是指为了有效保护商品品质的完好和数量的完整，采用一定的方法将商品至于合适容器中的一种措施。

商品包装是商品生产环节的继续。除了少数难以包装，不值得包装或根本没有必要包装而采取裸装或散装的商品外，绝大多数商品都需要适当包装后才能进入流通领域和消费领域。

出口产品涉及产品的销售包装和运输包装。跟单员在生产进度跟单和品质控制跟单时，必须做好出口产品的包装跟单工作，根据客户对包装的要求，选择合适的包装材料和包装方式，并及时做好入库、装运等工作。

包装要求的审查如下：

- 工厂的产品本身有自己的包装，展示给客户能否接受？
- 客户提供的包装（彩印、尺寸等）我们是否能做？
- 客户提供的包装资料是否齐全（内包装、外包装、标签、说明书等）。

8.4.1 包装的种类

从包装在流通过程中所起作用的不同，可分为运输包装和销售包装。

1．运输包装

运输包装又称大包装或外包装，其主要作用在于保护商品和防止出现货损、货差。运输包装的方式和造型多种多样，用料和质地各不相同。在国际贸易中，买卖双方究竟采用何种运输包装，应在合同中具体订明。

运输包装有时要涉及包装标志的问题。包装标志是指在商品的包装上书写、压印、刷制各种有关的标志，以便识别货物，有利于装卸、运输、仓储、检验和交接工作的顺利进行。包装标志按其用途可分为运输标志、指示性标志和警告性标志 3 种。

（1）运输标志

运输标志又称为唛头，通常由一个简单的几何图形和一些字母、数字及简单的文字组成。其主要内容包括：①目的地的名称或代号；②收、发件人的代号；③件号、批号。此外有的运输标志还包括原产地、合同号、许可证号和体积与重量等内容。

联合国欧洲经济委员会简化国际贸易程序工作组，在国际标准化组织和国际货物装卸协调协会的支持下，制定了一项运输标志向各国推荐使用。该标准化运输标志包括：①收货人或买方名称的英文缩写字母或简称；②参考号，如运单号、订单号或发票号；③目的地；④件号。举例如下：

ABC S/C2016 LONDON 1/28	收件人代号 参考号 目的地 件数代号

（2）指示性标志

指示性标志是提示人们在装卸、运输和保管过程中需要注意的事项，一般是以简单、醒目的图形和文字在包装上标出。

（3）警告性标志

警告性标志又称危险货物包装标志，是指凡在运输包装内装有爆炸品、易燃物品、有毒物品、腐蚀物品、氧化剂和放射性物质等危险货物时，都必须在运输包装上标明用于各种危险品的标志，以示警告，使装卸、运输和保管人员按货物特性采取相应的防护措施。

2. 销售包装

销售包装又称为内包装，是直接接触商品并和消费者直接见面的包装，这类包装除必须具有保护商品的功能外，更应具有促销的功能。

在销售包装上，一般都附有装潢画面和文字说明，有的还印有条形码。目前，世界许多国家都在商品包装上使用条形码。条形码是由一组带有数字的黑白及粗细间隔不等的平行条纹所组成，这是利用光电扫描阅读设备为计算机输入数据的特殊的代码语言。只要将条形码对准光电扫描器，计算机就能自动识别条形码信息，确定品名、品种、数量、生产日期、制造厂商、产地等相关信息。

8.4.2 中性包装和定牌生产

采用中性包装（Neutral Packing）和定牌生产，是国际贸易中常有的习惯做法。

中性包装是指既不标明生产国别、地名和厂商名称，也不标明商标或品牌的包装，也就是说，在出口商品包装的内外，都没有原产地和出口厂商的标记。中性包装包括无牌中性包装和定牌中性包装两种，前者，是指包装上既无生产国别和厂商名称，又无商标、品牌；后者，是指包装上仅有买方指定的商标或品牌，但无生产国别和厂商名称。

采用中性包装通常是为了适应交易的特殊需要（如转口销售等），它是出口厂商扩大出口的一种手段。为了把生意做活，我们对国际贸易中的这种习惯是为了打破某些进口国家与地区的关税和非关税壁垒及适应交易的特殊需要（如转口销售等），它是出口国家厂商加强对外竞销和扩大出口的一种手段。

定牌是指卖方按买方要求在其出售的商品或包装上标明买方指定的商标或牌号，这种做法也称定牌生产。当前，世界上许多国家的超级市场、大百货公司和专业商店，对其经营出售的商品，都要在商品上或包装上标有本商店使用的商标或品牌，以扩大本店知名度和显示该商品的身价。许多国家的出口厂商，为了利用买主的经营能力及其商业信誉和品牌声誉，以提高商品售价和扩大销路，也愿意接受定牌主产。

包装条款一般包括包装材料、包装方式、包装规格、包装标志和包装费用的负担等内容。在商订包装条款时，需要注意下列事项：

（1）要考虑商品特点和不同运输方式的要求。

（2）对包装的规定要明确具体。一般不宜采用“海运包装”（Seaworth Packing）和“习惯包装”（Customary Packing）之类的术语。

（3）明确包装由谁供应和包装费由谁负担。包装由谁供应，通常有下列三种做法。

- 由卖方供应包装，包装连同商品一块交付买方。
- 由卖方供应包装，但交货后，卖方将原包装收回。关于原包装返回给卖方的运费由何方负担，应作具体规定。
- 由买方供应包装或包装物料。采用此种做法时，应明确规定买方提供包装或包装物料的时间，以及由于包装或包装物料未能及时提供而影响发运时买卖双方所负的责任。

关于包装费用，一般包括在货价之中，不另计收。但也有不计在货价之内，而规定由买方另行支付的。

8.4.3 部分国家出口包装环保要求

随着全球环保意识的逐渐增强，目前国际上许多国家和地区开展了环境标志计划，使用符合环境保护的包装材料，是出口包装的发展方向。

1. 出口包装材料回收标志

跟单员在进行出口包装时，需要掌握进口国的有关包装规定和要求。如德国规定包装材料要符合“3R”原则，即可再生利用（“Reuse”），可自然降解（“Reduce”）还原、可进行循环再生处理（“Recycle”），要求纸箱表面不能上蜡、上油，也不能涂塑料、沥青等防潮材料；外箱不能有蜡纸或油质隔纸；箱体瓦楞纸板间的连接需采取黏合方式，不能用任何金属或塑料钉或夹，尽可能用胶水封箱，不能用 PVC 或其他塑料胶带；纸箱上所做的标记必须用水溶性颜料等。又如，欧洲各国在 1992 年就完全禁止使用聚氯乙烯（PVC）包装材料。

使用符合进口国环保要求的包装材料，需要在包装材料外部的显著位置，印刷一些标志，如“可循环标记（Recycle Mark）”等，以下是部分国家或地区的可循环标记及含义：不同的塑料成分使用不同的标识，并显示在容器或包装上。

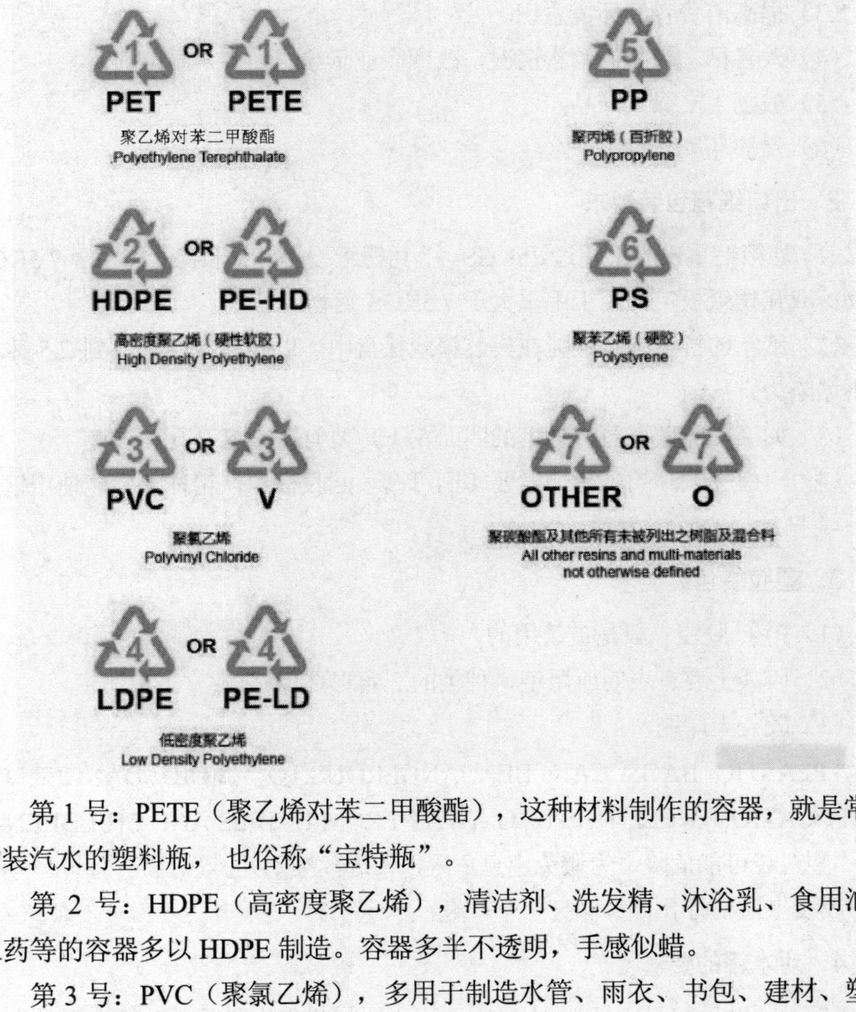

第 1 号：PETE（聚乙烯对苯二甲酸酯），这种材料制作的容器，就是常见的装汽水的塑料瓶，也俗称“宝特瓶”。

第 2 号：HDPE（高密度聚乙烯），清洁剂、洗发精、沐浴乳、食用油、农药等的容器多以 HDPE 制造。容器多半不透明，手感似蜡。

第 3 号：PVC（聚氯乙烯），多用于制造水管、雨衣、书包、建材、塑料膜、塑料盒等器物。

第 4 号：LDPE（低密度聚乙烯），随处可见的塑料袋多以 LDPE 制造。

第 5 号：PP（聚丙烯），多用于制造水桶、垃圾桶、箩筐、篮子和微波炉用食物容器等。

第 6 号：PS（聚苯乙烯），由于吸水性低，多用于制造建材、玩具、文具、滚轮，还有速食店盛饮料的杯盒或一次性餐具。

第 7 号：其他。

标志的作用如下：

（1）为消费者建立和提供可靠的尺度来选择有利于环境的产品。

（2）为生产者提供公平竞争的统一尺度。

（3）提高消费者的环境意识。

（4）改善标志产品的销售情况，改变企业形象。

（5）鼓励生产绿色产品。

（6）保护环境。

2. 出口纸箱包装要求

（1）外箱毛重一般不超过 25KGS。单瓦楞纸板箱，用于装毛重小于 7.5KGS 货物；双瓦楞纸板箱，用于毛重大于 7.5KGS 货物；

（2）纸箱的抗压强度应能在集装箱或托盘中，以同样纸箱叠放到 2.5 米高度不塌陷为宜；

（3）如产品需做熏蒸，外箱的四面左下角要有 2 毫米开孔；

（4）出口去欧洲的外箱一般要印刷可循环回收标志，箱体上不能使用铁钉（扣）。

3. 塑胶袋包装要求

（1）PVC 胶袋一般是被禁用的；

（2）胶袋上要有表明所用塑料种类的三角形环保标志；

（3）胶袋上印刷

"PLASTIC BAGS CAN BE DANGEROUS.TO AVOID DANGER OF SUFFOCATION, KEEP THIS BAG AWAY FROM BABIES AND CHILDREN."

"塑料袋可能危险，为避免窒息危险，请远离婴幼儿。"

胶袋上还要打孔，每侧打一个，直径 5 毫米。

4. 对木箱的要求

对于涉及机械商品出口，大多需要用木质材料作为包装。一般选用九合板包装（注：不是实木，是人工复合而成的木质材料，不用熏蒸）。如果是大型机械，不适宜装集装箱，采用无包装的形式，放在甲板或是船舱内。

同样是选用木质包装，不同的市场，要求不同。如对美国、加拿大、欧盟、日本及澳大利亚出口，其中对美国、加拿大等国必须出具"官方熏蒸证书"（Fumigation/Disinfection Certificate），木质包装一定要在出口前"熏蒸"。而出口去中东国家及某些亚洲国家的木质包装，目前不需要“熏蒸”；对于出口非洲国家的木质包装，则要看具体国家，如，尼日利亚、坦桑尼亚（2006 年 2 月份起）需要“熏蒸”。

木质托盘、木箱必须实施热处理或熏蒸处理，由检验检疫出具《出境货物木质包装除害处理合格凭证》并加贴黑色标识（规格：3×5.5cm，6×11cm 及 12×22cm，见下图），方能报关出口。

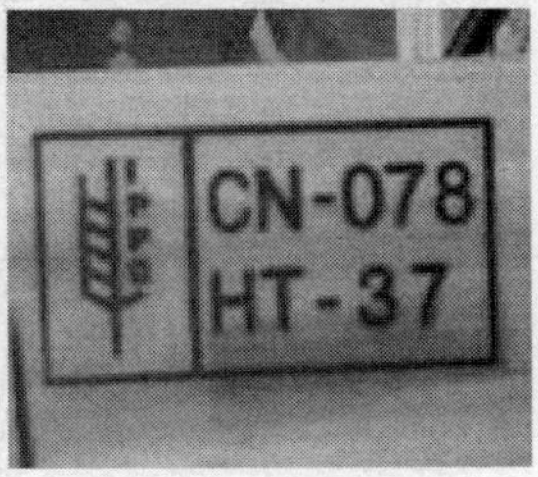

（1）标志式样

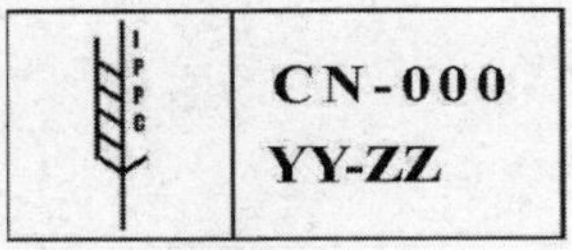

其中：

IPPC——《国际植物保护公约》(International Plant Protection Convention) 的英文缩写

CN——国际标准化组织规定的中国国家编号

000——出境货物木质包装生产企业的三位数登记号，按直属检验检疫局分别编号

YY——除害处理方法，澳甲烷熏蒸—MB 热处理—HT

ZZ——各直属检验检疫局 4 位数代码（如江苏局为 3200）

（2）除上述信息外，标识加施企业可根据需要增加其他必要的信息。

（3）标识颜色应为黑色，采用喷刷或电烙方式加施于每件木质包装两个相对面的显著位置，保证其永久性且清晰易辨。

（4）标识为长方形，规格有 3 种：3×5.5cm、5×9cm 及 10×20cm，标识加施企业可根据木质包装大小任选一种，特殊木质包装经检验检疫机构同意可参照标记式样比例确定。

5．其他包装材料

出口用草类包装材料包装的货物去挪威，在挪威办理货物进口手续时必须提供证明，否则包装将予以焚毁，费用由进口商支付；用旧编织材料制成的麻袋、打包麻布作为包装的货物出口去挪威，在挪威办理货物进口手续时必须提供证明，否则不准用作包装材料进入。

附件 1：

出境货物木质包装热处理结果报告单

编号：

<table>
<tr><td>标识加施
企业名称</td><td colspan="3"></td></tr>
<tr><td>包装种类</td><td></td><td>规格/数量</td><td></td></tr>
<tr><td>木材最大厚度</td><td></td><td>处理库号</td><td></td></tr>
<tr><td>生产批次</td><td></td><td>生产编号</td><td></td></tr>
<tr><td>处理日期</td><td colspan="3"></td></tr>
<tr><td colspan="4">木材中心温度达到 ℃时间：
干球温度到达 ℃时间：
相对湿度为 %
热处理起始时间：
热处理结束时间：</td></tr>
<tr><td colspan="4">已按上述要求对本批木质包装实施热处理，请检验检疫机关予以审核。

热处理技术操作人员（签名）：
业务负责人（签名）： 年 月 日（盖章）</td></tr>
<tr><td colspan="4">结果评定：
该批木质包装热处理过程符合要求，准予加施标识。

检验检疫人员（签名）： 年 月 日</td></tr>
<tr><td colspan="4">备注：</td></tr>
</table>

注：1．附温度检测自动打印记录。

2．本表一式两联，第一联交检验检疫机构，第二联标识加施企业留存。

附件 2：

出境货物木质包装熏蒸处理结果报告单

编号：

<table>
<tr><td>标识加施
企业名称</td><td colspan="5"></td></tr>
<tr><td>包装种类</td><td colspan="2"></td><td colspan="2">数量/规格</td><td></td></tr>
<tr><td>生产批次</td><td colspan="2"></td><td colspan="2">生产编号</td><td></td></tr>
<tr><td>处理日期</td><td colspan="2"></td><td colspan="2">处理体积</td><td></td></tr>
<tr><td>药剂种类</td><td colspan="2"></td><td colspan="2">剂　　量</td><td></td></tr>
<tr><td>温　　度</td><td colspan="2"></td><td colspan="2">时　　间</td><td></td></tr>
<tr><td rowspan="2">浓度检测值</td><td>0.5 小时</td><td>2 小时</td><td>4 小时</td><td>16 小时</td><td></td></tr>
<tr><td></td><td></td><td></td><td></td><td></td></tr>
<tr><td colspan="6">已按上述要求对本批木质包装实施熏蒸处理，请检验检疫机关予以审核。

熏蒸处理负责人（签名）：
业务负责人（签名）：　年　月　日（盖章）</td></tr>
<tr><td colspan="6">结果评定：
该批木质包装熏蒸处理过程符合要求，准予加施标识。

检验检疫人员（签名）：　年　月　日</td></tr>
<tr><td colspan="6">备注：</td></tr>
</table>

注：本表一式两联，第一联交检验检疫机构，第二联标识加施企业留存。

附件 3：

出境货物木质包装除害处理合格凭证

编号：

标识加施企业 名称（盖章）			
联系人		电话	
使用企业名称			
联系人		电话	
货物名称		拟输往国家/地区	
包装种类		数量/规格	
处理结果 报告单编号			
备注：			

注：本表一式三联，第一联交使用企业，第二联交检验检疫机构备查核销，第三联标识加施企业留存。

第 9 章

进行报检跟单

在国际货物买卖中，商品检验工作是国际货物买卖中交易双方交接货物必不可少的业务环节。

9.1 商品检验

出入境检验检疫，是指检验检疫部门和检验检疫机构依照法律、行政法规和国际惯例等的要求，对出入境货物、交通运输工具、人员等进行检验检疫、认证及签发官方检验检疫证明等监督管理工作。

9.1.1 出入境检验检疫概述

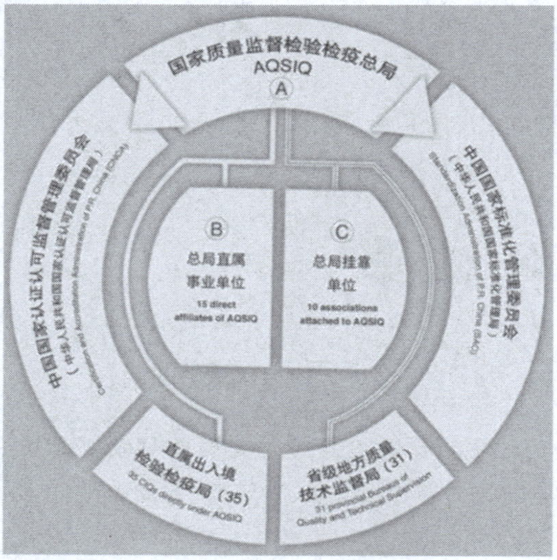

1. 进出口商品检验检疫

进出口商品检验检疫，是指在国际贸易中对买卖双方成交的商品，由具有权威的检验检疫机构对商品的质量、数量、重量、包装、卫生、安全及装运条件进行检验并对涉及人、动植物的传染病、病虫害、疫情等进行检疫的工作。通常习惯称为商检工作。

出入境检验检疫是指作为政府的一个行政部门，以保护国家整体利益和社会效益为衡量标准，以法律、行政法规、国际惯例或进口国法规要求为准则，对出入境货物、交通运输工具、人员及其事项等进行检验检疫、管理及认证，并提供官方检验检疫证明、居间检验检疫公证和鉴定证明的全部活动。

2. 商检机构的主要任务

我国商检机构的主要任务是：法定检验、实施监督管理和提供公证鉴定服务。

我国的商品检验机构及其业务范围：中国进出口商品检验总公司的业务范

围：进出口商品检验、进出境动植物检疫、进口商品认证管理、进口废物原料装运前检验、出口商品质量许可、食品卫生监督检验、出口商品运输包装检验、外商投资财产鉴定、货物装载和残损鉴定和卫生检疫与处理。

9.1.2　商品检验内容

在国际货物买卖中，商品检验是指对卖方交付货物的质量、数量和包装进行检验或鉴定，以确定卖方所交货物是否符合买卖合同的规定。商品检验工作不仅是国际货物买卖中交易双方交接货物必不可少的业务环节。

根据各国的法律、国际惯例及国际公约规定，除双方另有约定外，当卖方履行交货义务后，买方有权对所收到的货物进行检验，如发现货物不符合合同规定，而且确属卖方责任，买方有权要求卖方损害赔偿或采取其他补救措施，甚至可以拒收货物。

国际货物买卖合同中检验条款的主要内容有：检验时间和地点、检验机构、检验标准和方法及检验证书等。

1．检验的时间和地点

根据国际上的习惯做法和我国的业务实践，买卖合同中检验时间和地点的规定方法，如下表所示。

在出口国检验	1．在产地检验，即货物离开生产地点（如工厂、农场或矿山）之前，由卖方或其委托的检验机构人员或买方的验收人员对货物进行检验或验收。在货物离开产地之前的责任，由卖方承担。 2．在装运港/地检验，即以离岸质量、重量（或数量）（shipping quality，weight or quantity as final）为准。货物在装运港/地装运前，由双方约定的检验机构对货物进行检验，该机构出具的检验证书作为决定交货质量、重量或数量的最后依据。按此做法，货物运抵目的港/地后，买方如对货物进行检验，即使发现质量、重量或数量有问题，但也无权向卖方提出异议和索赔
在进口国检验	1．在目的港/地检验，即以到岸质量、重量（或数量）为准（1anding quality，weight Or quantity as final）。在货物运抵目的港/地卸货后的一定时间内，由双方约定的目的港/地的检验机构进行检验，该机构出具的检验证书作为决定交货质量、重量或数量的最后依据。如果检验证书证明货物与合同规定不符并确属卖方责任，卖方应予负责。 2．在买方营业处所或最终用户所在地检验。对一些需要安装调试进行检验的成套设备、机电产品及在卸货口岸开件检验后难以恢复原包装的商品，双方可约定将检验时间和地点延伸和推迟至货物运抵买方营业所或最终用户的所在地后的一定时间内进行，并以该地约定的检验机构所出具的检验证书作为决定交货质量、重量或数量的依据

续表

出口国检验、进口国复验	这种做法是装运港/地的检验机构进行检验后，出具的检验证书作为卖方收取货款的依据，货物运抵目的港/地后由双方约定的检验机构复验，并出具证明。如发现货物不符合同规定，并证明这种不符情况系属卖方责任，买方有权在规定的时间内凭复验证书向卖方提出异议和索赔。这一做法对买卖双方来说，比较公平合理，它既承认卖方所提供的检验证书是有效的文件，作为双方交接货物和结算货款的依据之一，并给予买方复验权。因此，我国进出口贸易中一般都采用这一做法

近年来，在检验的时间、地点及具体做法上，国际上也出现了一些新的做法和变化。例如，在出口国装运前预检验，在进口国最终检验，即在买卖合同中规定货物在出口国装运前由买方派员自行或委托检验机构人员对货物进行预检验，货物运抵目的港/地后，买方有最终检验权和索赔权。采用这一做法，有的还伴以允许买方或其指定的检验机构人员在产地或装运港或装运地实施监造或监装。对进口商品实施装运前预检验，这是当前国际贸易中较普遍采用的一种行之有效的质量保证措施。在我国进口交易中，对关系到国计民生、价值较高、技术又复杂的重要进口商品和大型成套设备，必要时也应采用这一做法，以保障我方的利益。

2. 检验机构

在国际货物买卖中，商品检验工作通常都由专业的检验机构负责办理。各国的检验机构，从组织性质来分，有官方的，有同业公会、协会或私人设立的，也有半官方的；从经营的业务来分，有综合性的，也有只限于检验特定商品的。官方的检验机构只对特定商品（粮食、药物等）进行检验，如美国食品药物管理局（FDA）。国际贸易中的商品检验主要由民间机构承担，民间商检机构具有公证机构的法律地位。

在具体交易中，确定检验机构时，应考虑有关国家的法律法规、商品的性质、交易条件和交易习惯。检验机构的选定还与检验时间、地点有一定的关系。一般来讲，规定在出口国检验时，应由出口国的检验机构进行检验；在进口国检验时，则由进口国的检验机构负责。但是，在某些情况下，双方也可以约定由买方派出检验人员到产地或出口地点验货，或者约定由双方派员进行联合检验。

目前国际上比较著名的商检机构有：美国粮谷检验署（FGES）、美国食品药物管理局（FDA）、必维国际检验集团（BV）、日本通商产业检查所等官方所设立的检验机构，以及美国保险人实验室（UL）、瑞士日内瓦通用鉴定公司

（SGS）、英国劳合氏公证行（Lloyd’s Surveyor）、日本海事鉴定协会（NKKK）、香港天祥公证化验行等民间或社团检验机构。

在我国，中华人民共和国国家质量监督检验检疫总局（General Administration Of Quality Supervision，Inspection and Quarantine of the People’s Republic of China），简称国家质检总局（英文简称 AQSIQ），是主管全国出入境卫生检验、动植物检疫、商品检验、鉴定、认证和监督管理的行政执法机构。其设在各地的出入境检验检疫直属机构，即地方出入境检验检疫机构管理其所辖地区内的出入境检验检疫工作。

根据我国《商检法》，我国商检机构在进出口商品检验方面的基本任务有三项：实施法定检验；办理检验鉴定业务；对进出口商品的检验工作实施监督管理。

3．检验标准和方法

根据《商检法》规定，凡列入目录的进出口商品，按照国家技术规范的强制性要求进行检验；没在国家技术规范的强制性要求的，可以参照国家商检部门指定的国外有关标准进行检验。法律、行政法规规定由其他检验机构实施检验的进出口商品或者检验项目，依照有关法律、行政法规的规定办理。此外，买卖合同中规定的质量、数量和包装条款通常也是进出口商品检验的重要依据。

商品检验的方法主要有感官检验、化学检验、物理检验、微生物检验等。

9.1.3　出入境货物检验检疫程序

入境货物的检验检疫工作程序是：报检后先放行通关，再进行检验检疫。

出境货物的检验检疫工作程序是：报检后先检验检疫，再放行通关。

1．入境货物检验检疫

入境货物的检验检疫工作程序如下。

- 法定检验检疫入境货物的货主或其代理人首先向卸货口岸或到达站的出入境检验检疫机构申请报检。

- 提供有关的资料。
- 检验检疫机构受理报检，审核有关资料，符合要求，受理报检并计收费用转施检部门签署意见，计收费。
- 对来自疫区的、可能传播传染病、动植物疫情的入境货物交通工具或运输包装实施必要的检疫、消毒、卫生除害处理后，签发《入境货物通关单》（入境废物、活动物等除外）供报检人办理海关的通关手续。
- 货物通关后，入境货物的货主或其代理人需在检验检疫机构规定的时间和地点到指定的检验检疫机构联系对货物实施检验检疫。
- 经检验检疫合格的入境货物签发《入境货物检验检疫证明》放行，经检验检疫不合格的货物签发《检验检疫处理通知书》，需要索赔的签发检验检疫证书。

对于入境的废物和活动物等特殊货物，按规定，要先进行部分或全部项目的检验检疫，合格以后才签发《入境货物通关单》。

最终目的地不在进境检验检疫管辖区内的货物，可以在货物通关后，调往目的检验检疫进行检验检疫。

2．出境货物检验检疫

出境货物检验检疫工作程序是："报检后，先检验检疫，后通关放行"。

对于检验检疫合格的，有以下两种情形：

- 如果说货物的产地和报关地是同一个地方，那么就开出《出境货物通关单》。
- 如果说货物的产地和报关地方不一致的，则开出《出境货物换证凭单》或《出境货物换证凭条》，由报关地检验检疫机构换发《出境货物通关单》。

【例 1】烟台的 A 公司出口一批牛肉，A 公司在烟台出口货物，报检的工作程序如下。

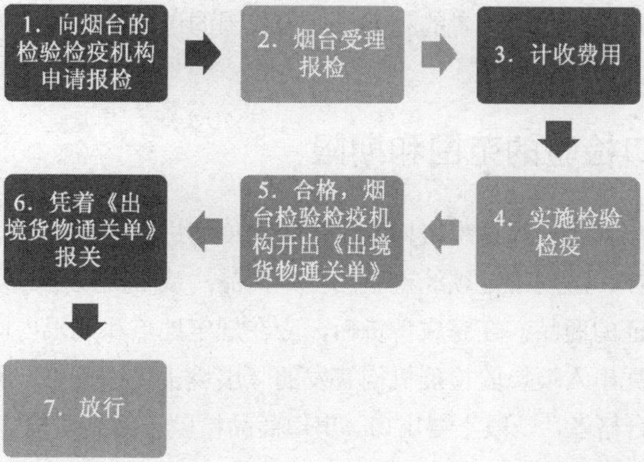

【例 2】烟台的一家工厂，货物从青岛口岸出口，报检工作的程序，前面的 4 个步骤相同。

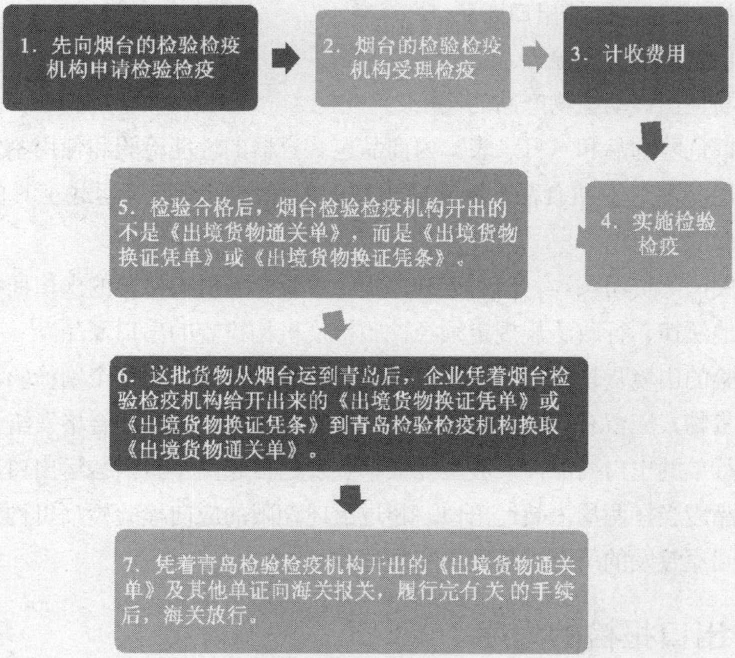

9.2 出口报检

出口检验，指出口国政府机构依法所做的强制性商品检验，以确保出口商品能符合政府法规规定。其目的在于提高商品质量，建立国际市场信誉，促进对外贸易，保障国内外消费者的利益。目前我国的进出口商品检验机构为出入境检验检疫局。

9.2.1 出口检验的范围和期限

凡列入《出入境检验检疫机构实施检验检疫的进出境商品目录表》的出口商品和其他法律、法规规定须经检验的出口商品，或合同规定必须经由检验检疫机构检验出证的商品，在完成备货后，应在规定地点和期限内向检验机构申请检验。海关凭出入境检验检疫机构签发的《出境货物通关单》和检验证书验放，经检验不合格者，一般不得出口。出口商品检验包括品质检验、安全卫生、数量鉴定、重量鉴定等。

实施法定检验的范围包括：

- 列入《出入境检验检疫机构实施检验检疫的进出境商品目录表》（简称《目录表》）内的出口商品。
- 出口食品的卫生检验。
- 贸易性出口动植物产品的检疫。
- 出口危险物品和《目录表》内商品包装容器的性能检验和使用鉴定。
- 装运易腐烂变质食品、冷冻品出口的船舱和集装箱等运载工具的适载检验。
- 有关国际贸易条约、信用证规定须经检验检疫机构检验的出口商品。
- 其他法律、行政法规规定须经检验检疫机构检验的出口商品。

需检验的出境货物最迟应于报关或装运前 7 天报检。对于个别检验检疫周期较长的货物，应留有相应的检验时间。经检验检疫机构检验合格发给检验证书或者放行单的出口商品，一般应在证单签发之日起两个月内装运出口，鲜活类出口商品应当在两周内装运出口。超过上述期限的应向检验检疫机构重新报验，并交回原签发的所有检验证书和放行单。

9.2.2 出口报检的程序

我国出口商品检验的程序，主要包括四个环节：报检资格认定、申请报检、检验、签证与放行。

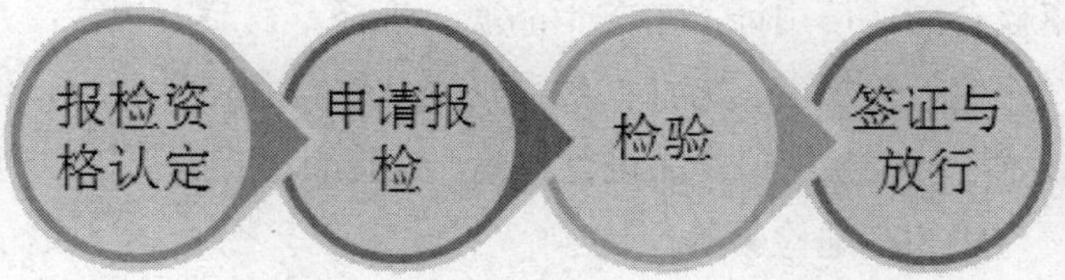

1. 报检资格认定

- 报检单位首次报检时须持本单位营业执照和批准证书办理登记备案手续，取得报检单位代码。其报检人员经检验检疫机构培训合格后领取“报验员证”，凭证报检。
- 代理报检单位须按规定办理注册登记手续，其报检人员经检验检疫机构培训合格后领取“代理报检员证”，凭证办理代理报检手续。
- 代理报检的，须向检验检疫机构提供委托书，委托书由委托人按检验检疫机构规定的格式填写。

2. 申请报检

- 应施行出口检验的商品，报检人应于出口前，详细填写《出境货物报检单》（Application for Certificate of Export Inspection），每份出境货物报检单仅限填报一个合同、一份信用证的商品。对同一合同、同一信用证，但标记号码不同者，应分别填写相应的报检单。
- 除了报检单，还应同时提交有关的单证和资料，如双方签订的外贸合同与合同附件、信用证、商业发票、装箱单及厂检单、出口商品运输包装性能检验等必要的单证，向商品存放所在地的检验机构申请检验，缴纳检验费。

3. 检验

检验机构在审查上述单证符合要求后，受理该批商品的报检。

- 抽样：检验机构接受报检之后，及时派员赴货物堆存地点进行现场检验、鉴定。现场检验一般采取国际贸易中普遍使用的抽样法（个别特殊商品除外），抽样时，要根据不同的货物形态，按照规定的方法和一定的比例，在货物的不同部位抽取一定数量的、能代表全批货物质量的样品（标本）供检验之用。报验人应提供存货地点情况，并配合检验人员做好抽样工作。
- 检验：检验机构首先应当认真研究申报的检验项目，确定检验内容，仔细审核合同（信用证）中关于品质、规格、包装的规定，弄清检验的依据，确定检验标准、方法；然后使用从感官到化学分析、仪器分析等各种技术手段，对出口商品进行检验。检验的形式有商检自验、共同检验、驻厂检验和产地检验等。

4．签证与放行

检验检疫机构对检验合格的商品签发《出境货物通关单》与相应的检验检疫证书，出口企业即凭此在规定的有效期内报关出口。经检验检疫不合格的，签发《出境货物不合格通知单》。

- 凡列入《目录表》内的出口商品，经检验合格后签发通关单（或在“出口货物报关单”上加盖放行章，以代替通关单）。
- 凡合同、信用证规定由检验部门检验出证的，或国外要求签发检验证书的，根据规定签发所需证书；不向国外提供证书的，只发通关单。
- 《目录表》以外的出口商品，应由检验机构检验的，经检验合格发给证书与通关单后，方可出运。

出口商品的报检人对检验检疫机构作出的检验结果有异议的，可以向原检验机构或者其上级检验机构以至国家商检部门申请复验，由受理复验的检验机构或国家商检部门及时作出复验结论。

9.3 检验证书

检验证书（Inspection Certificate），是商检机构对进出口商品实施检验或鉴定后出具的证明文件。常用的检验证书有：品质检验证书、重量检验证书、数量检验证书、兽医检验证书、卫生检验证书、消毒检验证书、植物检疫证书、价值检验证书、产地检验证书等。在具体业务中，卖方究竟需要提供哪种证书，要根据商品的种类、性质、贸易习惯及政府的有关法律法规而定。

1．检验证书的主要种类

（1）品质检验证书（Inspection Certificate of Quality）

品质检验证书是出口商品交货结汇和进口商品结算索赔的有效凭证；法定检验商品的证书，是进出口商品报关、输出输入的合法凭证。商检机构签发的放行单和在报关单上加盖的放行章有与商检证书同等通关效力；签发的检验情况通知单同为商检证书性质；

（2）重量或数量检验证书（Inspection Certificate of Weight or Quantity）

重量或数量检验证书是出口商品交货结汇、签发提单和进口商品结算索赔的有效凭证；出口商品的重量证书，也是国外报关征税和计算运费、装卸费用的证件。

（3）兽医检验证书（Veterinary Inspection Certificate）

兽医检验证书是证明出口动物产品或食品经过检疫合格的证件。适用于冻畜肉、冻禽、禽畜罐头、冻兔、皮张、毛类、绒类、猪鬃、肠衣等出口商品。是对外交货、银行结汇和进口国通关输入的重要证件。

（4）卫生检验证书（Sanitary Inspection Certificate）

卫生检验证书也称为健康检验证书（Inspection Certificate of Health），是证明可供人类食用的出口动物产品、食品等经过卫生检验或检疫合格的证件。适用于肠衣、罐头、冻鱼、冻虾、食品、蛋品、乳制品、蜂蜜等，是对外交货、银行结汇和通关验放的有效证件。

（5）消毒检验证书（Inspection Certificate of Disinfection）

消毒检验证书是证明出口动物产品经过消毒处理，保证安全卫生的证件。适用于猪鬃、马尾、皮张、山羊毛、羽毛、人发等商品，是对外交货、银行结汇和国外通关验放的有效凭证。

（6）熏蒸证书（Inspection Certificate of Fumigation）

熏蒸证书是用于证明出口粮谷、油籽、豆类、皮张等商品，以及包装用木材与植物性填充物等，已经过熏蒸灭虫的证书。

（7）残损检验证书（Inspection Certificate on Damaged Cargo）

残损检验证书是证明进口商品残损情况的证件。适用于进口商品发生残、短、渍、毁等情况；可作为受货人向发货人或承运人或保险人等有关责任方索赔的有效证件。

（8）货载衡量检验证书（Inspection Certificate on Cargo Weight & / or Measurement）

货载衡量检验证书是证明进出口商品的重量、体积吨位的证件。同时亦可作为计算运费和制订配载计划的依据。

（9）价值证明书（Certificate of Value）

价值证明书作为进口国管理外汇和征收关税的凭证。在发票上签盖商检机构的价值证明章与价值证明书具有同等效力。

（10）船舱检验证书（Inspection Certificate on Tank/Hold）

船舱检验证书证明承运出口商品的船舱清洁、密固、冷藏效能及其他技术条件是否符合保护承载商品的质量和数量完整与安全的要求。可作为承运人履行租船契约适载义务，对外贸易关系方进行货物交接和处理货损事故的依据。

（11）生丝品级及公量检验证书（Inspection Certificate for Baw Silk Classification & Condition Weight）

生丝品级及公量检验证书是出口生丝的专用证书。其作用相当于品质检验证书和重量/数量检验证书。

（12）产地证书（Inspection Certificate of Origin）

产地证书是出口商品在进口国通关输入和享受减免关税优惠待遇和证明商品产地的凭证。

（13）舱口检视证书、监视装/卸载证书、舱口封识证书、油温空距证书、集装箱监装/拆证书

作为证明承运人履行契约义务，明确责任界限，便于处理货损货差责任事故的证明。

（14）集装箱租箱交货检验证书、租船交船剩水/油重量鉴定证书

可作为契约双方明确履约责任和处理费用清算的凭证。

2．检验证书的作用

商品检验证书的作用如下。

- 作为买卖双方交接货物的依据。国际货物买卖中，卖方有义务保证所提供货物的质量、数（重）量、包装等与合同规定相符。因此，合同或信用证中往往规定卖方交货时须提交商检机构出具的检验证书，以证明所交货物与合同规定相符。
- 作为索赔和理赔的依据。如合同中规定在进口国检验，或规定买方有复验权，则若经检验货物与合同规定不符，买方可凭指定检验机构出具的检验证书，向卖方提出异议和索赔。
- 作为买卖双方结算货款的依据。在信用证支付方式下，信用证规定卖方须提交的单据中，往往包括商检证书，并对检验证书名称、内容等作出了明确规定。当卖方向银行交单，要求付款、承兑或议付货款时，必须提交符合信用证要求的商检证书。

检验证书还可作为海关验关放行的凭证。凡属于法定检验的商品，在办理进出口清关手续时，必须提交检验机构出具的合格检验证书，海关才准予办理通关手续。

9.4 出境货物报检单

报检单是国家检验检疫部门根据检验检疫、鉴定工作的需要，为保证检验检疫工作规范化和程序化而设置的。它是报检人根据有关法律、行政法规或合同约定申请检验检疫机构对其某种货物实施检验检疫、鉴定意愿的书面凭证，它表明了申请人正式向检验检疫机构申请检验检疫、鉴定，以取得该批货物合法出口的合法凭证。报检单同时也是检验检疫机构对出入境货物实施检验检疫起动检验检疫程序的依据。

出境货物报检单

报检单位（加盖公章）：艾格进出口贸易公司　　　　*编　号 EC0000055

报检单位登记号：32000[illegible]567　联系人：张艾格　电话：86-21-23501213　报检日期：2011年 08 月 29 日

发货人	（中文）	艾格进出口贸易公司
	（外文）	AIGE IMPORT & EXPORT COMPANY
收货人	（中文）	日清进出口贸易公司
	（外文）	RIQING EXPORT AND IMPORT COMPANY

货物名称（中/外文）	H.S.编码	产地	数/重量	货物总值	包装种类及数量
荔枝罐头 CANNED LITCHIS	2008991000	中国	1000 箱	JPY 1200000	1000 纸箱

运输工具名称号码	TBA	贸易方式	一般贸易	货物存放地点	SHANGHAI,CH
合同号	contract01	信用证号	002/0000025	用途	
发货日期	2011-08-29	输往国家(地区)	日本	许可证 / 审批号	
启运地	上海	到达口岸	名古屋	生产单位注册号	
集装箱规格、数量及号码	20′ CONTAINER X 1				

合同、信用证订立的检验检疫条款或特殊要求	标记及号码	随附单据（划“√”或补填）	
	CANNED LITCHIS JAPAN C/NO.1-1000 MADE IN CHINA	☑合同 ☑信用证 ☑发票 ☐换证凭单 ☑装箱单 ☐厂检单	☐包装性能结果单 ☐许可/审批文件 ☐ ☐ ☐ ☐

需要证单名称（划“√”或补填）		*检验检疫费	
☑品质证书 1 正 3 副 ☑重量证书 1 正 3 副 ☑数量证书 1 正 3 副 ☐兽医卫生证书 正 副 ☑健康证书 1 正 3 副 ☐卫生证书 正 副 ☐动物卫生证书 正 副	☑植物检疫证书 1 正 3 副 ☐熏蒸/消毒证书 正 副 ☐出境货物换证凭单 ☑通关单 ☐ ☐ ☐	总金额（人民币元）	
		计费人	
		收费人	

	领取证单	
报检人郑重声明： 1. 本人被授权报检。 2. 上列填写内容正确属实，货物无伪造或冒用他人的厂名、标志、认证标志，并承担货物质量责任。 签名：张艾格	日期	
	签名	

注：有“*”号栏由出入境检验检疫机关填写　　　　◆国家出入境检验检疫局制

[1-2 (2000.1.1)]

《出境货物报检单》填写说明如下。

（1）编号：由检验检疫机构受理人指定。

（2）报检单位：是指经国家质量监督检验检疫总局审核，获得许可、登记，并取得国家质检总局颁发的《自理报检单位备案登记证明书》或《代理报检单位备案登记证明书》的企业。本栏填报报检单位的中文名称，并加盖与名称一致的公章。

（3）报检单位登记号：是指报检单位在国家质检总局登记的登记证号码。本栏填10位数登记证号码。联系人：填报检人员姓名；电话号：填报检人员的联系电话。

（4）报验日期：是指检验检疫机构接受报检当天的日期。本栏填制的报检日期统一用阿拉伯数字来表示，而不用英文等表示。

（5）发货人：是指外贸合同中的供货商，或商业发票上的出票人。本栏分别用中、英文对照分行填报发货人名称。

（6）收货人：是指外贸合同中的收购商，或商业发票上的受票人。本栏分别用中、英文对照分行填报收货人名称。

（7）货物名称（中/英文）：是指被申请报检的出境货物名称、规格、型号、成分、英文对照。本栏应按合同、信用证、商业发票中所列商品名称的中、英文填写。

（8）H.S.编码：是指《协调商品名称及编码制度》中所列编码。以当年海关公布的商品税则为准。本栏填报八位商品编码。

（9）产地：是指在出境货物报检单中指货物生产地、加工制造地的省、市、县名。在进境货物报检单中是指该进口货物的原产国或地区。本栏填报出境货物生产地的省、市、县的中文名称。

（10）数/重量：是指以商品编码分类中计量标准项下的实际检验检疫数量、重量。本栏按实际申请检验检疫的数/重量填写，重量还须列明毛/净/皮重。

（11）货物总值：是指出境货物的商业总值及币种。本栏应按合同、发票或报关单上所列货物总值一致。

（12）包装种类及数量：是指货物实际运输外包装的种类及数量。本栏应按照实际运输外包装的种类及对应数量填报。

（13）运输工具名称号码：是指载运出境货物运输工具的名称和运输工具编号。本栏填制与实际出境运输工具的名称及编号，如船舶名称及航次等。

（14）合同号：是指对外贸易合同、订单、形式发票等的号码。本栏填报的合同号应与随附的合同等号码一致。

（15）贸易方式：是指该批货物的贸易性质，即买卖双方将商品所有权通过什么方式转让。本栏填报与实际情况一致的海关规范贸易方式。常见的贸易方式有："一般贸易"、"来料加工贸易"、"易货贸易"、"补偿贸易"等 90 多种贸易方式。

（16）货物存放地点：是指出口货物的生产企业所存放出口货物的地点。本栏按实际填报具体地点、厂库。海运方式下，请参考订舱时生成的配舱回单里的货物存放地；空运方式下则不用填写。

（17）发货日期：是指货物实际出境的日期。按实际开船日或起飞日等，填报发货日期，以年、月、日的顺序填报。

（18）输往国家（地区）：是指出口货物直接运抵的国家（地区），是货物的最终销售国。本栏填报输往国家（地区）的中文名称。

（19）许可证号/审批号：凡申领进出口许可证或其他审批文件的货物，本栏应填报有关许可证号或审批号。无许可证或没有审批文件的出境货物本栏免填。

（20）生产单位注册号：是指出入境检验检疫机构签发给生产单位的卫生注册证书号或加工厂库的注册号码等。本栏填报实际生产单位的注册号。

（21）起运地：本栏填报出境货物最后离境的口岸或所在地的中文名称。

（22）到达口岸：是指出境货物运往境外的最终目的港。本栏最终目的港预知的，按实际到达口岸的中文名称填报，最终到达口岸不可预知的，可按尽可能预知的到达口岸填报。

（23）集装箱规格/数量及号码：集装箱规格是指国际标准的集装箱规格尺寸。本栏填报实际集装箱数量、规格、箱号。

（24）合同、信用证订立的检验检疫条款或特殊要求：在合同中订立的有关检验检疫的特殊条款及其他要求应填入此栏。

（25）标记和号码：货物的标记号码，主要用于识别货物。本栏应根据实际合同、发票等外贸单据上相同内容填报。中性包装或裸装、散装商品应填"N/M"，并注明"裸装"或"散装"。

（26）用途：从以下 9 个选项中选择符合实际出境货物用途来填报：种用或繁殖、食用、奶用、观赏或演艺、伴侣动物、试验、药用、饲用、其他。

（27）随附单据：按照实际随附的单据种类划"√"或补充填报随附单据。

出口商品在报验时，一般应提供外贸合同（或售货确认书及函电）、信用证原本的复印件或副本，必要时提供原本，还有发票及装箱单。合同如果有补充协议的，要提供补充的协议书；合同、信用证有更改，要提供合同、信用证修改书或更改的函电。对订有长期贸易合同而采取记账方式结算的，外贸进出口公司每年一次将合同副本送交商检机构。申请检验时，只在申请单上填明合同号即可，不必每批附交合同副本。凡属危险或法定检验范围内的商品，在申请品质、规格、数量、重量、安全、卫生检验时，必须提交商检机构签发的出口商品包装性能检验合格单证，商检机构凭此受理上述各种报验手续。

提示： 信用证方式下，“合同”、“信用证”、“发票”、“装箱单”必须选择，其他贸易方式下无须选择“信用证”。

（28）签名：由持有报检员证的报检员手签姓名。

（29）检验检疫费用：由检验检疫机构计费人员核定费用后填写，如熏蒸费、消毒费等。

（30）领取证单：报检人在领取证单时填写领证日期和领证人签名。

9.5 报检常见问题

1．什么情况下需要做出口报检？

答： 列入法定检验范围的出口商品必须按规定由国家质量监督检验检疫总局施行强制性检验。

首先你要查一下你的产品的 HS 编码是多少。 相应的 HS 编码后面会有一个监管条件，不同的监管条件意味着要办不同的手续（或证明）。

在“海关”机构网站的“HS 编码”下，输入商品的 H.S.编码，查看监管条件，凡监管条件含 B 的商品出口商必须办理出口报检。

监管条件中无 B 的商品可免检，但如果合同中约定了 4 种商检证书（品质证书（Certificate of Quality）、数量/重量证书（Certificate of Quantity/Weight）、植物检疫证书（Certificate of phytosanitary）、健康证书（Health Certificate））之一，就必须报检。

免检商品出口报检时，“需要证单”中可不选“通关单”，则出口报关时也无须提交。

2．出口报检需要提交哪些单据？

答：L/C 付款方式需要提交的单据：

出境货物报检单、商业发票、装箱单、外销合同、信用证 、信用证修改书

（修改过信用证的需要）。

T/T 、D/P、 D/A 等其他付款方式需要提交的单据如下表所示。

出境货物报检单、商业发票、装箱单、外销合同。

付款方式	L/C 付款方式	T/T 、D/P、 D/A 等其他付款方式
出口报检需要提交的单据	1．出境货物报检单 2．商业发票 3．装箱单 4．外销合同 5．信用证 6．信用证修改书（修改过信用证的需要）	1．出境货物报检单 2．商业发票 3．装箱单 4．外销合同

3．怎样才算报检完成？

答：报检完成后将收到检验局签发的出境货物通关单及其他报检单上勾选申请的检验证书(包括品质证书、健康证书、数量/重量证书和植物检疫证书等)。

4．报检后应该做什么？

答：报检后可以送货，准备出口报关。

5．报检时必须要申请相关证书吗？

答：贸易双方在合同中约定的证书出口报检时必须要申请，其余证书不限定。

6．上海某公司欲向日本出口一批河南生产的大蒜，在天津口岸报关出口报检人应向（　　）检验检疫机构申请检验检疫，向（　　）检验检疫机构申请办理换证报检手续。

A．上海；天津

B．天津；上海

C．河南；上海

D．河南；天津

答： D

【解析】大蒜属于植物产品，列入《法检商品目录》内。根据规定，法定检验检疫货物，原则上实施产地检验检疫，在产地检验检疫机构报检。一般报检出境货物，应在报关地检验检疫机构办理换证报检，并提供产地检验检疫机构签发的《出境货物换证凭单》或“换证凭条”。

9.6 检验证书样本

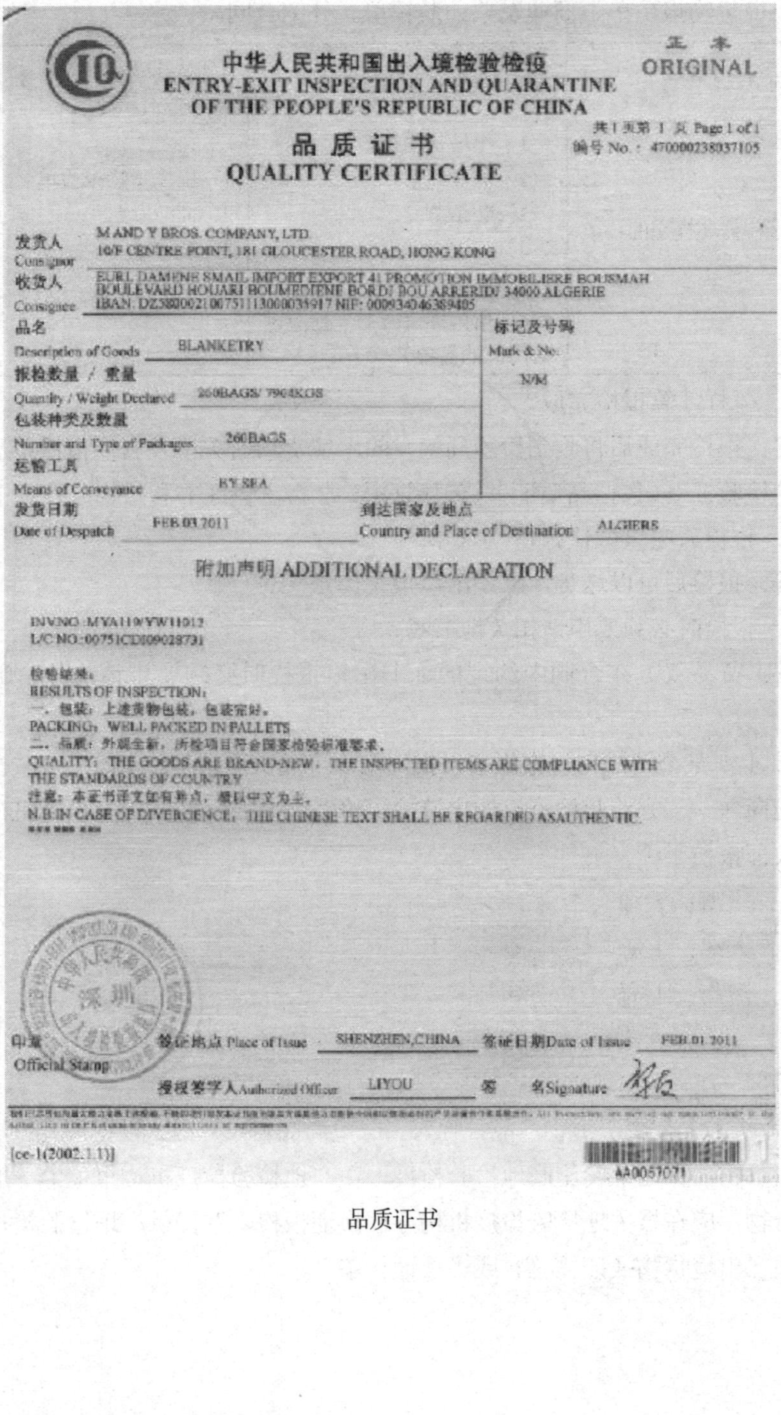

中华人民共和国出入境检验检疫
ENTRY-EXIT INSPECTION AND QUARANTINE
OF THE PEOPLE'S REPUBLIC OF CHINA

正 本
ORIGINAL

共1页第1页 Page 1 of 1
编号 No.：470000238037105

品质证书
QUALITY CERTIFICATE

发货人 Consignor: M AND Y BROS. COMPANY, LTD
10/F CENTRE POINT, 181 GLOUCESTER ROAD, HONG KONG

收货人 Consignee: EURL DAMENE SMAIL IMPORT EXPORT 41 PROMOTION IMMOBILIERE BOUSMAH BOULEVARD HOUARI BOUMEDIENE BORDJ BOU ARRERIDJ 34000 ALGERIE
IBAN: DZ5800021007511130000035917 NIF: 000934046389405

品名 Description of Goods: BLANKETRY

标记及号码 Mark & No: N/M

报检数量／重量 Quantity / Weight Declared: 260BAGS/ 7904KGS

包装种类及数量 Number and Type of Packages: 260BAGS

运输工具 Means of Conveyance: BY SEA

发货日期 Date of Despatch: FEB.03.2011

到达国家及地点 Country and Place of Destination: ALGIERS

附加声明 ADDITIONAL DECLARATION

INV.NO.:MYA119/YW11012
L/C NO.:00751CDI09028731

检验结果：
RESULTS OF INSPECTION：
一、包装：上述货物包装，包装完好。
PACKING：WELL PACKED IN PALLETS
二、品质：外观全新，所检项目符合国家检验标准要求。
QUALITY：THE GOODS ARE BRAND-NEW，THE INSPECTED ITEMS ARE COMPLIANCE WITH THE STANDARDS OF COUNTRY
注意：本证书译文如有异点，概以中文为主。
N.B.IN CASE OF DIVERGENCE，THE CHINESE TEXT SHALL BE REGARDED AS AUTHENTIC.

印章 Official Stamp　签证地点 Place of Issue: SHENZHEN,CHINA　签证日期 Date of Issue: FEB.01.2011

授权签字人 Authorized Officer: LIYOU　签名 Signature

[ce-1(2002.1.1)]

AA0057071

品质证书

中华人民共和国出入境检验检疫
ENTRY-EXIT INSPECTION AND QUARANTINE
OF THE PEOPLE'S REPUBLIC OF CHINA

正　本
ORIGINAL

兽 医（卫 生）证 书　　编号 No.: 440560280360337

VETERINARY (HEALTH) CERTIFICATE

发货人名称及地址
Name and Address of Consignor: YICK KWONG HANDICRAFT FACTORY

收货人名称及地址
Name and Address of Consignee: YICK KWONG CO,

品 名
Description of Goods: HANDICRAFT BIRD

报检数量
Weight Declared: 455KGS

产 地
Place of Origin: GUANGDONG, CHINA

标记及号码
Mark & No.: SEE ADDITIONAL DECLARATION

包装种类及数量
Number and Type of Packages: CARTON/-35-CTNS（-6720-SET）

集装箱号
Container No.: ***

铅封号
Seal No.: ***

加工厂名称、地址及编号（如果适用）
Name, Address and approval No. of the approved Establishment (if applicable): YICK KWONG HANDICRAFT FACTORY

启运地
Place of Despatch: SHENZHEN CHINA

到达国家及地点
Country and Place of Destination: BOSTON U.S.A.

运输工具
Means of Conveyance: BY VESSEL

发货日期
Date of Desptch: 20.NOV.2007

THE UNDER SIGNED OFFICIAL VETERINARIAN,CERTIFY THAT:
THE FEATHERS USED IN THE ABOVE MENTIONED GOODS ARE FIRST WASHED IN SODIUM HYPOCHLORITE,THEN TREATED BY BOILING,HEAT TO A CORE TEMPERATURE OF 100℃ FOR A MINIUM OF 30 MINUTES FOLLOWED BY COLOR-DYEING OR BLEACHING, IF ANY,THEN DRIED UNDER DIRECT SUNLIGHT AND FINALLY RETREATED AGAIN BY FLOWING STEAM OVER 100℃ FOR 15 MINUTES BEFORE UBING. * * * * * * * *

Mark & No.
B. I.
P.O.#17764
ITEM#E9021
BARCODE#052598 490213
DESC:ORNAMENTAL BIRDS S/6
CASE PACK:192 SET
BOSTON
MADE IN CHINA
NO. 1-35

印 章
Official Stamp

签证地点 Place of Issue: SHENZHEN　　签证日期 Date of Issue: 15.NOV.2007

授权签字人 Authorized Officer: LI WEN　　签 名 Signature:

我们已尽所知和最大能力实施上述检验，不能因我们签发本证书而免除卖方或其他方面根据合同和法律所承担的产品质量责任和其他责任。All inspections are carried out conscientiously to the best of our knowledge and ability. This certificate does not in any respect absolve the seller and other related parties from his contractual and legal obligations especially when product quality is concerned.

A 2224879　　[cc-1(2002.1.1)]

兽医（卫生）证书

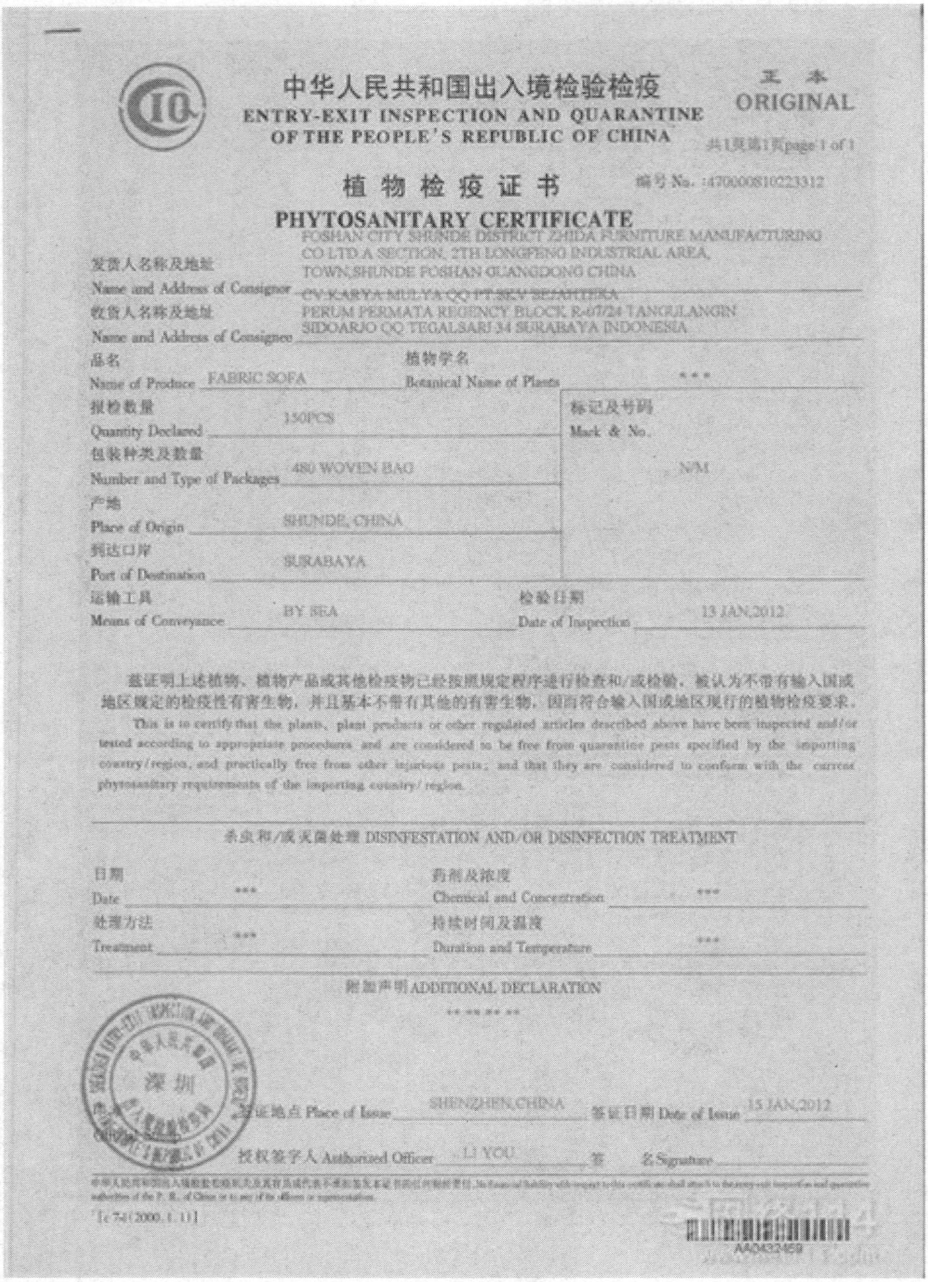

中华人民共和国出入境检验检疫
ENTRY-EXIT INSPECTION AND QUARANTINE
OF THE PEOPLE'S REPUBLIC OF CHINA

正 本
ORIGINAL

共1页第1页page 1 of 1

植 物 检 疫 证 书
PHYTOSANITARY CERTIFICATE

编号No.：470000810223312

发货人名称及地址
Name and Address of Consignor: FOSHAN CITY SHUNDE DISTRICT ZHIDA FURNITURE MANUFACTURING CO LTD A SECTION, 2TH LONGFENG INDUSTRIAL AREA, TOWN,SHUNDE FOSHAN GUANGDONG CHINA

收货人名称及地址
Name and Address of Consignee: CV.KARYA MULYA QQ PT.SKV SEJAHTERA PERUM PERMATA REGENCY BLOCK R-07/24 TANGULANGIN SIDOARJO QQ TEGALSARI 34 SURABAYA INDONESIA

品名
Name of Produce: FABRIC SOFA

植物学名
Botanical Name of Plants: ***

报检数量
Quantity Declared: 150PCS

标记及号码
Mark & No.: N/M

包装种类及数量
Number and Type of Packages: 480 WOVEN BAG

产地
Place of Origin: SHUNDE, CHINA

到达口岸
Port of Destination: SURABAYA

运输工具
Means of Conveyance: BY SEA

检验日期
Date of Inspection: 13 JAN,2012

兹证明上述植物、植物产品或其他检疫物已经按照规定程序进行检查和/或检验，被认为不带有输入国或地区规定的检疫性有害生物，并且基本不带有其他的有害生物，因而符合输入国或地区现行的植物检疫要求。

This is to certify that the plants, plant products or other regulated articles described above have been inspected and/or tested according to appropriate procedures and are considered to be free from quarantine pests specified by the importing country/region, and practically free from other injurious pests; and that they are considered to conform with the current phytosanitary requirements of the importing country/region.

杀虫和/或灭菌处理 DISINFESTATION AND/OR DISINFECTION TREATMENT

日期
Date: ***

药剂及浓度
Chemical and Concentration: ***

处理方法
Treatment: ***

持续时间及温度
Duration and Temperature: ***

附加声明 ADDITIONAL DECLARATION

** ** ** **

印章
Official Stamp

签证地点 Place of Issue: SHENZHEN,CHINA

签证日期 Date of Issue: 15 JAN,2012

授权签字人 Authorized Officer: LI YOU

签 名 Signature:

中华人民共和国出入境检验检疫机关及其官员或代表不承担签发本证书的任何财经责任。No financial liability with respect to this certificate shall attach to the entry-exit inspection and quarantine authorities of the P. R. of China or to any of its officers or representatives.

[C7-4(2000.1.1)]

AA0432459

植物检疫证书

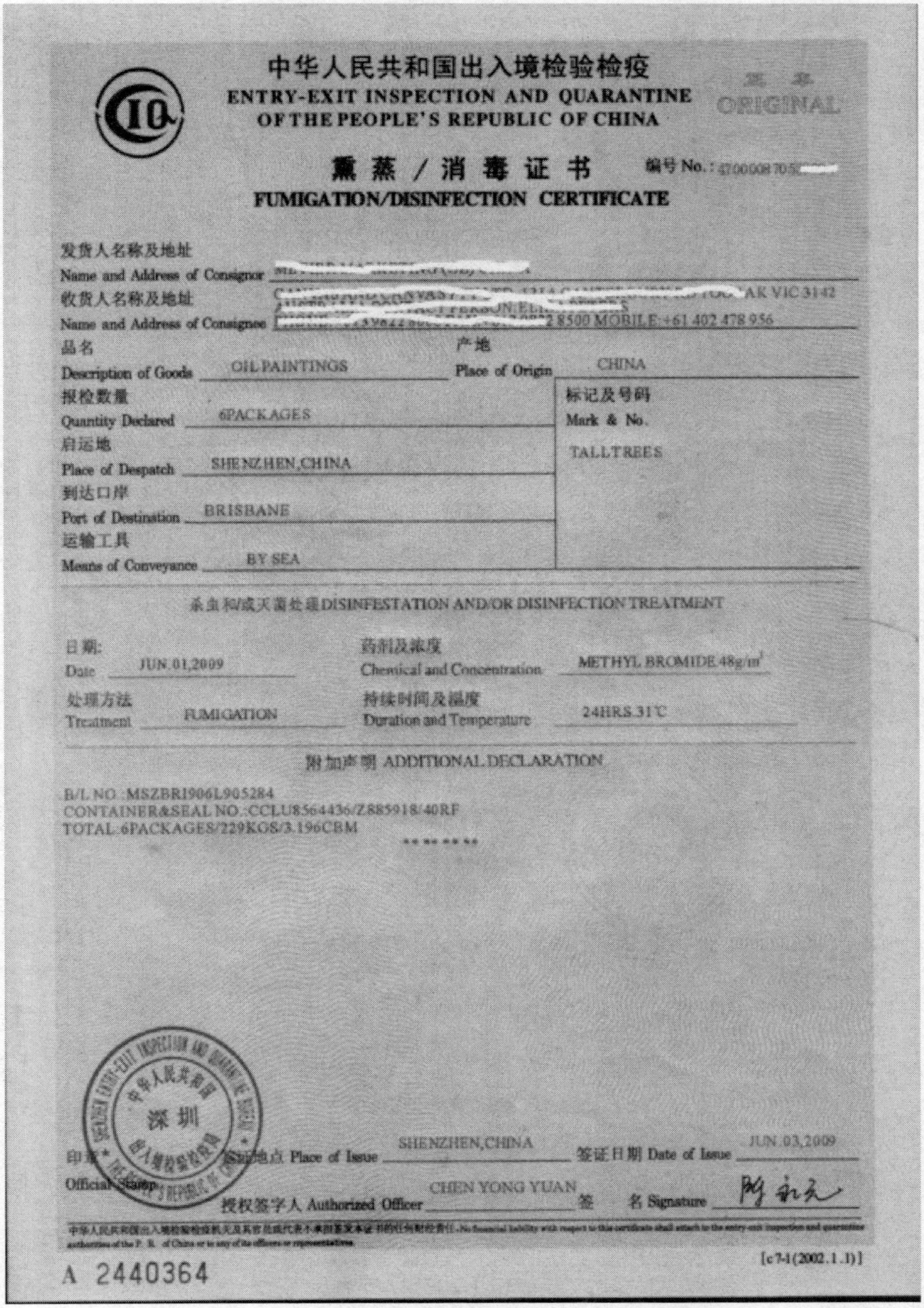
中华人民共和国出入境检验检疫
ENTRY-EXIT INSPECTION AND QUARANTINE
OF THE PEOPLE'S REPUBLIC OF CHINA

正本
ORIGINAL

熏蒸/消毒证书
编号 No.: 470000870[redacted]

FUMIGATION/DISINFECTION CERTIFICATE

发货人名称及地址
Name and Address of Consignor [redacted]

收货人名称及地址
Name and Address of Consignee [redacted] AK VIC 3142 [redacted] 2 8500 MOBILE:+61 402 478 956

品名
Description of Goods OIL PAINTINGS

产地
Place of Origin CHINA

报检数量
Quantity Declared 6PACKAGES

标记及号码
Mark & No. TALLTREES

启运地
Place of Despatch SHENZHEN,CHINA

到达口岸
Port of Destination BRISBANE

运输工具
Means of Conveyance BY SEA

杀虫和/或灭菌处理 DISINFESTATION AND/OR DISINFECTION TREATMENT

日期
Date JUN.01,2009

药剂及浓度
Chemical and Concentration METHYL BROMIDE 48g/m³

处理方法
Treatment FUMIGATION

持续时间及温度
Duration and Temperature 24HRS.31℃

附加声明 ADDITIONAL DECLARATION

B/L NO.:MSZBRI906L905284
CONTAINER&SEAL NO.:CCLU8564436/Z885918/40RF
TOTAL:6PACKAGES/229KGS/3.196CBM
** ** ** **

印章
Official Stamp

签证地点 Place of Issue SHENZHEN,CHINA
签证日期 Date of Issue JUN.03,2009

授权签字人 Authorized Officer CHEN YONG YUAN
签名 Signature

中华人民共和国出入境检验检疫机关及其官员或代表不承担签发本证书的任何财经责任。No financial liability with respect to this certificate shall attach to the entry-exit inspection and quarantine authorities of the P. R. of China or to any of its officers or representatives.

A 2440364
[c7-1(2002.1.1)]

熏蒸/消毒证书

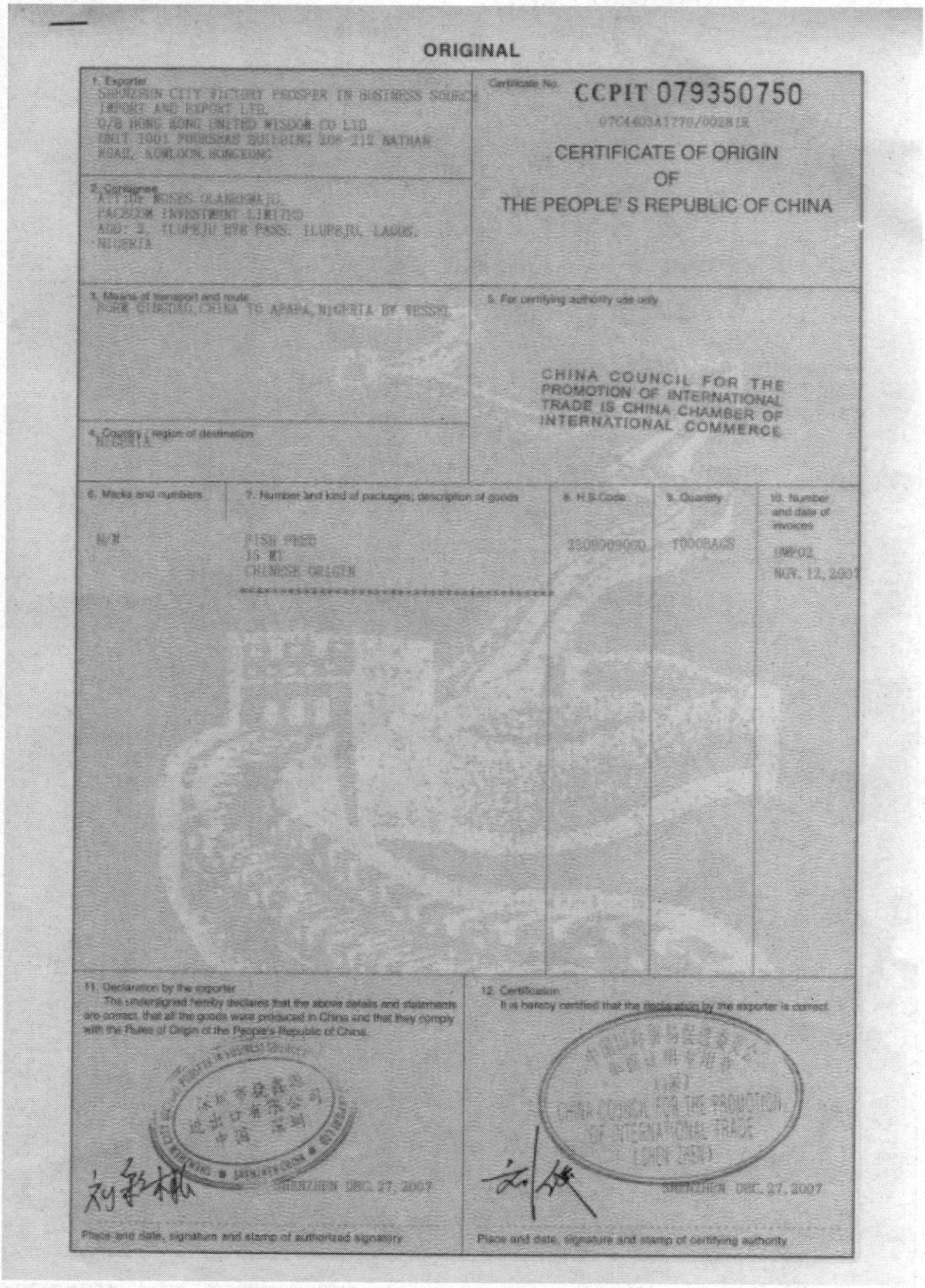
ORIGINAL

1. Exporter
SHENZHEN CITY VICTORY PROSPER IN BUSINESS SOURCE
IMPORT AND EXPORT LTD.
O/B HONG KONG UNITED WISDOM CO LTD
UNIT 1001 [illegible] BUILDING 208-212 NATHAN
ROAD, KOWLOON, HONGKONG

Certificate No. CCPIT 079350750
07C4403A1770/00281R

CERTIFICATE OF ORIGIN
OF
THE PEOPLE' S REPUBLIC OF CHINA

2. Consignee
ATTN: MOSES OLANROWAJU
PACBOOM INVESTMENT LIMITED
ADD: 2, ILUPEJU BYE PASS, ILUPEJU, LAGOS,
NIGERIA

3. Means of transport and route
FORM QINGDAO, CHINA TO APAPA, NIGERIA BY VESSEL

5. For certifying authority use only
CHINA COUNCIL FOR THE PROMOTION OF INTERNATIONAL TRADE IS CHINA CHAMBER OF INTERNATIONAL COMMERCE

4. Country / region of destination
NIGERIA

6. Marks and numbers	7. Number and kind of packages; description of goods	8. H.S.Code	9. Quantity	10. Number and date of invoices
N/M	FISH FEED 15 MT CHINESE ORIGIN ********************************	2309009000	1000BAGS	[illegible] NOV. 12, 2007

11. Declaration by the exporter
The undersigned hereby declares that the above details and statements are correct, that all the goods were produced in China and that they comply with the Rules of Origin of the People's Republic of China.
SHENZHEN DEC. 27, 2007
Place and date, signature and stamp of authorized signatory

12. Certification
It is hereby certified that the declaration by the exporter is correct.
CHINA COUNCIL FOR THE PROMOTION OF INTERNATIONAL TRADE
SHENZHEN DEC. 27, 2007
Place and date, signature and stamp of certifying authority

产地证书

第10章

货物运输跟单

跟单员必须熟悉和掌握有关国际货物运输的基本知识，才能在磋商交易和签订合同时充分考虑运输方面的问题，使合同中的装运条款订得完整、明确、合理和切实可行，从而保证进出口商品交接任务的顺利完成。

10.1 国际货物运输

国际贸易使用的运输方式有海运、铁路运输、空运、邮运和联合运输等多种。具体使用哪一种运输方式，由买卖双方在磋商交易时约定。

10.1.1 国际货物运输方式

1. 海洋运输

在国际货物运输中，运用最广泛的是海洋运输。目前，其运量在国际货物运输总量中占80%以上。

海洋运输之所以被如此广泛采用，是因为它与其他国际货物运输方式相比，主要有下列明显的优点。

- 通过能力大。海洋运输可以利用四通八达的天然航道，它不像火车、汽车受轨道和道路的限制，故其通过能力很大。
- 运量大。海洋运输船舶的运载能力，远远大于铁路运输车辆和公路运输车辆。如一艘万吨船舶的载重量一般相当于250～300个车皮的载重量。
- 运费低。按照规模经济的观点，因为运量大，航程远，分摊于每货运吨的运输成本就少，因此运价相对低廉。

海洋运输虽有上述优点，但也存在不足之处。例如，海洋运输受气候和自然条件的影响较大，航期不易准确，而且风险较大。此外，海洋运输的速度也相对较低。

海洋运输是国际贸易中使用最为广泛的一种运输方式。海洋运输按经营方式不同，可分为租船运输和班轮运输两种。

（1）租船运输

租船运输又称为不定期船运输，是指包租整船或部分舱位进行运输。租船方式主要有定期租船和定程租船两种。

定期租船（Time Charter），又称为期租船，是指按一定期限租赁船舶的方式，即由船东（船舶出租人）将船舶出租给租船人在规定期限内使用，在此期限内由租船人自行调度和经营管理。租期可长可短，短则数月，长则数年。 定期租船的特点是：在租赁期内，船舶由租船人负责经营和管理；一般只规定船舶航行区域而不规定航线和装卸港；除另有规定外，可以装运各种合法货物；船东负责船舶的维修和机械的正常运转；不规定装卸率和滞期速遣条款；租金按租期每月（或 30 天）每载重吨计算；船东和租船人双方的权利和义务以期租船合同为依据。

定程租船（Voyage Charter；Trip Charter），又称为程租船或航次租船，是指按航程租赁的方式。

定程租船的特点是：无固定航线、固定装卸港口和固定航行船期，而是根据租船人（货主）的需要和船东的可能，经双方协商，在程租船合同中规定；程租船合同需规定装卸率和滞期、速遣费条款；运价受租船市场供需情况的影响较大，租船人和船东双方的其他权利、义务一并在程租船合同中规定。定程租船以运输货值较低的粮食、煤炭、木材、矿石等大宗货物为主。

（2）班轮运输（Liner Transport）

班轮运输又称为定期船运输，简称班轮（Liner），是指船舶在固定航线上和固定港口之间按事先公布的船期表和运费率往返航行，从事客货运输业务的一种运输方式。班轮运输比较适合于运输小批量的货物。

班轮运输的特点如下：

- “四定”。即固定航线、固定港口、固定船期和相对固定的运费率。
- “一负责”。即货物由班轮公司负责配载和装卸，运费内已包括装卸费用，班轮公司和托运人双方不计滞期费和速遣费。
- 班轮公司和货主双方的权利、义务和责任豁免均以班轮公司签发的提单条款为依据。

班轮运费（Liner Freight）

班轮运费是班轮公司为运输货物而向货主收取的费用。其中包括货物在装运港的装货费、在目的港的卸货费及从装运港至目的港的运输费用和附加费用。

① 基本运费，是指货物从装运港到目的港所应收取的费用，其中包括货物在港口的装卸费用，它是构成全程运费的主要部分。其计算标准主要有 6 种。

- 按货物的毛重计收。即以重量吨（Weight Ton）计收，在运价表中以“W”表示。
- 按货物的体积计收。即以尺码吨（Measurement Ton））计收，在运价表中以“M”表示。按重量吨或尺码吨计收运费的单位统称运费吨（Freight Ton）。
- 按货物的价格计收，又称为从价运费。在运价表中以“AV”或“Ad Val”表示。一般按货物 FOB 价值的一定百分比收取。

- 按收费高者计收，选择较高的一种作为计算运费的标准。例如，在运价表上注有“W/M or A.V.”或“W/M”的，指在重量吨或尺码吨或从价运费三种，或在重量吨与尺码吨两种标准中，选择高的收费。此外，还有使用“W/M Plus AV”的，是指先按货物重量吨或尺码吨从高计收后，另加收一定百分率的从价运费。
- 按货物的件数计收。如车辆按辆，活牲畜按头。
- 由船、货双方议定。在运价表中，注有“Open”字样。临时议定运价的办法，适用于运量较大、货价较低、装卸方便而快速的诸如粮食、矿石等货物的运输。临时议定的运费一般比较低。

② 附加费。班轮运费中的附加费是指针对某些特定情况或需作特殊处理的货物在基本运费之外加收的费用。附加费名目很多，主要有：超重附加费、超长附加费、直航附加费、转船附加费、港口拥挤附加费、选港附加费。此外，还有港口附加费、燃油附加费、变更卸货港附加费、绕航附加费，等等。

计算班轮运费，可使用下列计算公式。

当附加费为绝对值时：班轮运费＝基本费率×运费吨+附加费

当附加费是百分比时：班轮运费＝基本费率×运费吨×（1+附加费百分比）

2. 铁路、航空、邮政运输

我国的进出口货物，除通过海洋运输外，还有通过铁路运输、公路运输、航空运输和邮政运输等方式。

（1）铁路运输

铁路运输具有运行速度快、载运量较大、受气候影响小、准确性和连续性强等优点。在国际贸易中，铁路运输在国际货运中的地位仅次于海洋运输。在我国对外贸易运输中，铁路运输占有一定比重。

我国对外贸易货物使用铁路运输可分为国内铁路运输和国际铁路联运两部分。供应港、澳地区的货物由内地利用铁路运往香港九龙，或运至广州南部转船至澳门，即属国内铁路运输。国际铁路联运是指在两个或两个以上国际铁路运送中，使用一份运送票据，并以连带责任办理货物的全程运送，在由一国铁路向另一国铁路移交货物时，无须发货人、收货人参加的运输方式。我国对周边国家，如朝鲜、越南、蒙古、俄罗斯等国家的进出口货物，大部分采用铁路运输。通过国际铁路联运，使欧亚大陆连成一片，对发展我国与欧洲、亚洲国家的国际贸易提供了有利的条件。

（2）航空运输

国际货物的航空运输具有许多优点：运送迅速；节省包装、保险和储存费用；可以运往世界各地而不受河海和道路限制；安全准时。因此，对易腐、鲜活、季节性强、紧急需要的商品运送尤为适宜。被称为“桌到桌快递服务”（Desk to Desk Express Service）。航空货物运输的方式很多，有班机、包机、集中托运和航空急件传送等。

（3）邮政运输

邮政运输又称邮包运输（Parcel Post Transport），是一种最简便的运输方式。各国邮政部门之间订有协定和公约，从而保证了邮件包裹传递的畅通无阻、四通八达，形成了全球性的邮政运输网，遂使国际邮政运输得以在国际贸易中被广泛使用。

近年来，特快专递业务迅速发展。目前快递业务主要有国际特快专递（International Express Mail Service，EMS）和 DHL 信使专递（DHL Courier Service）。

3．集装箱运输、国际多式联运与大陆桥运输

集装箱运输、国际多式联运与大陆桥运输是目前国际货物运输使用较多的三种新型的运输方式。

（1）集装箱运输（Container Transport）

集装箱运输是以集装箱（Container）为运输单位进行运输的一种现代化的先进的运输方式，适用于各种运输方式的单独运输和不同运输方式的联合运输。集装箱运输的优点是加速货物装卸，提高港口吞吐能力，加速船舶周转，减少货损货差，节省包装材料，减少运杂费用，降低营运成本，简化货运手续和便利货物运输等。集装箱运输是运输方式上的一大革命，它的出现和广泛运用，对国际贸易产生了很大的影响。

（2）国际多式联运（International Multimodal Transport）

根据《联合国国际货物多式联运公约》的解释，国际多式联运是指按照多式联运合同，以至少两种不同的运输方式，由多式联运经营人将货物从一国境内接收货物的地点运往另一国境内指定交付货物的地点。国际多式联运大多以集装箱为媒介，把海洋运输、铁路运输、公路运输、航空运输等单一运输方式有机地结合起来，构成一种连贯的运输，是实现门到门运输的有效方式。

（3）大陆桥运输（Land Bridge Transport）

大陆桥运输是指使用横贯大陆的铁路或公路运输系统作为中间桥梁，把大陆两端的海洋运输连接起来的连贯运输方式。目前运用较广的是西伯利亚大陆桥及亚欧大陆桥。

此外，还有一种“OCP”运输方式。“OCP”是英文“Over-land Common Point”的缩写，意为“内陆公共点”。它是以美国落基山脉为界，界东的广大地区划为内陆地区，凡海运到美国西海岸港口再以陆路运往内陆地区的货物，如提单上表明按 OCP 条款运输，可享受比直达西海岸港口费率较低的优惠，陆运的运费率也可降低 5%左右，相反方向的运送也相同。这种优惠只适用于货物的最终目的地在 OCP 地区，而且必须经美国西海岸港口中转。

10.1.2 国际货物运输单据

不同的运输方式使用的运输单据也各有不同，主要有海运提单、铁路运单、航空运单和多式联运单据等。

1. 海运提单

（1）海运提单的性质和作用

海运提单（Bill of Lading，或 B/L）简称提单，是指由船长或船公司或其代理人签发的，证明已收到特定货物，允诺将货物运至特定的目的地，并交付给收货人的凭证。海运提单也是收货人在目的港据以向船公司或其代理提取货物的凭证。海运提单的性质和作用可以概括为以下三个方面。

- 提单是承运人或其代理人签发的货物收据（Receipt for the Goods）。
- 提单是一种货物所有权的凭证（Document of Title）。
- 提单是承运人与托运人间订立的运输契约的证明（Evidence of the Contract Carriage）。

（2）海运提单的种类

海运提单可从不同角度进行分类，如下表所示。

分类根据	提单分类	定义
货物是否已装船	已装船提单 （On Board B/L；Shipped B/L）	是指承运人已将货物装上指定轮船后所签发的提单
	备运提单 （Received for Shipment B/L）	是指承运人已收到托运货物等待装运期间所签发的提单

续表

分类根据	提单分类	定义
提单有无批注条款	清洁提单（Clean B/L）	是指货物在装船时“表面状况良好”，承运人在提单上未加任何有关货物受损或包装不良等批注的提单
	不清洁提单（Unclean B/L；Foul B/L）	是指承运人在提单上对货物表面状况或包装加有不良或存在缺陷等批注的提单
提单是否可以流通转让	记名提单（Straight B/L）	是指提单上的收货人栏内填写特定的收货人名称。这种提单只能由该特定收货人提货，因此记名提单不能流通转让
	不记名提单（Bear B/L）	是指提单上的收货人栏不指明收货人，只注明提单持有人（Bearer）字样，这种提单无须背书转让，流通性强，风险大，实际业务中很少使用
运输方式	直达提单（Direct B/L）	是指轮船从装运港装货后，中途不经过换船而直接驶往目的港卸货所签发的提单
	转船提单（Transshipment B/L）	是指轮船从装运港装货后，不直接驶往目的港，需要在中途港换装另外船舶运往目的港所签发的提单
	联运提单（Through B/L）	是指需经两种或两种以上的运输方式联运的货物，由第一程海运承运人所签发的，包括运输全程并能在目的港或目的地凭以提货的提单

除此之外，还有按不同方式分类的各种提单。

2．铁路运输单据

（1）国际铁路联运运单

国际铁路货物联运所使用的运单是铁路与货主间缔结的运输契约。该运单从始发站随同货物附送至终点站并交给收货人，它不仅是铁路承运货物出具的凭证，也是铁路同货主交接货物、核收运杂费用和处理索赔与理赔的依据。国际铁路联运运单副本，在铁路加盖承运日期戳记后发还给发货人，它是卖方凭以向银行结算货款的主要证件之一。

（2）承运货物收据

承运货物收据（Cargo Receipt）是承运人出具的货物收据，也是承运人与托运人签订的运输契约。我国内地通过铁路运往港、澳地区的出口货物，一般多委托中国对外贸易运输公司承办。当出口货物装车发运后，对外贸易运输公司即签发一份承运货物收据给托运人，以作为对外办理结汇的凭证。

3. 航空运单

航空运单（Airway Bill）是承运人与托运人之间签订的运输契约，也是承运人或其代理人签发的货物收据。航空运单还可作为承运人核收运费的依据和海关查验放行的基本单据。但航空运单不是代表货物所有权的凭证，也不能通过背书转让。收货人提货不是凭航空运单；而是凭航空公司的提货通知单。在航空运单的收货人栏内，必须详细填写收货人的全称和地址，而不能做成指示性抬头。

4. 多式联运单据

多式联运单据（Multimodal Transport Documents，MTD）是多式联运合同的证明，也是多式联运经营人收到货物的收据和凭以交付货物的凭证。根据发货人的要求，它可以做成可转让的，也可做成不可转让的。多式联运单据如签发一份以上的正本单据，应注明份数，其中一份完成交货后，其余各份即失效。

10.1.3 国际货物买卖合同中的装运条款

国际货物买卖合同中的装运条款通常包括装运时间、装运港（地）和目的港（地）、分批装运和转运、装运通知、滞期和速遣条款等内容。

1. 装运时间

装运时间是买卖合同的主要交易条件，卖方必须严格按照规定时间装运货物，如果提前或延迟，均构成违约，买方有权拒收货物、解除合同，同时提出损害赔偿要求。目前常用的有以下几种规定方法。

（1）明确规定具体装运时间

明确规定具体的期限，如“Shipment during March 2016”，或规定跨月、跨季度装运。这种规定，卖方可有一定时间进行备货和安排运输，因此，在国际贸易中应用较广。

（2）规定在收到信用证后一定时间内装运

如规定“Shipment within 30 days after receipt of L/C”。对某些外汇管制较严的国家和地区，或专为买方制造的特定商品，为了防止买方不按时履行合同而造成损失，可采用这种规定方法。

（3）笼统规定近期装运

这种规定方法不规定具体期限，只是用“立即装运”、“尽速装运”等词语表示。由于这类词语在国际上无统一解释，为了避免不必要的纠纷，应尽量避免使用。

装运时间的规定应明确具体，应注意船货衔接的问题，以免造成有货无船或有船无货的局面。

2．装运港（地）和目的港（地）

装运港（Port of Shipping）是指货物起始装运的港口。装运港一般由出口方提出，经进口方同意后确定。目的港（Port of Destination）是货物最后卸货的港口。目的港则由进口方提出，经出口方同意后确定。装运港和目的港可分别规定一个，也可分别规定两个或两个以上，还可以规定选择港。

在规定装运港和目的港对应注意：装运港或目的港的规定，应力求明确具体；不接受内陆城市为装运港或目的港；应注意装卸港的具体条件；应注意国外港口有无重名问题；选择港口不宜过多，并在一条航线上等。

3．分批装运和转运

（1）分批装运（Partial Shipment）

分批装运又称分期装运（Shipment by Installment），是指一个合同项下的货物分若干期或若干次装运。凡数量较大，或受运输、市场销售、资金等条件的限制，都可在买卖合同中规定分批装运条款。根据国际商会《跟单信用证统一惯例》规定，“运输单据表面上已注明是使用同上运输工具装运并经同一路线运输，即使运输单据上注明的装运日期不同及域装货港、接受监管地或发运地点不同，只要运输单据注明是同一目的地，将不视为分批装运”。该惯例还规定：“如信用证规定在指定的时期内分期支款及/或分期装运，任何一期未按信用证所规定期限支款/或装运时，信用证对该期及以后各期均告失效。”对这类条款受益人应严格遵守，必须按信用证规定的时间装运货物。

（2）转运（Transshipment）

转运是指货物从装运港（地）到目的港（地）的运输过程中，从一运输工具卸下，再装上同一运输方式的另一运输工具；或在不同运输方式情况下，从一种方式的运输工具卸下，再装上另一种方式的运输工具的行为。

以上分批装运和转运条款直接关系到买卖双方的利益，在商定合同时应认真考虑并合理规定。

4．装运通知

装运通知（Shipping Advice）是在采用租船运送大宗进出口货物的情况下，为明确买卖双方的责任，促使买卖双方互相配合，共同做好船货衔接工作。如在 FOB 条件下，买方应按约定的时间将船名、船期等通知卖方，卖方装船后应及时通知买方以便保险。

5．滞期和速遣条款

在国际贸易中，大宗商品在程租船运输的情况下，买卖合同中应规定滞期、速遣条款。在合同规定的装卸时间内，如果租船人未能完成装卸作业，给船方造成经济损失，为了补偿船方由此而产生的损失，应由租船人向船东支付一定的罚金，此项罚金称为滞期费（Demurrage）。反之，如果租船人在合同规定的时间内提前完成了装卸，给船方节约了船期，从而降低了费用成本增加了收益，船方对所节约的时间要给租船人一定金额的奖励，这种奖金称为速遣费（Dispatch Money）。在实际业务中，速遣费通常为滞期费的一半。

10.1.4　如何选择货代

随着国际贸易、运输方式的发展，国际货运代理已渗透到国际贸易的每一领域，为国际贸易中不可缺少的重要组成部分。作为货主，适当选择货运代理，意味着选择了熟知航运业务的适当海运人和适合贸易合同的运输方式，从而能有效地履行贸易合同约定的法律义务，从而保护自己作为货主的权益。

货代（Forwarder, Freight Agency），从字面来看是货运代理的简称。货运代理行业在国际货运市场上，处于货主与承运人之间，接受货主委托，代办租船、订舱、配载、缮制有关证件、报关、报验、保险、集装箱运输、拆装箱、签发提单、结算运杂费，乃至交单议付和结汇。

如何选择合适的货代？

- 索取营业执照和税务登记，核实经营资质，到企业现场了解营业规模和人员专业情况。
- 从市货代协会和工商信用网查询企业的资信情况，要求提供有关资信文件。
- 签订代理协议，坚持长期稳定的合作。
- 了解企业的航线优势、服务功能和网络建设情况，确定合作方式。
- 了解企业长期合作的车队、堆场、仓库、报关行、船东的基本情况，获得企业诚信记录。
- 了解企业在海关手续、港口操作流程应变能力等情况。

与货代合作应注意以下问题：

- 往来业务要采用书面形式，忌讳口头操作和委托。
- 保留往来文件，包括核对的单证文本、邮件等。

- 注意提单等文件的签收，明确责任。
- 凡委托一家货代，而被要求将运费转入另一家货代，要对方出具委托书。
- 出具保函要慎重，并要留副本，忌讳空白文件。
- 订舱前要确认费用，特别是国外客户指定的货代，属于不合理收费的，要及时投诉。
- 签发货代提单的，要注意签单单位，并要求货代出具体一份“保证国外凭单放货”的保函（中、英文均可），约束其国外代理根据提单放货。
- 不能随意与来路不明的、用低价吸引客户揽货的货代合作。

总之，货代找好质量的客人不容易，货主同样也为找一家好质量的货代不容易。相互合作，共同发展才是长远之道!

10.1.5　如何租船订舱

备货报验工作结束后，出口商必须按照合同信用证规定安排货物的运输，负责租船订舱和装船出运事宜。实务操作中，CFR、CIF 成交方式下，出口商可以选择外运公司；FOB 成交方式下，一般由进口商指定船公司承运，但还是由出口商安排出运的具体工作。

租船定舱分为询价、订舱和装货三个步骤。

（1）询价

询价又称为询盘。通常是指承租人根据自己对货物运输的需要或对船舶的特殊要求通过租船经纪人在租船市场上要求租用船舶。询价主要以电报或电传等书面形式提出。承租人所期望条件的内容一般应包括：需要承运的货物种类、数量、装货港和卸货港、装运期限、租船方式或期限、期望的运价（租金）水平及所需用船舶的详细说明等内容。询价也可以由船舶所有人为承揽货载而首先通过租船经纪人向租船市场发出。由船舶所有人发出的询价内容应包括出租船舶的船名、国籍、船型、船舶的散装和包装容积、可供租用的时间、希望承揽的货物种类等。

（2）订舱

订舱是货物托运人（shipper）或其代理人根据其具体需要，选定适当的船舶向承运人（班轮公司或他的营业机构）以口头或订舱函电，进行预约恰订舱位装货、申请运输，承运人对这种申请给予承诺的行为。

当卖方备妥货物，收到国外开来的信用证，并且经过审核无误后，能否做到船货衔接，按合同及信用证规定的时间及时将货物出运，主要决定于租船订舱这个环节。

（3）租船订舱的准则

出口公司根据船公司提供的船期表掌握船、货情况，在船舶抵达港口或截止签单前，及时办理托运手续。

出口公司办理订舱手续时，力求准确无误，尽量避免加载（增加订舱数量）、退载和变载的情况发生，以免影响承运人和船、货代理人及港务部门的工作。

对于发生额外特殊货物，如散装油类，冷藏货和鲜活货物的订舱，出口公司应事先通知承运人或船、货代理人，并列明要求。

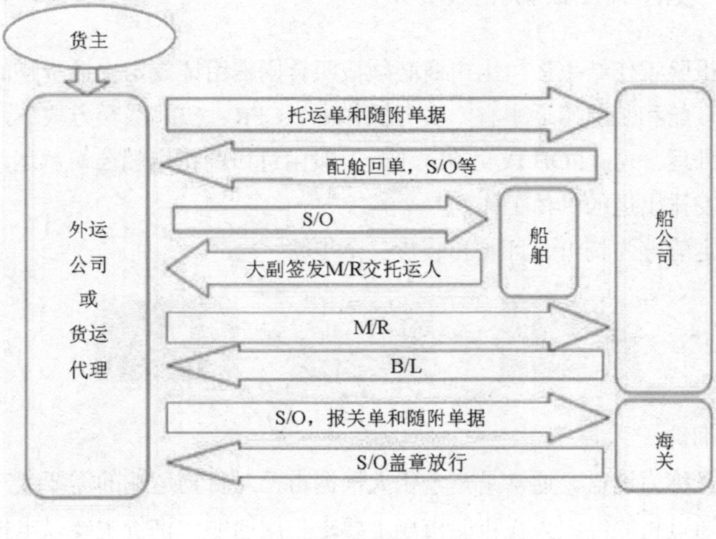

出口货物托运流程

10.2 货运跟单其他

10.2.1 如何制作装箱单

装箱单是发票的补充单据，它列明了信用证（或合同）中买卖双方约定的有关包装事宜的细节，便于国外买方在货物到达目的港时供海关检查和核对货物，通常可以将其有关内容加列在商业发票上，但是在信用证有明确要求时，就必须严格按信用证约定制作。类似的单据还有：重量单、规格单、尺码单等。其中重量单是用来列明每件货物的毛、净重；规格单是用来列明包装的规格；尺码单用于列明货物每件尺码和总尺码，或用来列明每批货物的逐件花色搭配。

装箱单名称应按照信用证规定使用。通常用“PACKING LIST”、“PACKING SPECIFICATION”或“DETAILED PACKING LIST”。如果来证要求用“中性包装单”（NEUTRAL PACKING），则包装单名称打“PACKING LIST”，但包装单内不打卖方名称，不能签章。

装箱单样本

ISSUER
AIGE IMPORT & EXPORT COMPANY
ROOM 2501, JIAFA MANSION, BEIJING WEST ROAD, SHANGHAI
200001, P.R.CHINA

PL0000020

装箱单
PACKING LIST

TO
RIQING EXPORT AND IMPORT COMPANY
P.O.BOX 1589, NAGOYA, JAPAN

INVOICE NO.	DATE
IV0000068	2011-08-29

Choice	Marks and Numbers	Description of goods	Package	G.W	N.W	Meas.
○	CANNED LITCHIS JAPAN C/NO.1-1000 MADE IN CHINA	CANNED LITCHIS 850Gx24TINS/CTN	1000 CARTONS	22440 KGS	20400 KGS	22.588 CBM
		Total:	[1000] [CARTONS]	[22440] [KGS]	[20400] [KGS]	[22.588] [CBM]

SAY TOTAL: ONE THOUSAND CARTONS ONLY

艾格进出口贸易公司
AIGE IMPORT & EXPORT COMPANY
AIGE ZHANG

装箱单填写说明

（1）出单方（Issuer）

出单人的名称与地址，应与发票的出单方相同。在信用证支付方式下，此栏应与信用证受益人的名称和地址一致。

（2）受单方（To）

受单方的名称与地址，与发票的受单方相同。多数情况下填写进口商的名称和地址，并与信用证开证申请人的名称和地址保持一致。在某些情况下也可不填，或填写“To whom it may concern”（致有关人）。

（3）装箱单号

装箱单号码，在表头上方显示。

（4）发票号（Invoice No.）

与发票号码一致。

（5）日期（Date）

装箱单缮制日期。应与发票日期一致，不能迟于信用证的有效期及提单日期。

（6）唛头及件数编号（Marks and Numbers）

与发票一致，有的注实际唛头，有时也可以只注“as per invoice No. xxx”。

（7）包装种类和件数、货物描述（Number and kind of packages, description of goods）

要求与发票一致。

货名如有总称，应先注总称，然后逐项列明每一包装件的货名、规格、品种等内容。

（8）外包装件数（PACKAGE）

填写每种货物的包装件数，最后在合计栏处注外包装总件数。

合同中的数量一般为销售数量，外包装件数则需通过计算得出，计算方法请参考帮助。例如：“100CARTONS”（注意单位的单复数）。

（9）毛重（G.W）

注明每个包装件的毛重和此包装件内不同规格、品种、花色货物各自的总毛重，最后在合计栏处注总毛重。信用证或合同未要求，不注亦可。例如：2588.36 KGS（小于或等于 1 千克的填单数 KG）。

（10）净重（N.W）

注明每个包装件的净重和此包装件内不同规格、品种、花色货物各自的总净重，最后在合计栏处注总净重。信用证或合同未要求，不注亦可。例如：760KGS（小于或等于 1 千克的填单数 KG）。

（11）箱外尺寸（Meas.）

注明每个包装件的体积，最后在合计栏处注总体积。信用证或合同未要求，不注亦可。例如：1 623.548CBM。

本栏须分别填入包装数量与单位，计算方法为：总销售数量/单位包装数后进位取整。

例如，105 件 02002 男式睡衣，每箱 20 件，箱数为 105/20=5.25，进位取整得 6。

（12）Total

货物总计，分别填入所有货物累计的总包装数、总毛重、总净重和总体积（包括相应的计量单位）。

提示：一笔合同中可以同时交易同一商品属类的多种商品，如果这些商品的包装单位不同，合计中单位栏应填“packages”，如下图所示。

Choice	Marks and Numbers	Description of goods	Package	G.W	N.W	Meas.
○	M/N	RAW SUGAR Net Weight: 50KG, Quality Grade: Premium, Packed in PP woven bag	20 BAGS	1050 KGS	1000 KGS	0.24 CBM
○	M/N	Brazil Coffee (whole coffee beans, Cinnamon Roast) Net Weight: 454g/bag, Packaging: vacuum-packed bags	200 CARTONS	626.52 KGS	546.8 KGS	2.88 CBM
					[添 加][修 改][删 除]	
		Total:	[220] [PACKAGES]	[1676.52] [KGS]	[1546.8] [KGS]	[3.12] [CBM]

（13）SAY TOTAL

以大写文字写明总包装数量，必须与数字表示的包装数量一致。

例如：ONE THOUSAND CARTONS ONLY。

10.2.2　如何计算毛重、净重、体积

在计算重量时，对销售单位与包装单位相同的产品（如食品类产品），可

直接用交易数量×每箱的毛（净）重；对销售单位与包装单位不同的产品（如玩具类、服装类产品），须先根据单位换算计算出单件的毛（净）重，再根据交易数量计算总毛（净）重。

在计算体积时，对销售单位与包装单位相同的产品（如食品类产品），可直接用交易数量×每箱的体积；对销售单位与包装单位不同的产品（如玩具类、服装类产品），须先根据单位换算计算出包装箱数，再计算总体积。（注意：包装箱数有小数点时，必须进位取整箱。）

【例1】商品02002，销售单位PC（件），包装单位CARTON（箱），单位换算为每箱装20件，如果交易数量是5 000件，试计算包装箱数？

解：包装箱数 = 5 000 ÷ 20 = 250（CARTON）。

提示：此处的“包装箱数”如有小数部分须进位取整箱。

【例2】商品04006的单位换算为每箱30USD，每箱毛重10.5KGS，净重8.5KGS，每箱体积0.290 4CBM，求合同成交量为9 000USD的毛重、净重、体积？

解：毛重 = 9 000 ÷ 30 × 10.5 = 3 150（KGS）

净重 = 9 000 ÷ 30 × 8.5 = 2 550（KGS）

体积 = 9 000 ÷ 30 × 0.2904 = 87.12（CBM）

【例3】玩具类产品08001项，销售单位是UNIT（辆），包装单位是CARTON（箱），单位换算显示是每箱装6辆，每箱毛重23KGS，每箱净重21KGS，每箱体积0.080 52CBM。如果交易数量为1 000辆，试分别计算毛、净重、体积？

解：**净重的计算：**

单件的净重 = 21 ÷ 6 = 3.5（KGS）

总净重 = 3.5 × 1 000=3 500（KGS）

毛重的计算：

每个包装箱的重量 = 23−21 = 2（KGS）

包装箱数 = 1 000 ÷ 6 = 166.6，取整167箱

总毛重 = 3 500 + 167 × 2 = 3 834（KGS）

体积的计算：

包装箱数 = 1 000 ÷ 6 = 166.6，取整167箱

总体积 = 167 × 0.080 52 = 13.447（CBM）

【例4】食品类产品02001项，销售单位是CARTON（箱），包装单位也

是 CARTON（箱），每箱毛重 11.2KGS，每箱净重 10.2KGS，每箱体积 0.014 739CBM。如果交易数量为 2 000 只，试分别计算毛重、净重、体积？

解：毛重 = 2 000 × 11.2 = 22 400（KGS）

净重 = 2 000 × 10.2 = 20 400（KGS）

体积 = 2 000 × 0.014 739 = 210.478（CBM）

提示：因该类产品销售单位与包装单位相同，故计算时可不考虑单位换算的内容。

【例 5】冷冻食品产品 03006 项，销售单位是 MT（吨），包装单位是 CARTON（箱），1 个包装单位 ＝0.02 个销售单位，每箱毛重 20.4KGS，每箱净重 20KGS，每箱体积 0.036 7CBM。如果交易数量为 20MT，试分别计算毛、净重、体积？

解：把销售单位换算成包装单位：20/0.02=1 000CARTONS

毛重 = 1 000 × 20.4 = 20 400（KGS）

净重 = 1 000 × 20 = 20 000（KGS）

体积 = 1 000 × 0.036 7 = 36.7（CBM）

10.2.3　如何计算报价数量

在国际货物运输中，经常使用的是普通 20'集装箱和 40'集装箱，有时也会依商品状况选择高柜或冻柜或其他。无论选择哪种集装箱，做报价核算时，建议按照集装箱可容纳的最大包装数量来计算报价数量，以节省海运费。

计算之前查看产品详细情况，根据产品的体积、包装单位、销售单位、单位换算来计算报价数量。

【例 1】商品 01005，销售单位与包装单位都是 CARTON（箱），每箱体积为 0.025736CBM，毛重为 20.196KGS，试分别计算该商品用普通 20'、40'集装箱运输出口时的最大可装箱数及报价数量（普通每 20'集装箱可装体积为 33CBM，限重 25TNE；每 40'集装箱可装体积为 67CBM，限重 29TNE，1TNE=1000KGS）。

解：每 20'集装箱：

按体积算可装箱数 = 33 ÷ 0.025 736 = 1 282.25

按重量算可装箱数 = 25 ÷ 20.196 × 1 000 = 1 237.86 取两者中较小的值，因此最大可装箱数取整 1 237 箱由于销售单位与包装单位相同，该商品的报价数量为 1 237 箱。

每 40'集装箱:

按体积算可装箱数 = 67 ÷ 0.025 736 = 2 603.35

按重量算可装箱数 = 29 ÷ 20.196 × 1 000 = 1 435.92 取两者中较小的值，因此最大可装箱数取整 1435 箱

由于销售单位与包装单位相同，该商品的报价数量为 1 435 箱。

【例 2】 商品 08003，销售单位 UNIT（辆），包装单位 CARTON（箱），单位换算为每箱装 6 辆，每箱体积为 0.0576CBM，毛重为 21KGS，试分别计算该商品用 20'、40'集装箱运输时的最大可装箱数及最大销售数量（查到普通每20'集装箱可装体积为33CBM，限重25TNE；每40'集装箱可装体积为67CBM，限重 29TNE，1TNE＝1 000KGS）。

解：每 20'集装箱

按体积算可装箱数为 33 ÷ 0.057 6 = 572.91

按重量算可装箱数为 25 ÷ 21 × 1 000 = 1 190.47 取两者中较小的值，因此最大可装箱数取整 572 箱，计 3 432 辆。

每 40'集装箱

按体积算可装箱数为 67 ÷ 0.057 6 = 1 163.19

按重量算可装箱数为 29 ÷ 21 × 1 000 = 1 380.95 取两者中较小的值，因此最大可装箱数取整 1 163 箱，计 6 978 辆。

10.2.4 如何选择整柜和拼箱

首先计算商品的总毛重和总体积，然后分别计算每种规格集装箱根据体积和重量需要几个，取其中较大者。再计算出海运费，取运费较低者。

1. 运费计算的基础

运费单位（Freight Unit），是指船公司用以计算运费的基本单位。由于货物种类繁多，打包情况不同，装运方式有别，计算运费标准不一。

2. 整箱装

以集装箱为运费的单位，以普通集装箱的 20'集装箱与 40'集装箱为例，20'集装箱的有效容积为 33CBM，限重 25TNE，40'集装箱的有效容积为 67CBM，限重 29TNE，其中 1TNE＝1 000KGS。

3．拼箱装

由船方以能收取较高运价为准，运价表上常注记 M/W 或 R/T，表示船公司将货品的重量吨或体积吨二者中择其运费较高者计算。

拼箱装时计算运费的单位为：

（1）重量吨（Weight Ton）：按货物总毛重，以一吨（1 TNE=1000KGM）为一个运费吨。

（2）体积吨（Measurement Ton）：按货物总毛体积，以一立方米（1 Cubic Meter；简称 1MTQ 或 1CBM 或 1CUM；又称为一才积吨）为一个运费吨。

在核算海运费时，出口商首先要根据报价数量算出产品体积，再到国际货运公司网站中的“航程及运费查询”页，找到对应该批货物目的港的运价。如果报价数量正好够装整箱（20'集装箱或 40'集装箱），则直接取其运价为基本运费；如果不够装整箱，则用产品总体积（或总重量，取运费较多者）×拼箱的价格来算出海运费。

4．运费分类计算方法

（1）整箱装

首先选择好集装箱类型、规格和数量（不同规格集装箱不可混选），然后查询此航线对应所选集装箱的运费，再计算总的海运费。

（2）拼箱装

拼箱分按体积与重量计算两种方式：

- 按体积计算，X1＝单位基本运费（MTQ）×总体积
- 按重量计算，X2＝单位基本运费（TNE）×总毛重

取 X1、X2 中较大的一个

10.2.5　运费计算案例

【例 1】从圣地亚哥出口 02003 女式套头衫 9110 件至纽约，销售单位是 PC（件），包装单位是 CARTON（箱），单位换算显示是每箱 20 件，每箱毛重 13KGS，每箱净重 11KGS，每箱体积 0.14308CBM。试分别计算毛重、体积？并指出如何用普通集装箱，选择什么规格？比较整箱和拼箱时的海运费是多少？

提示信息：

- 普通每 20'集装箱可装体积为 33CBM，限重 25TNE（25000KGS），每

40'集装箱可装体积为 67CBM，限重 29TNE（29000KGS），1TNE＝1000KGS。

- 在货运公司网站中的“航线及运费查询”查得圣地亚哥至纽约海运费为：20'集装箱 USD355，40'集装箱 USD605。
- 在货运公司网站中的“航线及运费查询”中查到普通拼箱按体积（MTQ）算的运费为 USD40，按重量（TNE）算为 USD43。

解：

1. 计算毛重、体积

毛重的计算：

包装箱数 = 9 110 ÷ 20 = 455.5，进位取整 456 箱。

箱子重量=13−11=2（KGS）

单件的净重 = 11 ÷ 20 = 0.55（KGS）

总净重 = 0.55 × 9 110 = 5 010.5（KGS）

总毛重=总净重+箱子总重量=5 010.5+2 × 456=5 922.5KG=5.922 5（TNE）

体积的计算：

总体积 = 每箱体积 × 箱数=456 × 0.143 08 = 65.244 48（CBM）

2. 如何用整箱装

（1）根据毛重、体积计算需要几个集装箱

普通每 20'集装箱可装体积为 33CBM，限重 25TNE（25 000KGS），每 40'集装箱可装体积为 67CBM，限重 29TNE（29 000KGS），1TNE = 1 000KGS。

按重量：

总毛重<25TNE，所以如果按重量算，只要 1 个 20'集装箱。

按体积：

20'集装箱：65.244 48/33=1.98，进位取整得 2

40'集装箱：65.244 48/67=0.97，进位取整得 1

所以，可以选择 2 个 20'集装箱或 1 个 40'集装箱。

（2）计算海运费，取较低者

在货运公司网站中的“航线及运费查询”查得圣地亚哥至纽约海运费为：20'集装箱 USD355，40'集装箱 USD605。

如果选择 2 个 20'集装箱，海运费为 355 × 2=USD710

如果选择 1 个 40'集装箱，海运费为 USD605

因此，取海运费较低者，即选择 1 个 40'集装箱，海运费为 USD605。

3．如何选拼箱

在货运公司网站中的“航线及运费查询”中查到普通拼箱按体积（MTQ）算的运费为 USD40，按重量（TNE）算为 USD43。

按体积算：运费 A=65.244 48 × 40=2 609.78

按重量算：运费 B=5.922 5 × 43=254.67

因为 A>B，因此，如果选择拼箱，运费为 USD2609.78。

4．比较选择整箱和拼箱时的海运费

可见，选择 1 个 40'集装箱的运费比较少，所以应该选择 1 个 40'集装箱，海运费为 USD605。

【例 2】从墨尔本出口 02003 女式套头衫 200 件至纽约，销售单位是 PC（件），包装单位是 CARTON（箱），单位换算显示是每箱 20 件，每箱毛重 13KGS，每箱净重 11KGS，每箱体积 0.143 08CBM。试分别计算毛重、体积？并指出如何选择集装箱？海运费是多少？

解：

1．计算毛重、体积

毛重的计算：

包装箱数 = 200 ÷ 20 = 10（箱）

总毛重=每箱毛重 × 箱数=13 × 10=130KGS=0.13（TNE）

体积的计算：

总体积 = 每箱体积 × 箱数=0.143 08 × 10 = 1.430 8（CBM）

2．根据毛重、体积计算海运费

（1）如何选择整箱

查到普通每 20'集装箱可装体积为 33CBM，限重 25TNE（25 000KGS），每 40'集装箱可装体积为 67CBM，限重 29TNE（29 000KGS），1TNE = 1 000KGS。

因为重量和体积都没超过 20'集装箱的容量，所以如果用整箱装，可选择 1 个 20'集装箱。

本站“航线及运费查询”中查得 20'集装箱运费为 USD1264，因此如果按整箱装，则海运费为 USD1264。

（2）如何选择拼箱

在货运公司网站中的“航线及运费查询”中查到普通拼箱按体积算的运费

为 USD137，按重量算为 USD126

按体积算，海运费 A=137 × 1.4308=196.02

按重量算：海运费 B=126 × 0.13=16.38

因为 A>B，所以，海运费为 USD196.02。

3. 因为整箱运费>拼箱，所以选择拼箱，海运费为 USD196.02

【例 3】冷冻食品产品 22 006 项，销售单位是 MT（吨），包装单位是 CARTON（纸箱），1 个包装单位 = 0.02 个销售单位，每箱毛重 20.4KGS，每箱净重 20KGS，每箱体积 0.036 7CBM。如果交易数量为 14MT，试分别计算毛、净重、体积，并选择合适的集装箱。

解：

把销售单位换算成包装单位：14 ÷ 0.02=700CARTONS

毛重 = 700 × 20.4 = 14280KGS =14.28（TNE ）

净重 = 700 × 20 = 14000KGS =14（TNE ）

体积 = 700 × 0.0367 = 25.69（CBM）

20'普柜：限重 25TNE，限体积 33 CBM

40'普柜：限重 29TNE，限体积 67 CBM

40'高柜：限重 29TNE，限体积 76 CBM

20'冻柜：限重 21TNE，限体积 27 CBM

40'冻柜：限重 26TNE，限体积 58 CBM

40'高冻柜：限重 26TNE，限体积 66 CBM

由于是冷冻食品必须使用冻柜，那么根据毛重和体积，选择一个 20'冻柜即可。

第11章

报关跟单

货物出运前的最后一道步骤是向海关办理出口通关（Export Customs Clearance）。货物或运输工具进出境时，其收发货人或其代理人必须按规定将货物送进海关指定的集装箱场、集装箱集散站或码头仓库，向进出境口岸海关请求申报，交验规定的证件和单据，接受海关人员对其所报货物和运输工具的查验，依法缴纳海关关税和其他由海关代征的税款，然后才能由海关批准货物和运输工具的放行。放行后，出口人方可办理货物出口装船事宜。

11.1 报关的基础知识

报关是指进出口货物收发货人、进出境运输工具负责人、进出境物品所有人或者他们的代理人向海关办理货物、物品或运输工具进出境手续及相关海关事务的过程。

我们常听到的，除了报关，还有通过，它们两个又有什么异同呢？

相同点：两者都是对货物、物品或运输工具的进出境而言。

不同点：报关是从海关管理相对人的角度出发，仅指向海关办理进出境手续及相关手续；通关除此之外还包括海关对进出境运输工具、货物、物品依法进行监督管理，核准其进出境的管理过程。

11.1.1 报关的范围和分类

1. 报关的范围

报关包括进出境运输工具报关、进出境物品报关和进出境货物报关。

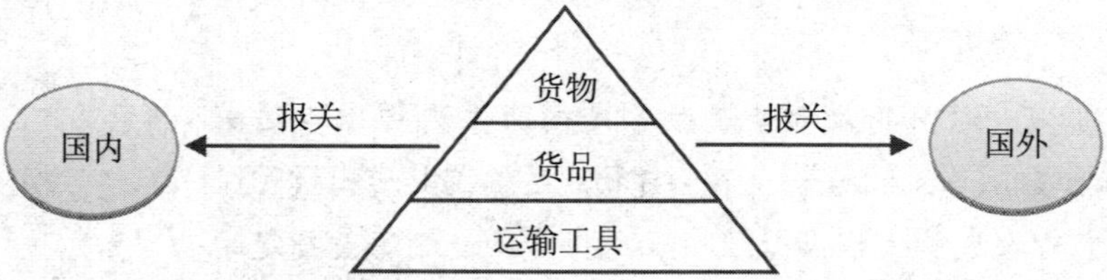

进出境运输工具：主要指用以载运人员、货物、物品进出境，在国际间运营的各种境内或境外的船舶、航空器、车辆和驮畜等。

进出境货物：包括一般进出口货物、特定减免税货物、暂准进出境货物、保税货物、过境、转运和通运货物和其他进出境货物，通过管道、电缆输送的进出境的水、石油、电及无形的货物，如附着在货物载体上的软件等。

进出境物品：主要包括进出境的行李物品、邮递物品和其他物品（如享有外交特权和豁免的外国机构或人员的公务用品或自用物品等）。

提示：货物≠物品，货物属于贸易性质，而物品不属于贸易性质。

2. 报关的分类

（1）按报关对象分为：运输工具报关、货物报关和物品报关。

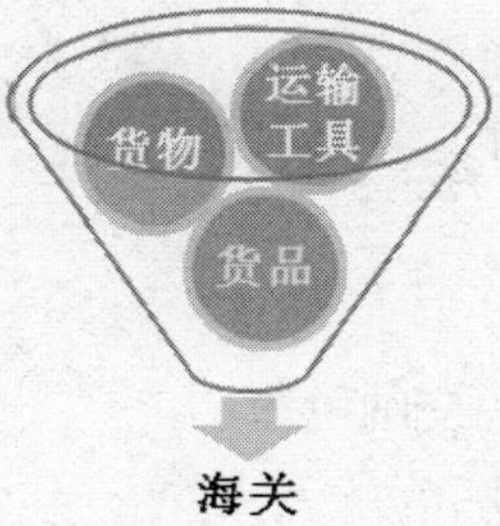

（2）按报关目的分为进境报关和出境报关。

（3）按报关活动实施者不同可分为：自理报关、代理报关和专业报关。

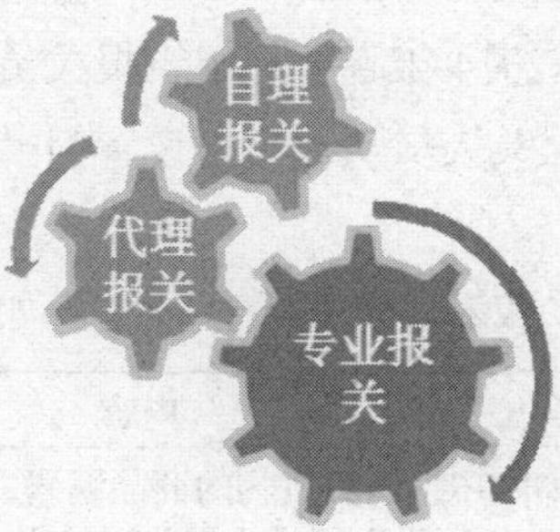

①自理报关：自理报关是有自理报关权利的企业可以对外签约，并只能向海关办理本身所签约项下的进出口货物的报关手续，不能代办其他单位签约的货物报关手续。

②代理报关：由代理报关企业代办，代理报关企业是具有有关部门批准的对外贸易仓储运输、国际运输工具、国际运输工具服务及代理等业务经营权，兼营报关服务业务的企业。

只能接受有权进出口货物单位的委托，办理由本企业承揽、承运货物的报关纳税等事宜。超出上述范围的属于非法报关管，海关将不予受理。

③专业报关：专业报关是由专业报关企业代理报关，专业报关企业是指主要从事接受进出口货物经营单位和运输工具负责人及他们代理人的委托，办理进出口货物和进出境运输工具的报关、纳税等事宜，具有境内法人地位的经济实体。其没有进出口经营权，也没有国际运输代理权。

基本业务范围：

- 填制进出口货物报关单。
- 相关数据预录入。
- 陪同海关验货、提货。
- 税则归类、计算税费、交纳税费。
- 提供报关事宜咨询服务。
- 代理外贸企业、加工贸易企业、三资企业向海关申请企业注册登记、申请减免税、办理合同登记等海关手续（经海关允许）。

11.1.2 报关员的工作

报关员是指代表所属企业（单位）向海关办理进出口货物报关业务的人员。

2013 年 10 月 12 日之前报关员是需要通过全国报关员资格考试，依法取得报关从业资格，并在海关注册登记的。2013 年 10 月 12 日，海关总署官网发布了第 54 号公告，决定自 2014 年起不再组织报关员资格全国统一考试，取消报关员资格核准审批，对报关人员从业不再设置门槛和准入条件。今后，报关从业人员由企业自主聘用。

报关员的工作内容、权利、义务及执业禁忌如下表所示。

类别	内容
报关员的工作内容	1．按照规定如实申报出口货物的商品编码、商品名称、规格型号、实际成交价格、原产地及相应优惠贸易协定代码等报关单有关项目，并办理填制报关单、提交报关单证等与申报有关的事宜； 2．申请办理缴纳税费和退税、补税事宜； 3．申请办理加工贸易合同备案（变更）、深加工结转、外发加工、内销、放弃核准、余料结转、核销及保税监管等事宜； 4．申请办理进出口货物减税、免税等事宜； 5．协助海关办理进出口货物的查验、结关等事宜； 6．应当由报关员办理的其他报关事宜
报关员的权利	报关：以所在报关单位名义执业，办理报关业务。 查询：向海关查询其办理的报关业务情况。 上诉申辩：对海关对其作出的处理决定享有陈述、申辩、申诉的权利。 复议或诉讼：依法申请行政复议或者提起行政诉讼。 要求赔偿：合法权益因海关违法行为受到损害的，依法要求赔偿

续表

类别	内容
报关员的义务	审查：对申报内容和有关材料的真实性、完整性进行合理审查。 规范报关：提供齐全、正确、有效的单证，准确、清楚、完整填制进出口货物报关单，并按有关规定办理进出口货物的报关手续。 配合检查：海关检查进出口货物时，配合海关查验。 配合调查：配合海关稽查和对涉嫌走私违规案件的查处。 参加考核：按照规定参加直属海关或者直属海关授权组织举办的报关业务岗位考核。 报关文件：妥善保管海关核发的报关员证和相关文件
报关员的执业禁忌	1．故意制造海关与报关单位、委托人之间的矛盾和纠纷； 2．假借海关名义，以明示或暗示的方式向委托人索要委托合同约定以外的酬金或索要其他额外的酬金或其他财物，虚假报销； 3．同时在 2 个或 2 个以上报关单位执业； 4．私自接受委托（一定要以报关企业的名义接受委托报关）或者私自收取委托人酬金及其他财物； 5．转借或转让报关员证，允许他人持本人报关员证执业； 6．涂改报关员证； 7．其他利用执业之便谋取不正当利益的行为

提示：2014 年开始由中国报关协会组织报关水平测试。

11.1.3　货物进出口管理

不是所有的货物都允许进口货出口的，有的是绝对禁止的，有的是严格限制的，这就是国家的贸易管制。贸易管制是各国政府为保护和促进国内生产、增加出口、限制进口而采取的鼓励或限制措施，或为政治目的对进出口采取禁止或限制的措施，是政府的一种强制性行政管理行为。

1．禁止进出口

禁止进口货物：四氯化碳、犀牛角、虎骨、旧机电、废物、废旧金属、来自疫区或不合标准的动物，动物产品、其他。

禁止出口货物：发菜、麻黄草、木炭、未命名或新发现的野生动物、劳改产品等。

国家禁止进出口的货物，任何对外贸易经营者不得经营进出口，一旦发现，海关有权采取相应行政措施，触犯刑法的追究刑事责任。

2. 限制进出口

限制进口：黄金白银、农牧渔等。

限制出口：保护环境、国内短缺、输往国家市场容量有限、我国缔结的国际条约等情况实施出口限制。

限制进出口管制原则是，有数量限制的进出口货物实行配额管理；其他限制性进出口货物，实行许可证管理。

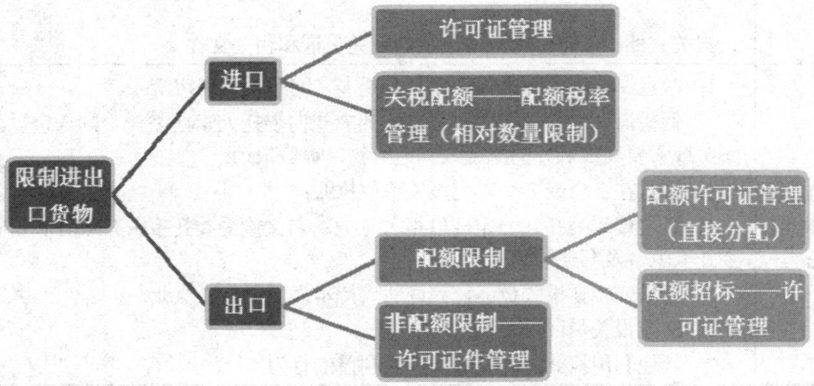

11.2 报关程序

报关程序是指进出口货物的收发货人、运输工具负责人、物品所有人或其代理人按照海关的规定，办理货物、物品、运输工具进出境及相关海关事务的手续及步骤。

- 进出境货物须经过：海关审单、查验、征税、放行。
- 报关单位的工作与其相对应：申报、配合查验、缴纳税费、提取或装运货物。
- 报关程序按时间分为前期阶段、进出境阶段、后续阶段。

11.2.1 海关监管货物的分类

货物的类别不同，进出境的报关程序也不相同。根据货物进出境的不同目的可分为：一般货物、报税货物、特定减免税货物、暂准进出境货物、过境、转运、通运货物等。

1. 一般进出口货物

一般进口货物是指办结海关手续进入国内生产、消费领域流通的进口货物；一般出口货物是指办结海关手续到境外生产、消费领域流通的出口货物。

2. 保税货物

未交税，复运出境的货物，分为保税加工货物和保税物流货物。

3. 特定减免税货物

特定减免税货物分为 3 种，即特定地区、特定企业和特定用途。

特定地区：是指我国关境内法规规定的某一特别限定区域，如保税区、出口加工区等。

特定企业：是指由国务院制定的行政法规专门规定的企业，享受减免税优惠的进口货物只能由这些专门规定的企业使用。

特定用途：国内投资项目、利用外资项目、科教用品项目、残疾人专用品项目。

4. 暂准进出境货物

凭担保、原状进出境货物，如展览品。

5. 过境、转运、通运货物

由境外起运，通过中国境内继续运往境外的货物。

11.2.2　报关的基本流程

进出境货物的类别不同，报关履行的手续也不同，但除了一般进出口货物外，其他类别的进出境货物都要经过三个阶段，即前期阶段、进出境阶段和后续阶段。

1. 前期阶段

货物在进出境之前，向海关办理备案手续的过程（一般进出口货物不需要这个阶段）。

适用范围：保税货物、特定减免税货物、暂准进出境货物及其他进出境货物中的部分货物。

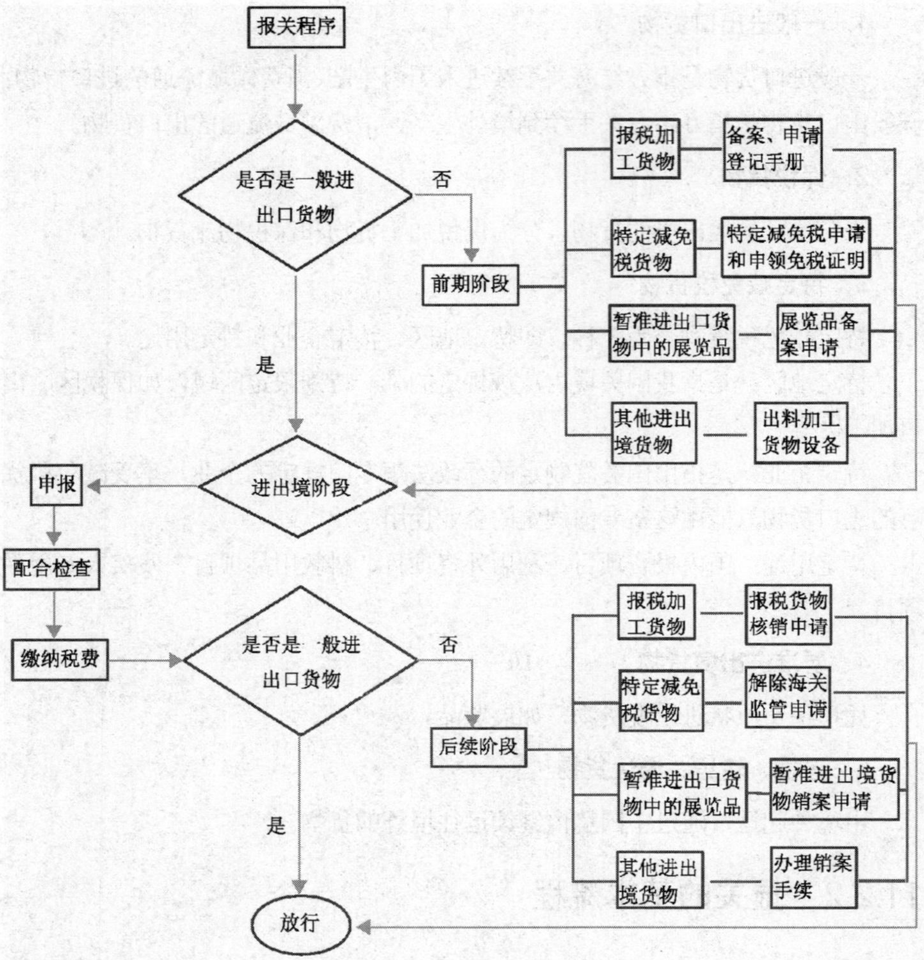

- 保税加工货物：进口前应办理加工贸易合同备案，申领加工贸易手册（电子或纸质）。
- 特定减免税货物：前期申领减免税证明。
- 暂准进出口货物中的展览品：进境前应办理展览品进境备案申请手续。
- 其他进出境货物中的加工贸易不作价设备进口之前，进口货物收货人办理加工贸易不作价设备的备案手续；出料加工货物出口之前应办理出料加工备案手续。

2. 进出境阶段

进出境货物收发货人或其代理人需要完成以下 4 个环节的工作。

（1）进出口货物的申报：报告进出口货物的情况（必须由报关员完成的

环节）。

（2）配合查验：报关单位（或报关员）在海关决定查验货物时，应在场配合海关查验货物，负责搬运、开箱、封箱等，并检查货物是否损坏。

（3）缴纳税费：报关单位根据海关开具的缴纳税费通知书，向海关指定银行缴纳货物进出口税或海关监管费。

（4）提取或装运货物：完成上述环节并在海关决定放行后，凭加盖海关放行章的提货单或装运单提取（进口）或装运（出口）货物的环节。

3．后续阶段

根据海关对某些特定货物的监管要求，其报关单位在货物进出境并完成相应的处理过程后，向海关办理核销、销案、申请解除监管手续的过程。

- 保税加工货物：办理申请核销手续。
- 特定减免税货物：申请办理解除海关监管的手续。
- 暂准进出境货物：申请办理销案手续。
- 其他货物中的加工贸易不作价设备、外包进口货物、出料加工货物、修理货物、部分租赁货物等，申请办理销案手续。

11.2.3　一般进出口货物的报关流程

一般进出口货物是指在进出境环节缴纳了应征的进出口税费并办结了所有必要的海关手续，海关放行后不再进行监管，可以直接进入生产和消费领域流通的进出口货物。

实际进出口的货物，除特定减免税货物外，都属于一般进出口货物的范围。一般进出口货物具有以下基本特征。

- 必须在进出境环节缴纳进出口税费，这些税费有：进口关税、进口环节海关代征的国内税（增值税、消费税）、出口关税及进口附加税等。
- 在进出口向海关申报时，向海关提交相关的许可证件。
- 货物在提取或装运前办结海关手续。
- 货物办结海关进出口手续后海关放行，可以自由流通。

一般进出口货物报关的程序不需要经过前期阶段，也不需要经过后续阶段，只需要经过进出境阶段，包括以下四个环节：

1．进出口申报

“申报”是指进出口货物的收发货人、接受委托报关的报关企业，依照《海关法》及有关法律、行政法规和规章的要求，在规定的期限、地点，采用电子数据报关单和纸质报关单形式，向海关报告实际进出口货物的情况，并接受海关审核的行为。

（1）申报地点

在一般情况下，进口货物应当在进境地海关申报；出口货物应当在货物的出境地海关申报。

当进出口货物申请办理转关运输手续时，进口货物应当在设有海关的指运地海关申报；出口货物应当在设有海关的货物的起运地海关申报。

（2）申报期限

进口货物的申报期限为自装载货物的运输工具申报进境之日起 14 日内。申报期限的最后一天是法定节假日或法定休息日的，顺延至法定节假日或休息日后的第一个工作日。

经海关批准准予集中申报的进口货物，自装载货物的运输工具申报进境之日起 1 个月内向主管海关办理申报手续。

出口货物的申报时限为货物运抵海关监管区后，装货的 24 小时以前。

（3）滞报金

进口货物收货人未按规定期限向海关申报产生滞报的，由海关按规定征收滞报金。

进口货物滞报金按日计征。计征起始日为运输工具申报进境之日起第 15 日，截止日为海关重新接受申报之日（申报日期）。起始日和截止日均计入滞报期限。

收货人在运输工具申报进境之日起超过三个月未向海关申报，海关根据《中华人民共和国海关法》第二十一条的规定已将货物提取变卖处理。

收货人经海关批准向海关提供担保，先提取货物并在担保期限内补办申报手续。被海关扣留的进口货物在被扣留期间，不计征滞报金。

滞报金的起征点为人民币 50 元，征收金额为进口货物完税价格的 0.05%，以人民币“元”为计征单位，不足人民币 1 元的部分免征。

征收滞报金的计算公式为：

进口货物完税价格×0.05%×滞报期间（滞报天数）

提示：滞报金的计征起始日如遇法定节假日，则顺延至其后第一个工作日。根据海关规定，因不可抗力等特殊情况产生的滞报可以向海关申请减免滞报金。

（4）申报单证

申报单证有两类，即主要单证和随附单证。主要单证就是报关单，随附单证包括基本单证、特殊单证和预备单证。

报关单填制必须真实、准确、完整。

随附单证填制必须齐全、有效、合法。

报关单与随附单证数据必须一致。

（5）申报的修改和撤销

海关接受申报后，一般申报内容不得修改、有关单证不得撤销；但确有正当理由，收/发货人或者其代理人向海关提交书面申请，经海关批准后，可以进行修改或撤销。

- 报关人员操作或书写失误造成申报差错，且未发现有走私违规或其他违法嫌疑的。
- 出口货物放行后，由于装配、装运等原因造成原申报货物全部或部分退关的。
- 进出口货物在装载、运输、存储过程中因不可抗力的灭失、短损等原因造成原申报数据与实际货物不符的。
- 根据国际惯例先行采用暂时价格成交、实际结算时按商检品质认定或国际市场实际价格付款方式需要修改原申报单据的。
- 由于计算机、网络系统等方面的原因导致电子数据申报错误的。
- 其他特殊情况经海关核准同意的。

2. 配合海关检查

《海关法》第二十八条规定："进出口货物应当接受海关查验。海关查验货物时，进口货物的收货人、出口货物的发货人应当到场，并负责搬移货物，开拆和重封货物的包装。海关认为必要时，可以径行开验、复验或者提取货样。经收发货人的申请，海关总署批准，其进出口货物可以免验。"

（1）查验方法

检查方法有抽查、彻底检查和外形检查。

外形检查是通过外形查验确定货物的标记唛码、货名、规格、数量、原产地等与申报是否相符，查验货物的包装是否完整，有无开拆、反钉、破损、渗漏等情况；对集装箱货物核对集装箱号码与申报是否相符，封志是否完整；用货柜车装载的货物，核对车牌是否与申报相符，查验封志是否完整。

当外形查验和抽查不能满足海关监管要求时，则海关采用彻底查验的方法，即对货物逐件开拆包装查验，对集装箱、货柜车所载货物全部卸下，对货物的名称、数量、品质、规格、成分等内容进行彻底检查，必要时提取货样进行分析化验。

（2）复验和径行开验

有下列情形之一的，海关可以对已查验货物进行复验：

- 初次查验未能查明货物的真实属性，需要对已查验货物的某些性状做进一步确认的。
- 货物涉嫌走私违规，需要重新查验的。
- 进出口货物收发货人对海关查验结论有异议，提出复验要求并经海关同意的。
- 其他海关认为必要的情形。

提示：海关在对货物进行复验时，收发货物人或其代理人应当到场陪同海关复验，查验人员在查验记录上应当注明“复验”字样。已经参加过查验的海关查验人员不得参加对同一票货物的复验。

当海关发现进出口货物有违法嫌疑或经海关通知查验，进出口货物收发货人或者其代理人届时未到场的，海关可以在进出口货物收发货人或其代理人不在场的情况下，对进出口货物进行径行开验。

海关径行开验时，存放货物的海关监管场所经营人、运输工具负责人应当到场协助，并在查验记录上签名确认。

（3）货物的损坏赔偿

在查验过程中，因为海关关员的责任造成被查验货物损坏的，进出口货物收发货人或其代理人可以要求海关赔偿。进出口货物收发货人或其代理人在海关查验时对货物是否损坏未提出异议，事后发现货物有损坏的，海关不负责赔偿责任。

以下情况不属于海关损坏赔偿范围：

- 由于收发货人或其代理人搬移、开拆、重封货物的包装或保管不善造成的损失；

- 易腐易失效货物在海关正常工作程序所需时间内（含扣留或代管期间）所发生的变质或失效；
- 海关正常查验时产生的不可避免的磨损；
- 在海关查验之前已发生的损坏和海关查验之后发生的损坏；
- 由于不可抗力的原因造成的货物损坏、损失。

提示：想让海关赔钱很难，所以在配合检查时一定要小心仔细，避免不必要的损失。

3．缴纳税费

经海关审核报关单，并查验货物无误后，海关根据申报的货物计算税费打印纳税缴款书和收费票据。

凭海关签发的缴税通知书和收费单据在限定的时间内（收到缴款书后 15 日内）向指定银行缴纳税费，或在网上进行电子支付。

提示：税费是一个很重要的报关环节，因为篇幅较多，所以单独列出一节进行介绍，具体参见 11.3 节。

4．提取或装运货物（放行）

放行是指进出口货物通过海关审核单证、查验货物、征收税费等监管环节，证实货物进出口合法，并已办结各项海关手续，结束海关监管的行为。

海关放行以后，由海关在提货凭证或出口装货凭证上加盖海关放行章。实行无纸通关的海关，货物的收发货人根据海关发出的海关放行报文，自行打印放行凭证。

进口货物收货人，可以凭提货单到存放货物的仓库、场地等海关监管场所提取货物，运出海关监管区，由收货人自行处置；出口货物的发货人可以凭装货单将货物装上运输工具运输出境，海关不再进行监管即结关。

提示：一般进出口货物，海关放行后就可以进入生产和流通领域，放行就是结关。保税货物、暂准进口货物、特定减免税货物，放行并不等于结关，海关在一定时期内还需监管。

11.2.4 报关中常见问题处理

报关中常遇见一些棘手的问题，比如，超期未报货物怎么处理、退运货物和退关货物怎么办、转关运输货物如何办理。

1. 超期未报货物怎么处理

超期未报货物是指在规定的期限未办理海关手续的海关监管货物。

超期未报货物的处理：

- 属于检验检疫目录范围的，变卖前进行检验、检疫，费用及其他变卖所需费用从变卖款中支付。
- 处理实际支出费用后，按①运输、装卸、储存等费用，②进口关税，③进口环节海关代征税，④滞报金的顺序扣除相关费用和税款。不足以支付同一顺序的相关费用的，按照比例支付。
- 余款，变卖起 1 年内，予以发还。属国家限制进口的，应提交许可证件，不能提供的，不予以发还。

2. 退运货物和退关货物

退运货物分一般退运货物、加工贸易退运货物和直接退运货物。

一般退运货物是指已办理进出口申报手续且海关已经放行的退运货物。

直接退运货物是指进口货物进境后向海关申报，但由于特殊原因无法继续办理进口手续，经主管海关批准将货物全部退运境外的货物。

退关货物是指出口货物在向海关申报出口后被海关放行，因故未能装上运输工具，发货单位请求将货物退运出海关监管区域不再出口的行为。

在得知出口货物未装上运输工具并决定不再出口之日起 3 天内，向海关申请退关。

3. 转关运输货物如何办理

海关为加速进出口货物的流通，方便收发货人办理手续，允许海关监管货物由关境内某一设关地点转运到另一设关地点办理进出口海关手续的行为称为转关。

转关的方式有提前报关方式、直转方式和中转方式，如下表所示。

转关方式	进口	出口
直转方式	自运输工具申报进境之日起 14 日内向进境地海关办理转关手续，在海关限定期限内运抵指运地海关之日起 14 日内，向指运地海关办理报关手续	—
提前报关方式	于电子数据申报之日起 5 日内，向进境地海关办理转关手续	于电子数据申报之日起 5 日内，运抵启运地海关监管场所并办理转关和验放手续
中转方式		

11.3 进出口税费

进出口税有进出口关税和进口环节税。进出口费有滞纳金和滞报金。

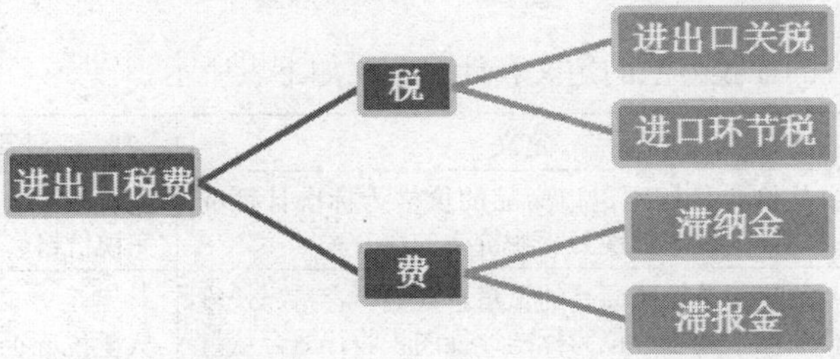

11.3.1 进出口关税

进口关税是一个国家的海关对进口货物和物品征收的关税。征收进口关税会增加进口货物的成本，提高进口货物的市场价格，影响外国货物进口数量。因此，各国都以征收进口关税作为限制外国货物进口的一种手段。

出口税是出口国海关对出口货物所征收的关税。征收出口税的目的主要是：①增加财政收入。②限制重要的原材料大量输出，保证国内供应。③提高以使用该国原材料为主的国外加工产品的生产成本，削弱其竞争能力。④反对跨国公司在发展中国家低价收购初级产品。

1. 常见的关税征收方法

常见的关税计征方法有从价税、从量税、复合税、选择税、差价税、季节税和反倾销税。

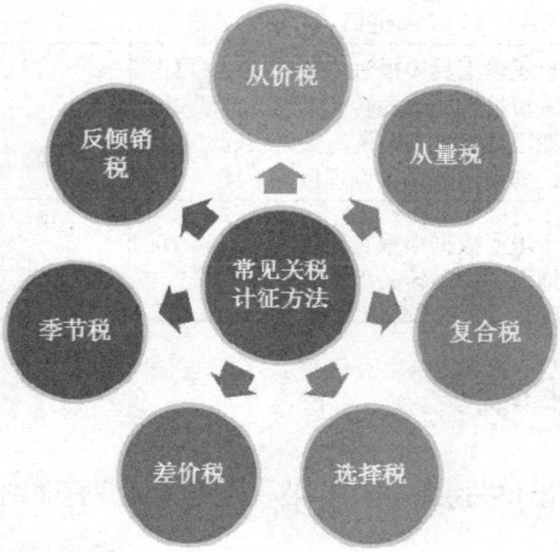

常见关税的征收方法的定义和计算公式如下表所示。

计征方法	定义	计算公式
从价税	从价税是按照进口商品的价格为标准计征的关税。其税率表现为货物价格的百分率	从价税应征税额=货物的完税价格×从价税率
从量税	从量税是按照商品的重量、数量、容量、长度和面积等计量单位为标准计征的税收，适合从量税计算的如原油、啤酒、胶卷、冻鸡等，但古董、字画、钟表、钻石等则不适合用从量税计算	从量税应征税额=货物数量×单位税额
复合税	又称混合税，是对某一进出口货物或物品既征收从价税，又征收从量税。即，采用从量税和从价税同时征收的一种方法。复合税可以分为两种：一种是以从量税为主加征从价税；另一种是以从价税为主加征从量税	复合税额=从量税额+从价税额
选择税	选择税是对同一种商品同时制定从价关税征收标准和从量关税征收标准，执行过程中由海关选择其中一种计征	
差价税	差价税又称差额税，当某种本国生产的产品国内价格高于同类的进口商品价格时，为了削弱进口商品的竞争能力，保护国内生产和国内市场，按国内价格与进口价格之间的差额征收关税，称为差价税	差价税=完税价格×差价税税率
季节税	季节税是指对某种商品在不同季节进口适用不同关税税率的计征关税的一种方法。季节税一般是对生产季节性较强的农产品而设置的，如所有欧盟成员国对一些水果、蔬菜或园艺产品除按从量税或复合税征收关税外，还征收季节性关税	

续表

计征方法	定义	计算公式
反倾销税	反倾销税就是对倾销商品所征收的进口附加税。当进口国因外国倾销某种产品，国内产业受到损害时，征收相当于出口国国内市场价格与倾销价格之间差额的进口税	反倾销税税额=完税价格×反倾销税税率

2．进口货物的完税价格

（1）进口货物完税价格的审定原则

进口货物以海关审定的正常成交价格为基础的到岸价格作为完税价格。

这里的到岸价包括货价、运抵中国关境内之前的包装、运输、保险和其他劳务费用。

如果进口货物的成交价格未能确定，则以该货物出口国购进相同或类似货物的正常成交价格为基础的到岸价格为完税价格。

如按上述方法仍未能确定完税价格的，应当以相类似的货物在国内市场的批发价，减去进口环节、关税及进口后正常仓储运输费用及利润作为完税价格。

提示：如果卖方付佣金——从成交价格扣除，如果买方付佣金——往成交价格加入。

（2）常见成交价格的进口货物完税价格计算

- 以我国口岸到岸价价格（CIF）成交的完税价格。

$$\text{完税价格} = \text{CIF}$$

- 以境外 FOB 价成交的，应加上该货物从境外发货运到我国境内口岸实际支付的运费和保险费。

$$\text{完税价格} = \frac{\text{FOB+ 运费}}{1 - \text{保险费率}}$$

- 以我国口岸 CFR 价成交的，应当另加保险费作为完税价格。

$$\text{完税价格} = \frac{\text{CFR}}{1 - \text{保险费率}}$$

- 特定减免税货物的完税价格。

$$\text{完税价格} = \frac{\text{海关审定该货物原进口时的价格} \times \left(1 - \text{征、补税时实际已使用的月数}\right)}{\text{监管年限} \times 12}$$

（3）进口关税计算案例

国内某公司从日本购进 10 辆轿车，成交价格共为 FOB 日本 48 万美元，实际支付运费 5 000 美元，保险费 800 美元。已知外汇折算率 1 美元=人民币 6.40 元，对应税率为 15%。

进口关税的计算如下：

审定完税价格（CIF）=480 000+5 000+800=485 800（美元）

根据人民币汇率=485 800 × 6.40= 3 109 120（元）

应征关税税额=完税价格 × 法定进口关税税率=3 109 120 × 15%=466 368（元）

3．常见成交价格的出口货物完税价格计算

（1）出口货物完税价格的审定原则

出口货物以海关审定的货物售予境外的离岸价格（FOB）扣除出口税后，作为完税价格。

上述离岸价格以该货物运离关境前最后一个口岸的离岸价格为准，如果从内地起运则要扣除内陆运费。

扣除出口税是因为出口纳税人是出口商或生产商，出口税作为出口的成本费用属于出口价格的一部分，所以完税价格不应包括出口税。

（2）常见成交价格的出口货物完税价格计算

- 以我国口岸 FOB 价成交的，其出口货物完税价格

$$\text{完税价格} = \frac{\text{离岸价 FOB}}{1 + \text{出口税率}}$$

- 以 CFR 价成交的完税价格

$$\text{完税价格} = \frac{\text{CFR} - \text{运费}}{1 + \text{出口税率}}$$

- 以 CIF 价成交的完税价格

$$\text{完税价格} = \frac{\text{CIF} - \text{运费} - \text{保险费}}{1 + \text{出口税率}}$$

- 以 CIFC 成交的完税价格

$$完税价格=\frac{CIFC价-保险费-运费-佣金}{1+出口税率}$$

（3）出口关税计算案例

国内某企业从广州出口一批高精度球墨铁棒到新加坡，申报出口量 66 吨，每吨价格为 FOB 广州 1 727 美元。已知外汇折算汇率 1 美元=人民币 6.40 元，出口税率为 20%。

出口关税计算如下。

确定货物的完税价格：货物的离岸价 FOB=66 × 1 727=113 982 美元

根据汇率适用原则将外币计算为人民币：113 982 × 6.4=729 484.80 元

按照公式计算应该征收的税款：

出口关税税额= 离岸价格 ÷（1+出口关税税率）× 出口关税税率=729 484.80 ÷（1+20%）× 20%=121 580.80（元）

11.3.2　进口环节税

进口环节税指进口货物、物品海关放行后，进入国内流通领域，应征国内税。由海关环节征收的国内税：增值税、消费税、船舶吨税。

1．增值税

增值税是以商品的生产、流通和劳务服务各个环节所创造的新增价值为课税对象的一种流转税。

增值税的征收范围：我国境内销售货物（销售不动产或免征的除外）、进口货物和提供加工、修理、修配劳务的单位或个人。

增值税的计算公式如下。

应纳增值税税额=增值税组成价格 × 增值税税率

增值税计税组成价格=进口关税完税价格+进口关税税额+消费税税额

增值税税率有 13%、9%、6%和 0%四档，具体如下表所示。

13%	销售或者进口的一般货物、加工、修理修配劳务服务。
9%	农产品、食用植物油、食用盐；自来水、暖气、冷气、热水、煤气、石油液化气、天然气、二甲醛、沼气、居民用煤炭制品；图书、报纸、杂志、音像制品、电子出版物；饲料、化肥、农药、农膜； 不定产租赁服务、建筑服务、交通运输服务、邮政服务、基础电信服务； 销售不动产、销售土地使用权。
6%	增值电信服务、现代服务（除租赁服务外）、金融服务、生活服务、销售无形资产（除土地使用权外）
0%	境内单位和个人跨境销售国务院规定范围内的服务、无形资产。

2. 消费税

消费税是以消费品或消费行为的流转额作为课税对象而征收的一种流转税。

消费税的计算公式如下。

- 从价征收公式：

应纳税额=组成计税价格×消费税税率

消费税组成计税价格=（完税价格+关税税额）÷（1–消费税税率）

- 从量征收公式：

应纳税额=应征消费税消费品数量×消费税单位税额

- 从价+从量征收公式：

应纳税额=应征消费品数量×消费税单位税额+组成计税价格×消费税税率

【案例】：某公司进口一批货物，到案价折人民币 9 500 元，关税税率 10%，增值税税率为 13%，该批货物应征消费税税率 10%。求消费税和增值税是　　多少？

消费税和增值税的计算如下。

关税：9 500 × 10% = 950（元）

消费税：（9 500 + 950）÷（1 − 10%）× 10%=9 605.56（元）

增值税：（9 500+950+9 605.56）× 13%=2 607.22（元）

3. 船舶吨税

船舶吨税是海关代为对进出中国港口的国际航行船舶征收的一种税。其征收税款主要用于港口建设维护及海上干线公用航标的建设维护。

（1）船舶吨税征税对象

船舶吨税的纳税人为拥有或租有进出中国港口的国际航行船舶的单位和个人。船舶吨税的征税对象是行驶于中国港口的中外船舶，具体包括：

- 中国港口行驶的外国籍船舶。
- 商租用的中国籍船舶。
- 中外合营的海运企业自有或租用的中、外籍船舶。
- 中国租用（包括国外华商所有的和租用的）航行国外及兼营国内沿海贸易的外国籍船舶。

（2）船舶吨税的征税计算

船舶吨税的征税计算公式如下。

船舶吨税=净吨位×船舶吨税税率（元/净吨）

净吨位=船舶的有效容积×吨/立方米

船舶吨税税目税率表如下。

税　目（按船舶净吨位划分）	税　率（元/净吨）						备　注
	普通税率（按执照期限划分）			优惠税率（按执照期限划分）			
	1 年	90 日	30 日	1 年	90 日	30 日	
≤2 000 净吨	12.6	4.2	2.1	9.0	3.0	1.5	拖船和非机动驳船分别按相同净吨位船舶税率的 50% 计征税款
2 000＜净吨≤10 000	24.0	8.0	4.0	17.4	5.8	2.9	
10 000＜净吨≤50 000	27.6	9.2	4.6	19.8	6.6	3.3	
＞50 000 净吨	31.8	10.6	5.3	22.8	7.6	3.8	

11.3.3　滞纳金和滞报金

滞纳金是指针对不按海关规定纳税期限缴纳税款的货物货品，按滞纳天数加收滞纳款项一定比例的金额。

滞纳金的计算公式如下。

关税滞纳金金额=滞纳关税税额×0.5‰×滞纳天数

滞纳天数按自缴纳期限（海关填发缴款书之日起 15 日内）届满次日起，至进出口货物的纳税义务人缴纳税费之日止。

根据《海关法》的有关规定，进口货物自运输工具申报进境之日起 14 日内，应当向海关申报。滞报金是由于进口货物收货人或其代理人超过法定期限向海关报关而产生的一种行政罚款。

征收滞报金的计算公式如下。

滞报金=进口货物完税价格×0.5‰×滞报天数

滞报金的起征日期为运输工具申报进境之日起第 15 日。

11.4　报关单填制

进出口货物的收发人或其代理人向海关办理进出口手续时，在货物进出口时填写进出口货物报关单或出口货物报关单，能否正确填制报关单将直接影响报关率、企业的经济利益和海关监管的各个工作环节。因此，正确填制报关单是海关对报关企业和报关员的基本要求，也是报关员必须履行的义务。

进口货物报关单的样本如下。

中华人民共和国进口货物报关单

预录入编号　　　　　　　　　　　　　　　　　　　　海关编号

进口口岸 黄埔海关新港办 5202	备案号 B52028001153	进口日期 2008/07/16	申报日期 2008/07/16	
经营单位 ABC（广州）有限公司 440124XXXX	运输方式 江海运输	运输工具名称 穗德航 30/4Y0708	提运单号 SG40746	
收货单位 440124XXXX	贸易方式 来料加工	征免性质 来料加工	征税比例	
许可证号	起运国（地区） 中国香港	装货港 香港	境内目的地 广州经济开发区	
批准文号	成交方式 CFR	运费	保费 0.27	杂费
合同协议号 ABC-001	件数 16	包装种类 卷	毛重（千克） 16362	净重（千克） 16314
集装箱号 TEXU2263978/20/2280	随附单据 A442100104064457	用途 加工返销		

标记唛码和备注：

N/M

项号	商品编号	商品名称、规格型号	数量及单位	原产国（地区）	单价	总价	币制	征免
0113	48101300.10	韩国铜版纸"HI-QBRAND" ART PAPER 039-44	16314 千克	韩国	0.8040	13 116.45	USD	全免

税费征收情况

录入员　　录入单位	兹声明以上申报无讹并承担法律责任	海关审单批注及放行日期（签章）
报关员	申报单位(签章)	征税　　审价
单位地址		查验　　放行
邮编　　电话　　填制日期		

出口货物报关单的样本如下。

中华人民共和国海关出口货物报关单

预录入编号： 海关编号：

出口口岸 5301	备案号		出口日期	申报日期
经营单位 潍坊市三田科技有限公司 3707966114	运输方式	运输工具名称 汽车运输		提运单号
收货单位 潍坊市三田科技有限公司 3707966114	贸易方式 0110		征免性质 101	结汇方式 T/T
许可证号	运抵国（地区）阿联酋		指运港	境内货源 37073
批准文号 814541002	成交方式 FOB	运费	保费	杂费
合同协议号 STE110701	件 51	包装种类	毛重（公斤）351	净重（公斤）325
集装箱号	随附单据			用途

标记唛码及备注 品牌 Microsim®
型号：1.MIC-BTH45
2.MIC-BTH160MP

项号	商品编号	商品名称、规格型号	数量及单位	最终目的国	单价	总价	币制	征免
1，	8518301000	蓝牙耳机 MIC-BTH45	2000PCS/	阿联酋	3.75	7500	美金	照章征税
2，	8518301000	蓝牙耳机 MIC-BTH160MP	1000PCS/	阿联酋	6.5	6500	美金	照章征税

税费征收情况

录入员 录入单位	兹声明以上申报无讹并承担法律责任	海关审单批注及放行日期（签章）
报关员	申报单位（签章）	审单 审价
单位地址		征税 统计
		查验 放行
邮编 电话	填制日期	

1. 预录入编号

本栏目无须填报，报关单申报后系统自动返填。为报关单编号的后 9 位。

2. 海关编号

报关单海关编号为 18 位数字，其中第 1～4 位为接受申报海关的编号（关区代码表中相应海关代码），第 5～8 位为海关接受申报的公历年份，第 9 位为进出口标志（“1”为进口，“0”为出口），后 9 位为顺序编号。

3. 进口口岸/出口口岸

进口口岸：货物进入我国关境第一口岸海关的名称。

出口口岸：货物运离我国关境前最后一个口岸海关的名称。

- 填报的是口岸海关的名称及其代码。

- 进口转关运输货物填写进境地口岸海关的名称及代码；出口转关运输货物，填写货物出境地口岸海关的名称及代码。
- 关区代码表中只有直属海关关别及代码的，填报直属海关名称及代码，如上海海关 2200；如有隶属海关关别及代码时，填报隶属关别及代码，如浦江海关 2201。

4. 备案号

向海关办理加工贸易合同备案或征、减、免税审批备案手续时，海关给予备案审批文件的编号。

备案号长度 12 位。例 C 2302 4 300159，其中第 1 位为标记代码，第 2～5 位为关区代码，第 6 位为年份，第 7～12 位为序列号。

第 1 位标记代码的含义如下。

- B：来料加工登记手册；
- C：进料加工登记手册；
- D：外商免费提供的加工贸易不作价设备登记手册；
- F：加工贸易异地进出口分册；
- G：加工贸易深加工结转分册；
- H：出口加工区进出货物；
- Y：原产地证书；
- Z：征免税证明。

5. 进口日期/出口日期

进口日期：运载所申报货物的运输工具申报进境的日期。

出口日期：运载所申报货物的运输工具办结出境手续的日期。

本栏目应为 8 位数，如 2009 年 3 月 18 日填写为 2009.03.18 或 2009/03/18

6. 申报日期

申报日期是指海关接受进（出）口货物收、发货人或其代理人申请办理货物进（出）口手续的日期。

提示：进口货物申报日期一般不得早于进口日期。出口货物申报日期一般不得晚于出口日期。

7. 经营单位

经营单位是指已在海关注册登记，对外签订并执行进出口贸易合同的中国境内企业或单位。

填报方法：填报经营单位的中文名称及代码，如舟山海洋渔业公司 3309 9 1 3303。

经营单位的编码一般为十位数（如 4401 3 4 1230）

第一、二位数表示企业所在地的省。

第三、四位数表示为省辖市，包括省会、沿海开放城市。

第五位数为经济区划代码，其中“1”表经济特区；“2”表经济技术开发区；“3”表高新技术开发区；“4”表保税区；“9”表其他。

第六位数为企业性质代码，其中“1”表示国有企业；“2”表示中外合作企业；“3”表示中外合资企业；“4”表示外商独资企业；“5”表示有进出口经营权的集体企业；“6”表示有进出口经营权的私营企业；“8”表示有报关权而无进出口经营权的企业，如经海关批准有报关权的专业报关行、国际货代和船代公司；“9”表其他。

第七至十位数为顺序代码。

提示：

合同的签订者与执行者不是同一企业的，经营单位应按执行合同的企业填报。

援助、赠送、捐赠的货物，经营单位为直接接收货物的单位。

境外企业不得作为经营单位填报，对于委托我驻港澳机构成交的货物，国内委托人为经营单位。

外商投资企业委托外贸企业进口投资设备、物品的，经营单位填报外商投资企业，并在备注栏注明“委托××公司进口”。

没有进出口经营权的企业委托有进出口经营权的企业代理进出口的，经营单位填报代理方中文名称及代码。

8．运输方式

江海运输代码为 2、铁路运输为 3、公路运输为 4、航空运输 5。

9．运输工具名称

江海运输：填写船名及船次，如 ABCD/123。

提示：不要将船名翻译为中文，一份报关单只能填报一个运输工具名称。

航空运输：填报航班号。

注：CZ 为南方航空；CA 为国际航空；NU 为东方航空；例如，CZ0225。

10. 提运单号

江海运输：填报进口提单号，一份报关单只允许填报一个提运单号。

铁路运输：填报运单号。

航空运输：有分运单填报分运单号（MAWB），无分运单填报总运单号(HAWB)。

11. 收货单位/发货单位

收货单位：是指自行从境外进口货物的单位，以及委托有外贸经营权的企业进口货物的单位。

发货单位：是指自行出口货物的单位，以及委托有外贸经营权的企业出口的货物的单位。

填报时须填报其经营单位编码或加工生产企业编号，或填报其中文名称。

例如，中国煤炭进出口公司收购山西省五矿公司在大同煤矿开采的煤，经河北唐山京唐港出口，则在出口报关单上填写的发货单位为大同煤矿。

12. 贸易方式（海关监管方式）

常见的贸易方式有：一般贸易（代码为 0110）、来料加工（代码为 0214）、进料加工（代码为 0615）、合资合作设备（代码为 2025）、外资设备物品（代码为 2225）。

13. 征免性质

海关对进出口货物实施的征、减、免税管理的性质类别。

免征共有 35 种，常见的有：一般征税（代码为 101）、加工设备（代码为 501）、来料加工（代码为 502）、进料加工（代码为 503）、中外合资（代码为 601）、中外合作（代码为 602）、外资企业（代码为 603）、鼓励项目（代码为 789）。

14. 征税比例/结汇方式（见下表）

代码	结汇方式	缩写
1	信汇	M/T
2	电汇	T/T
3	票汇	D/D
4	付款交单	D/P
5	承兑交单	D/A
6	信用证	L/C

15．许可证号

许可号的填写格式：如 09－AA－101406

第 1、2 位代表年份，第 3、4 位代表发证机关（AA 代表部级发证，AB、AC 代表特派员办事处发证，01、02 等代表地方发证），后 6 位为顺序号。

提示：此处填报的是“许可证”而非“许可证件”的编号。

16．起运国/运抵国

起运国是指进口货物起始发出的国家（地区），运抵国是指直接运抵的国家（地区），一般是货物所在国。

参考原始单据中的装货港和指运港（shipped from … to …）。无实际进出境的货物，本栏目填报“中国（142）”。

对发生运输中转的货物，如中转地未发生任何商业性交易，则起运地不变；如中转地发生商业性交易，则以中转地作为起运国。例如，中国购自澳大利亚的产品，若直接运至中国，起运国为澳大利亚；若途经新加坡转运至内地，因在新加坡未发生买卖行为，起运国仍为澳大利亚；若在中转地新加坡产生了买卖行为，则起运国应为新加坡。

17．装货港/指运港

装货港（Port of Loading/shipment）：进出口货物在运抵我国关境前的最后一个装运港。填报与是否发生商业性交易无关。

指运港（Port of Destination）：出口货物运往境外的最终目的港。填报不受运输中转的影响。

填报要求：中文名称。

最终目的港不可预知的，按尽可能预知的目的港填报。无实际进出境的货物，装货港或指运港填报“中国境内”。

18．境内目的地/境内货源地

境内目的地：指已知的进口货物在国内的消费、使用地或最终运抵地。

境内货源地：出口货物生产厂家或发货单位所属国内地区。

填报国内地区名称或者代码。境内目的地、货源地，必须精确到区，如北京市西城区。

19．批准文号

此栏目填写外汇管制的核销单号。

20．成交方式

主要有 CIF（1）、CFR（2）、FOB（3）等。无实际进出境的，进口填报 CIF，出口填报 FOB。

成交方式一般在发票中体现，如发票显示贸易术语为 CIP、FCA，本栏目应填报 CIF 或 FOB。

21．运费

运费标记：“1”表示运费率、“2”表示每吨货物的运费单价，“3”表示运费总价。例如：5%的运费率填为“5”，24 美元的运费单价填报为“502/24/2”，7 000 美元的运费总价填报为“502/7000/3”。

提示： 502 是美元的币制代码、142 是人民币的币制代码。

22．保费

“1”表示保险费率、“3”表示保险费总价。

例如：0.3%的保险费率填报为 0.3，10 000 港元的保险费总价填报为 110/10000/3。

23．杂费

杂费是指成交价格以外的，应计入或应扣除的费用，如手续费、佣金、回扣等，它有正负之分。

杂费标记：“1”表示杂费率，“3”表示杂费总价。

例：应计入完税价格的填为正值，如应计入完税价格的 500 英镑杂费总价填为“303/500/3”。

应从完税价格中扣除的填为负值，如应从完税价格中扣除的 1%的回扣率为“-1”。

成交方式、运费、保险费填报与否的对应关系如下表所示。

	成交方式	运费	保费
进口	CIF	不填	不填
	C&F	不填	填
	FOB	填	填
出口	FOB	不填	不填
	C&F	填	不填
	CIF	填	填

24．合同协议号

应填报进口货物合同协议的全部字头和号码，在发票等原始单据中以 Contract No.、S/N、P/O、Order No 来表示。

25．件数

填有外包装的实际件数，而不是内包装件数、包装件数一般以 Paking list 上内容为准。

（1）本栏目不可能为“0”，裸装货物填报为“1”。

例如：某进出口公司向某国出口 500 吨散装小麦，该批小麦分装在一条船的三个船舱内，则“件数”为“1”（因是裸装货物），包装种类为“散装”。

（2）舱单件数为托盘的，填报托盘数。

26．包装种类

应填进口货物的实际外包装种类，如木箱、纸箱、铁桶、散装、件、袋等。

Carton（纸箱）=CTNS、Pallet（托盘）、Cases（木箱）、Bales=BLS（布包）

27．毛重 Gross Weight（G/W）

毛重是包括了包装材料的重量之和,注计量单位为千克,不足 1 千克的填为 1。

28．净重 Net Weight（N/W）

净重是除了皮重的货物实际重量，不足 1 千克的填为 1 千克。

29．集装箱号

在每个集装箱体两侧标示的全球唯一的编号。

（1）集装箱号的组成：箱主代号（3 位字母）+设备识别号“U”+顺序号（6 位数字）+校验码（1 位数字）。

例如：“TGHU8491952/20/2275 表明 20 英尺的集装箱，2 275 千克是自重。

填制：（1）非集装箱货物，应填报为“0”，不得为空。

（2）在两个集装箱情况下，第一个集装箱的编号填报在“集装箱号”栏，其余集装箱的编号按序填报在“标志唛码及备注”栏。

30．随附单据

随附单据包含基本单证、特殊单证和预备单证。

“监管证件代码 ：监管证件编号”，申报货物涉及多余一个监管证件号的，其余的填写在“备注栏”中。

常用的监管证件代码：A：进境货物通关单；B：出境货物通关单；Y：原产地证明。

31．用途/生产厂家

按货物的实际用途填写，如“外贸自营内销”、“企业自用”、“加工返销”等。

生产厂家指出口货物的境内生产企业。

32．标记唛头及备注

写标记唛头时，是除掉图形以外的文字、数字。备注栏内可写集装箱号、外商投资企业委托的企业名称、随附单据等。

33．项号

本栏目分为两行填报和打印，第一行填报关单中的商品排列序号，如只有一种商品，则为“01”，若有两种商品，则第二种商品便填为“02”；第二行专用于加工贸易等已经备案的货物，填报和打印该项货物在《登记手册》中的项号。

34．商品编号

按海关规定的商品分类编码规则确定进口货物的商品编号。

35．商品名称、规格型号

第一行填报商品名称，一般写中文；第二行填报商品的规格，注意要准确。

36．数量及单位

本栏目分三行填报及打印：第一行填海关法定第一计量单位和数量，如弹力丝 103 千克。

第二行填海关列明有法定第二计量单位的，如没有本栏为空。如计量单位为米/千克，则第一行填“米”，第二行填“千克”。

第三行填成交计量单位。成交计量单位与海关法定计量单位不一致时，这时就需填成交计量单位及数量，并需要将其换算成法定计量单位的数量。若两者一致时，本栏为空。

数量与计量单位的各种填报如下表所示。

计量单位采用	填制要求		
	第一行	第二行	第三行
成交与法定一致	法定计量单位及数量	空	空
成交与法定一致且有第二计量单位	法定第一计量单位及数量	法定第二计量单位及数量	空
成交与法定不一致	法定计量单位及数量	空	成交计量单位及数量
成交与法定不一致且有第二计量单位	法定第一计量单位及数量	法定第二计量单位及数量	成交量单位及数量

37．原产国/最终目的国（地区）

原产国：是指进口货物的生产、开采或加工制造国家或地区。

最终目的国：是指已知的出口货物的最终实际消费的国家，如经过第三国转运，以最后运抵国为最终目的国。

38．单价（unit price）

本栏目应填报进口货物实际成交的商品单位价格，填报到小数点后第 4 位。

39．总价(amount)

本栏目应填报进口货物实际成交的商品总价。

40．币制

一般在发票的单、总价中体现。

41．征免

海关对进出口货物依照法定税率进行征税、减税、免税等实际操作方式。

征免的种类有："照章"、"折半"、"全免"、"保证金"和"保函"等，如下表所示。

贸易方式	征免性质	用途	征免	备案凭证首位
一般贸易	一般征税	外贸自营内销	照章	
		其他内销		
	科教用品	企业自用	全免	Z
	鼓励项目			
	自有资金			
来料加工	来料加工	加工返销	全免	B
进料加工	进料加工			C
合资合作设备	中外合资（合作）	企业自用	全免	Z
	鼓励项目			

续表

贸易方式	征免性质	用途	征免	备案凭证首位
外资设备物品	外资企业	企业自用	全免	Z
	鼓励项目			
不作价设备	加工设备	企业自用	全免	D
作价加工贸易设备	一般征税	企业自用	照章	

第12章

进行国际货物运输保险

在国际贸易中，货物的交接要经过长途运输、装卸和存储等环节，遇到各种风险而遭受损失的可能性比较大。为了在货物遭受损失时能得到经济补偿，就须办理货物运输保险。

12.1 CIC 我国海运货物保险条款

在海运货物保险中，都要明确承保责任的范围和保险的险别，这是保险人和被保险人履行权利和义务的依据。在办理货物运输保险时，当事人应根据货物的性质、包装情况、运输方式及自然气候等因素全面考虑，合理选择。

12.1.1 风险、费用和损失

在海运货物保险中，保险人的承包范围包括可保障的奉献、可补偿的损失和可为保险公司承担的费用三个方面。

1. 风险

海上货物运输保险中的风险可按下图进行分类。

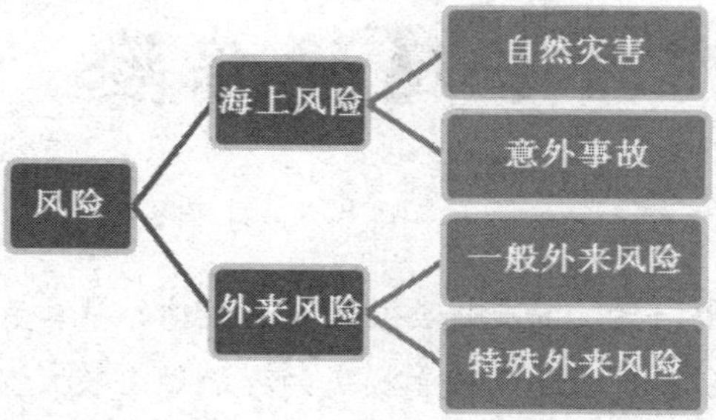

（1）海上风险（Perils of the Sea）

海上风险又称为海难，是指船舶或货物在海上运输过程中所遇到的自然灾害和意外事故。

自然灾害（Natural Calamities）：是指不以人的意志为转移的自然界的力量所引起的灾害，如恶劣气候、雷电、地震、海啸、火山爆发、洪水等。

意外事故（Fortuitous Accident）：是指人或物体遭受到外来的突然的、非意料中的事故，如船舶搁浅、触礁、沉没、碰撞，以及火灾、爆炸等。

（2）外来风险（Extraneous Risks）

外来风险可分为一般外来风险和特殊外来风险两类。

一般外来风险是指由于一般外来原因所造成的风险，主要包括：偷窃、渗漏、短量、碰损、钩损、生锈、雨淋、受热、受潮等。

特殊外来风险是指战争、种族冲突或一国的军事、政治、国家政策法令和行政措施等的变化，如战争、罢工、交货不到、被拒绝进口或没收等。

2. 损失

在海洋运输货物保险业务中，海上损失可按下图进行分类。

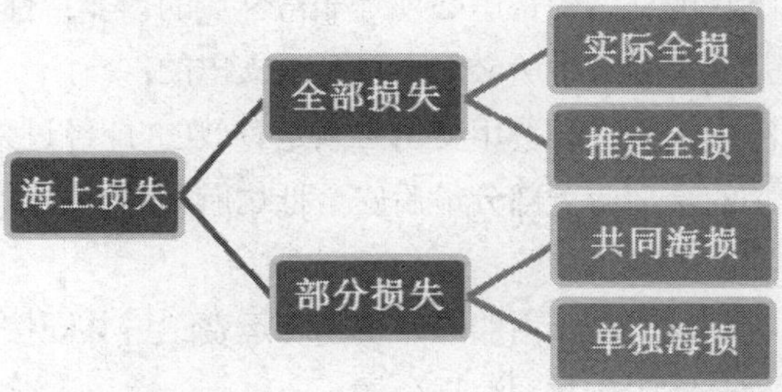

（1）全部损失（Total Loss）

全部损失简称全损，是指运输途中的整批货物或不可分割的一批货物的全部损失。全损有实际全损（Actual Total Loss）和推定全损（Constructive Total Loss）之分。

实际全损是指被保险货物的实体已经完全灭失；被保险货物遭到了严重损失，已失去原有用途和价值；被保险人对保险货物的所有权已无可挽回地被完全剥夺；载货船舶失踪达到一定时期仍无音信。

推定全损是指货物在海上运输途中遭遇承保风险后，虽未达到完全灭失的状态，但是进行施救、整理和恢复原状所需的费用，或者再加上续运至目的地的费用总和估计要超过货物在目的地的完好状态的价值。在这种情况下，被保险人可以要求保险人按部分损失赔偿，也可要求按全损赔偿。如果要求按全损赔付，被保险人必须向保险人发出委付通知。所谓委付（Abandonment）是指被保险人表示愿意将保险标的物的全部权利和义务转移给保险人，并要求保险人按全损赔偿的行为。委付必须经保险人同意接受后才能生效。

（2）部分损失（Partial Loss）

部分损失是指被保险货物的损失没有达到全部损失的程度。部分损失又可分为共同海损（General Average）与单独海损 （Particular Average）。

共同海损是指载货舱舶在海运途中遇到危及船、货的共同危险、船方为了维护船舶和货物的共同安全或使航程得以继续完成，有意的并且合理的做出了某些特殊牺牲或支出的特殊费用。

共同海损的成立应具备以下条件。

- 船方在采取措施时，必须确有危及船、货共同安全的危险存在，不能主观臆测可能有危险发生而采取措施；

- 船方所采取的措施必须是有意的、合理的。有意的是指共同海损的发生必须是人为的、有意识行为的结果，而不是一种意外的损失；
- 所作出的牺牲或支出的费用必须是非常性质的。非常性质是指这种牺牲或费用不是通常业务中所必然会遇到或支出的；
- 构成共同海损的牺牲和费用支出必须是有效的。即经过采取某种措施后，船舶和货物的全部或一部分最后安全抵达航程的终点港或目的港，避免了船货的同归于尽。

共同海损牺牲和费用应该由船舶、货物和运费三方共同按最后获救的价值的比例分摊，这种分摊叫作共同海损分摊。

单独海损：是指货物受损后，未达到全损程度，而且是单独一方的利益受损并只能由该利益所有者单独负担的一种部分损失。

3．费用

保险人承担的费用是指保险标的发生保险事故后，为减少货物的实际损失而支出的合理费用。包括以下两种。

施救费用：是指在遭遇保险责任范围内的灾害事故时，被保险人或其代理人、雇佣人员和保险单证受让人等为抢救保险标的物，以防止其损失扩大所采取的措施而支出的费用。

救助费用：是指保险标的物遇到上述灾害事故时，由保险人和被保险人以外的第三者采取救助行为而向其支付的报酬。

12.1.2　我国海运货物保险条款及险别

中国人民保险公司制订的“中国保险条款”（China Insurance Clauses，简称 CIC），将海运货物保险险别分为基本险和附加险两类。

1．基本险

海运货物保险的基本险别分为平安险、水渍险和一切险三种。

（1）平安险（Free from Particular Average，FPA）

平安险的承保责任范围包括：由于自然灾害和意外事故所导致的货物的全部损失；由于运输工具遭受意外事故造成货物的全部或部分损失；在运输工具已经发生意外事故的情况下，货物在此前后又在海上遭受自然灾害所造成的部分损失；在装卸或转运时由于一件或数件整件货物落海造成的全部或部分损失；共同海损的牺牲、分摊及救助费用、施救费用等。

（2）水渍险（with Average 或 with Particular Average，WA 或 WPA）

水渍险的承保责任范围除包括：上述平安险的各项责任外，保险人还负责被保险货物由于恶劣气候、雷电、海啸、地震、洪水等自然灾害所造成的部分损失。

（3）一切险（All Risks）

一切险承保责任范围除包括：水渍险的各项承保责任外，保险人还负责被保险货物在运输途中由于一般外来风险所致的全部或部分损失。

在上述 3 种基本险中，保险条款还规定了除外责任。所谓除外责任（Exclusion）是指保险公司明确规定不予承保的损失和费用。我国《海运货物保险条款》对除外责任的规定主要包括：

- 被保险人的故意行为或过失造成的损失；
- 属于发货人责任引起的损失；
- 保险责任开始前，被保险货物已存在的品质不良或数量短差所造成的损失；
- 被保险货物的自然损耗、本质缺陷、特性及市价跌落、运输延迟所造成的损失或费用；
- 战争险和罢工险的责任范围和除外责任。

2．附加险

附加险是对基本险的补充和扩大。附加险承保的是除自然灾害和意外事故以外的各种外来原因所造成的损失。附加险只能在投保某一种基本险的基础上才可加保。《中国保险条款》中的附加险有一般附加险和特殊附加险之分。

（1）一般附加险（General Additional Risk）

一般附加险有下列 11 种险别。

- 偷窃、提货不着险（Theft，Pilferage and Non-delivery Risk，T. P. N. D. ）；
- 淡水雨淋险（Fresh Water and Rain Damage Risk，F．W．R．D．）；
- 渗漏险（Leakage Risk）；
- 短量险（Shortage Risk）；
- 混杂、污染险（Intermixture and Contamination Risk）；
- 碰损、破碎险（Clash and Breakage Risk）；
- 串味险（Taint of Odour Risk）；
- 受潮受热险（Sweat and Heating Risk）；
- 钩损险（Hook Damage Risk）；
- 包装破裂险（Breakage of Packing Risk）；

● 锈损险（Rust Risk）。

（2）特殊附加险（Special Additional Risk）

特殊附加险主要有战争险（War Risk）、罢工险（Strikes Risk）。此外还有进口关税险（Import Duty Risk）；舱面险（On Deck Risk）；黄曲霉素险（Aflatoxin Risk）；拒收险（Rejection Risk）；交货不到险（Failure to Deliver Risk）；出口货物到香港（包括九龙在内）或澳门存仓火险责任扩展条款（Fire Risk Extension Clause For Storage of Cargo at Destination HongKong,Inc1uding Kowloon，or Macao，简称 F．R．E．C）等。

提示：战争险保险责任的起讫采用的是保险人只负责水面风险的原则，即从货物装上海轮或驳船时开始至货物运抵目的港卸离海轮为止。如果不卸离海轮，则以货物到达目的港当日午夜起 15 天为限。

12.2 我国陆、空、邮政运输货物保险条款

我国陆、空、邮政运输货物保险是在海运货物保险的基础上发展起来的，但与海运货物保险的险别又有所不同。

1．我国陆上运输货物保险条款与险别

我国《陆上运输货物保险条款》规定，陆上运输货物保险的基本险别分为陆运险（Overland Transportation Risk）和陆运一切险（Overland Transportation All Risks）两种。陆运险的承保责任范围与海洋运输货物保险条款中的“水渍险”相似。陆运一切险的承保责任范围与海上运输货物保险条款中的“一切险”相似。保险公司除承担上述陆运险的赔偿责任外，还负责保险货物在运输途中由于一般外来原因所造成的全部或部分损失。以上责任范围均适用于火车和汽车运输，并以此为限。

陆上运输货物险的责任起讫也采用“仓至仓”责任条款。陆上运输货物险的索赔时效为：从被保险货物在最后目的地车站全部卸离车辆后起算，最多不超过两年。

此外，还有适用于陆运冷藏货物的专门保险：陆上运输冷藏货物险（也属基本险性质），以及陆上运输货物战争险（火车）等附加险。

2．我国航空运输货物保险条款与险别

我国《航空运输货物保险条款》规定：航空运输货物保险分为航空运输险

（Air Transportation Risks）和航空运输一切险 （Air Transportation All Risks）两种基本险别。航空运输险的承保责任范围与海洋货物运输保险条款中的“水渍险”相似；航空运输一切险的承保责任范围与海洋运输保险条款中的“一切险”相似，除包括航空运输险的各项责任外，还包括被保险货物由于一般外来原因所造成的全部或部分损失。

航空货物运输保险责任起讫期限也采用“仓至仓”条款，所不同的是如果货物运达保险单所载明的目的地而未运抵保险单所载明收货人仓库或储存处所，则以被保险货物在最后卸载地卸离飞机后满 30 天保险责任即告终止。

此外，还有航空运输货物战争险、罢工险等附加险。

3．我国邮政包裹运输保险条款与险别

我国《邮包保险条款》规定：邮包保险分为邮包险（Parcel Post Risks）和邮包一切险（Parcel Post All Risks）两种基本险别。

邮包保险的责任起讫期限是从邮包离开保险单所载起运地寄件人处所运往邮局开始，直至被保险邮包运达保险单所载明的目的地邮局，自邮局签发到货通知书当日午夜起算满 15 天终止，但在此期限内邮包一经递交至收件人的处所时，保险责任即告终止。

此外还有邮包战争险、罢工险等附加险。

12.3　ICC 伦敦保险协会海运货物保险条款

英国伦敦保险协会制订的《协会货物条款》（Institute Cargo Clauses，ICC）是对世界各国保险业影响最大，应用最为广泛的保险条款。

1．伦敦保险协会海运货物保险条款的主要内容

ICC 条款共有以下 6 种险别。

（1）协会货物（A）险条款，即 ICC（A）；

（2）协会货物（B）险条款，即 ICC（B）；

（3）协会货物（C）险条款，即 ICC（C）；

（4）协会货物战争险条款（Institute War Clauses Cargo）；

（5）协会货物罢工险条款（Institute Strike Clauses Cargo）；

（6）恶意损害险条款（Malicious Damage Clause）。

上述 6 种险别中（A）险、（B）险、（C）险属于基本险，其他属于附加险。除恶意损害险外，前五种险别可以单独投保。在 ICC 条款中，上述前五种险别均按条款的性质统一划分为八项主要内容，即：承保范围、险外责任、保险期限、索赔、保险利益、减少损失、防止延迟和法律与惯例。

ICC 条款的特点主要表现在以下几个方面。

- ICC 条款的战争险和罢工险在需要时能单独投保。
- ICC 条款的各种险别取消了按全部损失与部分损失区分险别的规定。
- ICC 条款的各种险别赔偿时不计免赔率。
- ICC 条款规定的保单是一种空白格式的保险单，其内容简洁、明确，不包括保险条件，也取消了附注。
- ICC 条款增加了可保利益条款、续运费条款、增值条款、放弃条款和法律与惯例条款 5 个条款。

2. 伦敦保险协会海运货物保险条款中的主要险别

（1）ICC（A）险的承保责任范围与除外责任

ICC（A）险的承保责任范围：ICC（A）险的承保范围较广，采用“一切风险减除外责任”的方式，即除了 “除外责任”项下所列的风险保险人不予负责外，其他风险均予负责。

ICC（A）险的除外责任

- 一般除外责任。如因包装或准备不足或不当所造成的损失；使用原子或热核武器所造成的损失和费用。
- 不适航、不适货除外责任。主要是指被保险人在被保险货物装船时已知船舶不适航，以及船舶、运输工具、集装箱等不适货。
- 战争除外责任。
- 罢工除外责任。

（2）ICC（B）、ICC（C）险的承保责任范围与除外责任

ICC（B）、ICC（C）险的承保范围采用除外责任之外“列明风险”的方式，即把其承保的风险意一一列举出来。ICC（B）险的除外责任包括 ICC（A）险的除外责任以外，ICC 保险人对“海盗行为”与“恶意损害险”不负责。ICC（C）险的除外责任与 ICC（B）险的除外责任完全相同。

ICC（A）、ICC（B）、ICC（C）险的承保范围类似于我国海洋货物运输中的“一切险”、“水渍险”和“平安险”不同之处在于：

- 海盗行为所造成的损失 ICC（A）险的承保责任范围，而在一切险中是除外责任；
- ICC（A）险包括恶意损害险，而一切险中不包括此种险；

- ICC（B）、ICC（C）险改变了水渍险与平安险对承保范围中某些风险不明确的弊病，采取“列明风险”的办法，即把承保风险和损失一一列明。

ICC（A）险、ICC（B）险、ICC（C）险条款的责任起讫也采用“仓至仓”条款，但比我国条款规定更为详细。

12.4 国际货物买卖合同中的保险条款

1. 国际货物买卖合同中的保险条款内容

保险条款是国际货物买卖合同的重要组成部分之一，它涉及买卖双方的利益。一般来说，保险条款所涉及的内容有保险金额、投保险别、保险费、保险单证和保险适用条款等。

保险金额（Amount Insured）是指保险公司可能赔偿的最高金额，习惯上按发票金额加一成（10%）预期利润和业务费用；

保险金额的计算公式为：

保险金额=CIF 价格×（1+投保加成率）

投保人交付保险费是保险合同生效的前提条件。保险费是保险公司经营保险业务的基本收入，也是保险公司所掌握的保险基金，即损失赔偿基金的主要来源。

计收保险费的公式为：

保险费=保险金额×保险费率

如按 CIF 或 CIP 价加成投保，则上述公式应改为：

保险费=CIF（或 CIP）价×（1+投保加成率）×保险费率

保险费计算

【例 1】某公司出口货物一批，报价为每公吨 200 美元 CFR 纽约，现客户要求改报 CIF 价，加一成投保一切险和战争险，一切险费率为 1%，战争险费率为 0.3%。试计算在不影响我外汇收入前提下的 CIF 报价。

解：CIF=CFR/[1－保险费率×（1+投保加成率）]=200/[1－（1%＋0.3%）×（1＋10%）]=200/0.985 7=202.90（美元）

【例 2】A 公司出口 CIF 合同规定按发票金额 110%投保一切险和战争险，如出口发票金额为 15 000 美元，一切险保险费率为 0.6%，战争险保险费率为 0.03%。试问，投保金额是多少？应付保险费是多少？

解：投保金额=CIF×（1+投保加成率）=15 000×110%=16 500（美元）

保险费=保险金额× 保险费率=16 500×（0.6%+0.03%）=103.95（美元）

2．我国国际货物运输保险实务

（1）出口货物运输保险

按CIF或CIP条件订立的出口合同，由出口方负责投保。按我国保险公司的有关规定，出口货物的投保一般需逐笔填写投保单，向保险公司提出书面申请，投保单经保险公司接受后由保险公司签发保险单。

（2）进口货物运输保险

凡按 FCA、FOB、CPT、CFR 条件订立的进口货物，由进口方负责投保。我国外贸企业为了防止漏保和延误投保，也为了简化手续，大都采用预约保险做法，即由我外贸企业与保险公司事先签订各种不同运输方式的进口预约保险合同（Open Cover），又称为预约保单（Open Policy）。按照预约保险合同规定，外贸企业无须逐笔填送投保单。在进口货物时，只需将国外客户的装运通知送交保险公司，即为办理了投保手续，保险公司对该批货物自动承担承保责任。对于不经常有货物进口的单位，也可逐笔办理投保。

（3）保险单据

保险单据是保险人与被保险人之间权利、义务的契约，是被保险人或受让人索赔和保险人理赔的依据，是进出口贸易结算的主要单据之一。在国际货物贸易中，保险单据可以背书转让。我国常用的保险单证主要有保险单、保险凭证、预约保单等。

12.5 办理保险的一般程序

在国际货物买卖过程中，由哪一方负责办理投保国际贸易运输保险，应根据买卖双方商订的价格条件来确定。例如，按FOB条件和CFR条件成交，保险即应由买方办理国际运输保险；如按CIF条件成交，保险就应由卖方办理国际运输保险。

办理国际贸易运输保险的一般程序如下。

（1）确定投保国际运输保险的金额

投保金额是诸保险费的依据，又是货物发生损失后计算赔偿的依据。按照国际惯例，投保金额应按发票上的CIF的预期利润计算。但是，各国市场情况不尽相同，对进出口贸易的管理办法也各有异。向中国人民保险公司办理进出口货物运输保险，有两种办法：一种是逐笔投保；另一种是按签订预约保险总合同办理。

（2）填写国际运输保险投保单

保险单是投保人向保险人提出投保的书面申请，其主要内容包括被保险人的姓名、被保险货物的品名、标记、数量及包装、保险金额、运输工具名称、开航日期及起讫地点、投保险别、投保日期及签章等。

（3）支付保险费，取得保险单

保险费按投保险别的保险费率计算。保险费率是根据不同的险别、不同的商品、不同的运输方式、不同的目的地，并参照国际上的费率水平而制订的。它分为“一般货物费率”和“指明货物加费费率”两种。前者是一般商品的费率，后者系指特别列明的货物（如某些易碎、易损商品）在一般费率的基础上另行加收的费率。

交付保险费后，投保人即可取得保险单（Insurance Policy）。保险单实际上已构成保险人与保险人之间的保险契约，是保险人寻保险人的承保证明。在发生保险范围内的损失或灭失时，投保人可凭保险人要求赔偿。

（4）提出索赔手续

当被保险的货物发生属于保险责任范围内的损失时，投保人可以向保险人提出赔偿要求。

被保险货物运抵目的地后，收货人如发现整件短少或有明显残损，应立即向承运人或有关方面索取货损或货差证明，并联系保险公司指定的检验理赔代理人申请检验，提出检验报告，确定损失程度；同时向承运人或有关责任方提出索赔。属于保险责任的，可填写索赔清单，连同提单副本、装箱单、保险单正本、磅码单、修理配置费凭证、第三者责任方的签证或商务记录及向第三者责任方索赔的来往函件等向保险公司索赔。索赔应当在保险有效期内提出并办理，否则保险公司可以不予办理。

12.6　保险单据

1. 保险单据的种类

（1）保险单（Insurance Policy）

保险单，俗称大保单，是使用最广泛的一种保险单据。保险单上一般须载明：当事人的名称和地址；保险标的的名称、数量或重量、唛头；运输工具；保险险别；保险责任起讫时间和地点；保险人签章；赔款偿付地点及经保险人与被保险人双方约定的其他事项等内容。保险单背面载明的保险人与被保险人之间权利和义务等方面的保险条款，也是保险单的重要内容。

（2）保险凭证（Insurance Certificate）

保险凭证俗称小保单，是一种简化的保险合同。这种凭证除背面不载明保险人和被保险人双方的权利和义务等保险条款外，其他内容与保险单相同。保险凭证与大保单具有相同的法律效力。

（3）联合凭证（Combined Certificate）

联合凭证是一种更为简化的保险单据。由保险公司在出口公司提交的发票上加上保险编号、承保险别、保险金额并加盖保险公司的印章。这种凭证曾在我国对某些特定地区的出口业务中使用，现已不再使用。

（4）批单（Endorsement）

保险单出立后，投保人如需要补充或变更其内容时，可根据保险公司的规定，向保险公司提出申请，经同意后即另出一种凭证，注明更改或补充的内容，这种凭证即称为批单（见批单样本）。保险单一经批改，保险公司即按批改后的内容承担责任。其批改内容如涉及保险金额增加和保险责任范围扩大，保险公司只有在证实货物未发生出险事故的情况下才同意办理。批单原则上须粘贴在保险单上，并加盖缝章，作为保险单不可分割的一部分。

（5）预约保险单（Open Policy）

预约保险单是一种长期性的货物运输保险合同。合同中规定了承保范围、险别、费率、责任赔款处理等项目。凡属于合同约定的运输货物，在合同有效期内自动承保。预约保单的优点是减少了逐笔签订的保险合同的手续，并可以防止因漏保或迟保而造成的无法弥补的损失。保险公司一般对使用预约保险单的投保人提供更优惠的保险费用，因而也吸引了不少投保人。

预约保险单往往与保险通知书、保险声明书（Insurance Declaration）（见样本）一起使用，如果进口商和保险公司订有长期的预约保险单，每当货物装船后，由出口方将货物装船的详细情况，包括：品名、数量、重量、金额、运输工具、运输日期及列明在信用证中的预约保单号码直接通知保险公司和进口商，并以此作为正式保险单生效的标志。出口商的书面证明（受益人证明或通知副本）将作为议付单据之一，向议付行提交。

2．保险单的缮制

以中国人民保险公司的海洋货物运输保险单的缮制方法为例，解释保险单的缮制方法。

（1）保险公司名称（Name of Insurance Company）

此栏应根据信用证和合同要求相应的保险单去办理货运保险。例如：来证中规定："Insurance Policy in Duplicate by PICC"，即信用证要求由中国人民保险公司出具保险单。

（2）保险单据名称（Name）

一般保险公司在单据正上方已印制 INSURANCE POLICY 字样。

（3）保险单号（Invoice No.）

此栏填写保险公司的保险单号码。

（4）被保险人（Insured）

在出口业务中，通常买卖双方对货物的权利凭单据的转移而转移。保险单中的可保利益（即货物）也随卖方转移给买方。因此，运输保险索赔几乎是由买方进行的。保险业务中的投保人和被保险人的区别被单据转让掩盖了，按照习惯，在被保险人一栏中一般填出口公司的名称，即信用证的收益人。

（5）标记（Marks & Nos）

此栏填制装运唛头，一般与商业发票的唛头完全一致。可以填写"AS PER INVOICE NO.×××"。

（6）包装及数量（Quantity）

本栏填写商品外包装的最大包装件数。

（7）保险货物项目（Description of Goods）

本栏填写商品的名称，可以用总称。以上 3 个栏目的填写内容与提单一致。其中货物一栏使用统称；标记可以只填"AS PER INVOICE NO.×××"，因为保险单索赔时一定要求出具发票，这样简单地填写，可使两种单据互相参照，避免填写单据时疏忽导致单单不符的严重错误；数量一栏填写最大包装的件数。

（8）保险金额（Amount Insured）

保险金额应按信用证规定的金额及加成率投保。如果信用证对此未作规定，一般是按发票金额加一成（110%发票金额）填写。但允许不按这个比例而按双方商定的比例计算而成。如允许加 2 成或 3 成甚至更多。保险单上的保险金额的填写方法应该是"进一法"，即如果保险金额为 USD18055.16，则在此栏应填写 USD18056。

（9）保险总金额（Total Amount Insured）

这一栏只需将保险金额以大写的形式填入。计价货币也应以全称形式填入。

注意保险金额使用的货币应与信用证使用的货币一致。

（10）保费（Premium）

一般这一栏都已由保险公司在保险单印刷时填入“As Arranged”字样，出口公司在填写保险单时无须填写。

（11）费率（Rate）

这一栏基本上不需要由出口公司填写。保险公司已经在该栏目中印有“As Arranged”字样。

（12）装载工具（Per Conveyance S.S）

该栏应如实填写装载船的船名。当运输由两种运输完成时，应分别填写第一程船船名和第二程船船名。填写时，要按提单中相应栏目的内容填写。如：提单的一程船名是“May Flower” 二程船名是“Shanghai”本栏目应这样填写：“May Flower / Shanghai ”。

（13）开航日期（Slg On or Abt）

一般来说，这一栏根据提单中提单签发日填，也可以填写“As Per B/L”。

（14）起讫地点（From…To…）

起点指装运港名称，讫点指目的港名称。当一批货物经转船到达目的港时，这一栏照下列方法填写：From 装运港 To 目的港 W/T（VIA）转运港。

（15）承保险别（Conditions）

出口公司在制单时，只需在副本上填写这一栏的内容。当全套保险单填好交给保险公司审核、确认时，才由保险公司把承保险别的详细内容加注在正本保险单上。

承保险别可分为两大类：基本险、附加险。中国人民保险公司承保的基本险别是：平安险（F.P.A.）、水渍险（W.A.）和一切险（ALL RISKS），在填写时，一般只需填写险别的英文缩写。同时注明险别的来源，即颁布这些险别的保险公司。例如：“PICC”指中国人民保险公司。“.C.I.C.”指中国保险条款。并标明险别生效的时间。例如：PICC 或 C.I.C.颁布的险别生效时间是 1981 年 1 月 1 日。在实际业务中，对于要求投保英国协会货物条款（ICC）的，我方一般也可接受。在填写保险单时要标出所保险的险别适用的文本名称及其日期。例如：“… as per Ocean Marine Cargo（All Risks）Clauses of The People's Insurance Company of China dated 1/1/1981.”

（16）货损检验与理赔代理人（Surveying and Claim Setting Agents）

根据中国人民保险公司《货损检验、理赔代理人名册》选择在目的港或目的港附近有关机构货损检验、理赔代理人。保险单上应注明代理人的地址，以便收货人联系查找。

（17）赔付地点（Claim payable at）

此栏应按照信用证的规定填制。一般来说，将目的地作为赔付地点，将目的地名称填入这一栏目。

（18）日期及地点（Date & Place）

日期是指填写保险单的签发日期。由于保险公司提供仓至仓服务，所以要求保险手续在货物离开出口方仓库前办理。保险单的日期相应地填写货物离开仓库的日期，或至少填写早于提单签发日的日期。保险单签发地点即办理投保所在地的地点。一般保险公司在印制保险单时即事先印妥。

（19）盖章和签字（Stamp & Signature）

此栏由签发保险单的保险公司签字盖章。

3. 保险单的背书转让

保险单是可以经背书（Endorsement）转让的单据。根据国际保险行业的习惯，保险单据经被保险人背书后，即随着被保险货物的所有权转移自动转到受让人手中。背书前后均不需要通知保险公司。因此，出口方只需在保险单上背书就完成了转让手续。

保险单背书一般分为空白背书和记名背书。空白背书只注明被保险人（包括出口公司的名称和经办人的名字）的名称。当来证没有明确使用哪一种背书时，可使用空白背书方式。记名背书在出口业务中较少使用。因为这一背书方式只允许被背书人（受让人）而限制其他任何人在被保险货物损失后享有向保险公司或其代理人索赔的权利，并得到合理的补偿。其背书方法与提单背书相似，在此不多作阐述。

12.7 保险案例

【案例 1】2015 年 2 月，中国某纺织品进出口公司与大连的海运公司签订了运输 1 000 件丝绸衫到马赛的协议，合同签订后，进出口公司又向保险公司就该批货物的运输投保了平安险 FPA，保险公司向进出口公司签发了保险单。2 月 20 日，该批货物装船完毕起航，2 月 25 日，装载该批货物的轮船在海上遇上大风暴，船体受损严重，于 2 月 26 日沉没，3 月 20 日，纺织品进出口公司向保险公司就该批货物索赔，保险公司以该批货物由自然灾害造成损失为由拒绝赔偿。

试分析：保险公司拒绝赔偿进出口公司的理由是否成立?

案例分析：

首先必须了解平安险的责任范围：平安险的英文意思为“单独海损不赔”。其责任范围主要包括如下内容。

（1）被保险货物在运输途中由于恶劣气候、雷电、海啸、地震、洪水等自然灾害造成的整批货物的全部损失或推定全损。

（2）由于运输工具遭受搁浅、触礁、沉没、互撞、与流冰或其他物体碰撞及失火、爆炸等意外事故造成货物的全部或部分损失。

（3）在运输工具已经发生搁浅、触礁、沉没、焚毁等意外事故的情况下，货物在此前后又在海上遭受恶劣气候、雷电、海啸等自然灾害所造成的部分损失。

（4）在装卸或转运时由于一件或数件整件货物落海造成的全部或部分损失。

（5）被保险人对遭受承保责任内危险的货物采取抢救、防止或减少货损的措施而支付的合理费用，但以不超过该批被救货物的保险金额为限。

（6）运输工具遭遇海难后，在避难港由于卸货所引起的损失及在中途港、避难港由于卸货、存仓及运送货物所产生的特别费用。

（7）共同海损的牺牲、分摊和救助费用。

（8）运输合同中订有“船舶互撞责任”条款，根据该条款规定应由货方偿还船方的损失。

鉴于案例所给材料判断，船体沉没应该成立全损，因此保险公司的理由不能成立!

【案例 2】中国 MTC 公司与澳大利亚 CT 公司签订了一份购买 5 万吨化肥的 FOB 合同由日本一家海上运输公司承运，装船后货船从大连港出发驶往悉尼，在航行途中货船起火，大火蔓延很快。为了船货的共同安全，船长下令立刻向船舱注水灭火。火被扑灭后，由于主机受损，无法继续航行。船长于是雇用拖轮将船拖至宁波港修理，确保安全后重新驶往悉尼港。

到达悉尼港后发现，此次意外事故造成如下损失：①1 万吨化肥被火烧毁；②2 万吨化肥因注水而被毁；③该货轮主机和部分甲板受损；④雇用拖轮费用；⑤额外增加的燃燃料和船长、船员工资。

请问：以上各项费用，哪些属于共同海损？哪些属于单独海损？

答案要点：

属于共同海损的部分包括：

（1）因注水而被毁的 2 万吨化肥；

（2）雇用拖船费用；

（3）额外增加的燃料和船长、船员工资。

属于单独海损的部分包括：

（1）被火烧毁的 1 万吨化肥；

（2）被火烧毁的主机及甲板。

解题思路：

本案涉及共同海损的认定问题。1974 年《约克——安特卫普共同海损理算规则》规则 A 规定：“只有在为了共同安全，使同一航程中的财产脱离危险，有意而合理地作出特殊牺牲或引起特殊费用时，才能构成共同海损行为。”我国海商法 193 条也有相同规定：“共同海损，是指在同一海上航程中船舶、货物和其他财产遭受共同危险，为了共同安全，有意地合理地采取措施所直接造成的特殊牺牲、支付的特殊费用。无论在航程中或在航程结束后发生的船舶或货物因迟延所造成的损失，包括船期损失和行市损失及其他间接损失，均不得列入共同海损。”不属于共同海损的部分损失即为单独海损。

【案例 3】中国甲公司为其出口阿根廷的一批货物投保了海上货物运输保险的一切险，该批货物应装于船舱内，但由于舱位紧张，该批货物的一小部分装在了舱面。船舶在驶往布宜诺斯艾利斯途中遭受了海上风险和外来风险使货物受到了部分损失，装在舱面的那一小部分货物全部损失。船长为了全船的安全在途中将部分货物抛入海中。

请问：保险人应当赔偿被保险人的损失有哪几项？

答案要点：

保险人应赔偿：

（1）装入舱内的货物由于海上风险遭受的损失；

（2）部分货物抛入海中，共同海损理算由被保险人分摊的部分；

（3）装于舱内的货物由于外来风险遭受的损失。

解题思路：

本案是关于海上货物运输保险中一切险的承保范围。一切险包括平安险，水渍险之外，还负责赔偿被保险货物在运输途中由于外来原因所致的全部或部分损失。而舱面险一般是投保了特别附加险后，保险人才负责赔偿，但是即使投保了特别附加险，对于应装于舱内的货物而装于舱面（不适货），保险公司也不负责赔偿。

12.8 附保险单据样本

中 国 人 民 保 险 公 司

THE PEOPLE'S INSURANCE COMPANY OF CHINA

总公司设于北京 Head Office:BEIJING　　一九四九年创立 Established in 1949

保 险 单　　号次

INSURANCE POLICY　　**No.SH02/304246**

中国人民保险公司（以下简称本公司）

This Policy of Insurance witnesses that The People's Insurance Company of China (hereinafter called

根据

"the Company"), at the request of ----------

（以下简称被保险人）的要求，由被保险人向本公司缴付约定

(hereinafter called "the Insured") and in consideration of the agreed premium paid to the Company by the

的保险费，按照本保险单承保险别和背面所载条款与下列

Insured, undertakes to insure the undermentioned goods in transportation subject to the conditions of this Policy

条款承保下述货物运输保险，特立本保险单。

as per the Clause printed overleaf and other special clauses attached hereon.

标　记 Marks & Nos.	包装及数量 Quantity	保险货物项目 Description of Goods	保险金额 Amount Insured
As per Invoice No.			

总保险金额：

Total Amount Insured: ----------

保　费 Premium: as arranged.　　费率 Rate as arranged.　　装载运输工具 Per conveyance S.S.--

开行日期 Slg.on or abt. As Per B/L　　自 From ....　　至 to ....

承保险别

Conditions

所保货物，如遇出险，本公司凭本保险单及其他有关证件给付赔款。

Claims, if any, payable on surrender of this Policy together with other relevant documents

所保货物，如发生本保险单项下负责赔偿的损失或事故，

In the event of accident whereby loss or damage may result in a claim under this Policy immediate notice applying

应立即通知本公司下述代理人查勘。

for survey must be given to the Company's Agent as mentioned hereunder:

赔款偿付地点

Claim payable at ....

日期　　上海　　**中国人民保险公司上海分公司**

Date----------Shanghai　　THE PEOPLE'S INSURANCE CO. OF CHINA

地址：中国上海中山东一路23号。　　SHANGHAI BRANCH

Address: 23 Zhongshan Dong Yi Lu Shanghai, China.

Cables: 42001 Shanghai.　　----------

Telex: 33128 PICCS CN　　*General Manager*

(1/1/1981)　　THE PEOPLE'S INSURANCE COMPANY OF CHINA

保险单样本

中　国　人　民　保　险　公　司

THE PEOPLE'S INSURANCE COMPANY OF CHINA

日期：　　年　月　日
Date

保　险　批　单

保险金额： Insured Amount----------------	**ENDORSEMENT**	船名： Conveyance(s)--------------
批单号次： End. No.------------------------	**保险单或凭证号次** **Policy/Certificate No.**---------	开航日期： Slg. Date------------------------
被保险人： Name of Insured---		保险费率： Rate　as arranged

保险批单样本

上海新龙股份有限公司

SHANGHAI NEW DRAGON CO. , LTD.

SHANGHAI BRANCH
27.ZHONGSHAN ROAD E.1
SHANGHAI, CHINA
TEL：8621 65342517 FAX：8621 65724743

INSURANCE DECLARATION

(SHIPPING ADVICE)

Shanghai,

Messrs.

Dear Sir,

L/C No.--

Cover Note (or Open Policy)

No.--

Under the captioned Credit and Cover Note (or Open Policy), please insure the goods as detailed in our Invoice No.

Enclosed, other particulars being given below:

Carrying Vessel's Name:

Shipment Date:

Covering risks:

Kindly forward directly to the insured your Insurance Acknowledgement.

上海新龙股份有限公司
SHANGHAI NEW DRAGON CO. , LTD.
SHANGHAI, CHINA

.........................***********.........................

保险通知书样本

第13章

制单结汇

货物装运后，出口商即应按信用证要求，整理和缮制各种单据，在信用证规定的交单期和信用证的有效期内，填写出口结汇申请书，连同全套正本单据，递交银行办理议付结汇手续。

13.1 制单

制单是进出口人按信用证、合同和其他有关要求，并根据货物的实际交易数量及运输情况，缮制各种单据的工作过程。

13.1.1 制单的操作程序

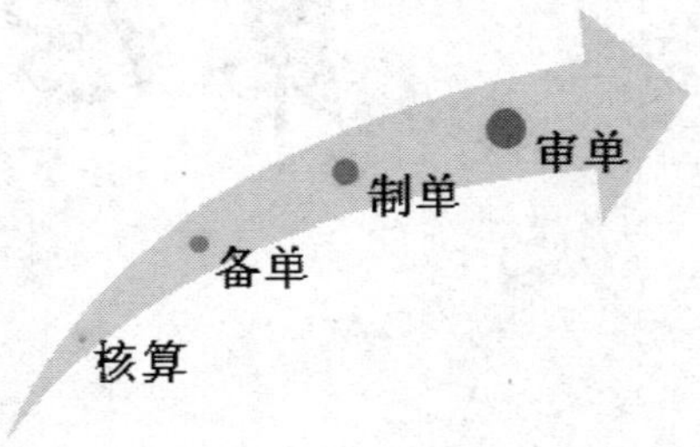

出口单据工作的操作程序分为：核算、备单、制单和审单四个步骤，这四个步骤的具体含义和操作如下。

1．核算

在制单前，须将单证中很多需要计算的数据，如货物的尺码、毛重、净重、发票的单价、总价、中间商的佣金等，逐项认真加以核算。

2．备单

根据信用证要求把本批出口货物所需要的各种空白单据，按需要的份数逐一配妥备用，既可以防止某一单据的漏制，又能提高制单工作效率。

3．制单

制单一般可先从发票和装箱单开始，因为发票记载的内容比较全面，它是一切单证的中心。发票制妥后，就可以参照发票的内容缮制其他单证。

4．审单

单据制妥后，要求制单人员自审一遍，如有差错立即更正，以保证迅速有效地向银行交单。

审单时应将审单记录表、全套单据、信用证从右向左放置在案桌上，中间的单据按汇票、商业发票、保险单、提单从上至下依次排好。

审单时常采用纵横审计法：即先将信用证（包括修改条款）从头到尾阅读

一遍，每涉及一种单据，立即与那一种单据核对，以达到单证一致（横审）。审完的单据反转放置在桌子中间未审单据前面，待全套单据审完，未被审完的单据即为多余的单据予以剔除。横审完毕后，再以发票为中心，与其他单据挨个核对，特别注意各单据签发日期的合理性及共有项目的一致性，确保“单单一致”（纵审）。审核过程中，每发现一个不符点，应立即记录在审单记录表上，并在记录文字后面写上“改”、“加”、“补”等字。待改妥单据后，在这些字上画圈表示不再有此不符点。当全部字画圈后，单据全部改妥相符，就可以交单议付了。

13.1.2　制单的基本要求

制单的基本要求就是单证一致、单单一致、单货一致，以及及时缮制单据。

1. 单证一致

单证一致是指单据要和信用证要求的一致。即要求信用证的条款必须在单据上体现，信用证的要求必须在单据上已经照办。

（1）开证行开证后信用证条款没有修改，则应按信用证条款制单。其内容如下。

- 同一商品品名，不同信用证会有不同的翻译方法，制单时须按信用证的规定填写。
- 对信用证规定的商品品名制单时应全文照写，不应随意增加或删减字符（尤其是在制发票时，名称应严格相符）。
- 在包装规格上，不可随意折算改称。
- 卖方出具的各种单据的名称、份数、出证机关、特殊语句等均应与信用证一致。

（2）开证行开证后，若对信用证主要条款做了多次修改，须将原证规定与后来的修改作为制单的依据，特别是对在原证描写基础上补充修改的情形，应仔细分辨有关条款的完整规定。

（3）制单时应注意来证中对单据与货物有无特殊的规定。

2. 单单一致

单单一致，即各种单据之间必须相互一致，不能彼此矛盾。

（1）各种单据签发日期应保持合理，符合逻辑性及国际惯例。

- 汇票是根据发票开立的，所以汇票日期应等于或晚于发票日期，且不能先于提单日期，以符合先发货后收款的一般交易原则。

- 商业发票的日期一般可早于、等于或晚于提单日期，但必须在交单日期内。海关发票的签发日期不应迟于提单日期；形式发票日期应先于装运日期；领事发票的日期不得迟于汇票和提单日期，以满足其提出办理进口手续或出口报价的需要。
- 提单日期不得迟于信用证装运期，也不得早于规定的最早装运期。
- 保险单日期一般应早于或等于提单日期。
- 装箱单、重量单日期应等于或略迟于发票日期，但不得早于发票日期。
- 一般产地证日期不应迟于提单日期，普惠制产地证书号码和日期须按正式商业发票填写，签证当局签署日期和出口商签署日期不得早于发票日期。
- 为确定货物经检验合格后才装船，商检证书日期不应晚于提单日期，但也不能过分早于提单。
- 出口许可证日期应早于或等于提单日期。
- 受益人证明或声明往往在装船后出具。因此，其日期应等于或晚于提单日期。
- 船公司证明证实船籍、船龄、航程的日期应早于或等于提单日期；运费收据日期也应早于或等于提单日期。

（2）出口单据的缮制一般以发票为基础展开。

海关发票、产地证、投保单及相关需要的托运单、报关单等单证一般是按发票内容缮制的。各单据的填制内容除提单用概括性的商品统称外，须在措辞和用语方面保持一致。

3. 单货一致

单货一致，即指单据上记载的内容应与实际货物内容一致。虽然信用证业务是单据业务，银行仅凭单据付款，而不管货物的实际交付情况，但信用证是依据买卖合同开立的，单货不一致，则极易造成所交货物与合同不相符合，从而导致违约情况的发生。另一方面，单货不一致也会在报关、检验时遇到麻烦。

4. 及时缮制单据

制单工作具有很强的时间性。及时性包含以下两方面含义。

- 各种单据的出单日期应及时、合理。每一种单据都有一个适当、合理的签发日期。例如，海运提单的签发日期通常就是装运日期，这个日期不能迟于信用证规定的装运期。而按国际惯例，保险单、检验检疫证书的签发日期则不能晚于提单签发日期。采用 FOB 或 CFR 贸易术语成交，应在装船时或装船完毕后立即发送装运通知。

- 全套单据的交单日期应及时。在信用证支付方式下，一般都规定有装运后限制交单议付日期。若未规定，按《UCP600》的规定，最多不得迟于装运后 21 天交单。

13.1.3　信用证项下的议付单据

信用证下的单据种类很多。在《UCP600》中提到的单据汇票以外的主要分为以下四大类。

1．运输单据

海运提单（Marine/Ocean bill of lading）

不可转让海运单（Non-negotiable sea waybill）

租船合同提单（Charter party bill of lading）

多式联运提单（Multimodal　transport document）

空运单据（Air transport document）

公路、铁路和内陆水运单据（Road, rail, or inland waterway transport document）

专递及邮政收据（Courier and post receipts）

运输行签发的运输单据（Transport documents issued by freight forwarders）

2．保险单据

保险单（Insurance policy）

保险凭证（Insurance certificate）

3．商业发票（Commercial Invoice）

4．其他单据

在《UCP600》中特指海运以外的其他运输方式中出具的重量证明（Certificate of weight）除了《UCP600》所提到的单据以外，常见的议付单据如下。

装箱单（Packing list）

普惠制原产地证（GSP FORM A）

一般原产地证（Certificate of origin）

商检证书（Inspection certificate）
领事发票（Consular invoice）
海关发票（Customs invoice）
受益人证/申明（Beneficiary's certificate/declaration）
装运通知的证实副本（certified copy of telex/fax of shipping advice ）

13.2 主要议付单据的填制

13.2.1 汇票

BILL OF EXCHANGE

No. LD_DRGINV01

For US$ 188256.00 (amount in figure) SHANGHAI 27-May-01 (place and date of issue)

At **************** sight of this FIRST Bill of exchange(SECOND being unpaid)

pay to BANK OF CHINA, SHANGHAI BRANCH or order the sum of

SAY UNITED STATES DOLLARS ONE HUNDRED AND EIGHTY EIGHT THOUSAND AND TWO HUBDRED AND FIFTY SIX ONLY (amount in words)

Value received for 600 SETS (quantity) of TELECONTROL PACING CAR (name of commodity)

Drawn under CHEMICAL BANK NEW YORK

L/C No. DRG-LDLC01 dated 14-Apr-01

To: CHEMICAL BANK NEW YORK
55 WATER STREET, ROOM 1702,
NEW YORK, NEW YORK 10041

For and on behalf of
LIDA TRADING CO., LTD.

XXX
(Signature)

汇票（Draft, Bill of Exchange, Exchange）是一人向另一人签发的无条件的书面付款命令。要求受票人（Drawee）按照汇票上所列的期限、金额向汇票规定的收款人（Payee）或其指定的人或持票人进行支付。在信用证中，汇票主要是起一个付款凭证的作用。

1．信用证项下汇票条款示例

（1）Draft to be drawn at 30 days' sight on us for 100% of invoice value.

（2）You are authorized to draw on Royal of Canada, Vancouver at sight for a sum not exceeding CAN $ 120,000.00.

（3）Drafts in duplicate at sight bearing the clause "Drawn under DBS Bank Singapore Document Credit No. 748236 dated January 15th, 2015 ".

（4）We open this Irrevocable Document Credit favouring yourself for 95% of the invoice value available your draft at sight by negotiation on us.

（5）This credit is available with any bank by negotiation of Beneficiary's Draft at 60 days date drawn on issue bank.

2. 汇票填写说明

（1）汇票号码（No.）

由出票人自行编号填入，一般使用发票号兼作汇票的编号。在国际贸易结算单证中，商业发票是所有单据的核心，以商业发票的号码作为汇票的编号，表明本汇票属第×××号发票项下。实务操作中，银行也接受此栏是空白的汇票。

（2）出票日期（Dated）

填写汇票出具的日期，必须为日期格式并且在合同日期之后。

（3）汇票金额（Exchange for）

此处要用数字小写（Amount in Figures）表明。填写小写金额，一般要求汇票金额使用货币缩写和用阿拉伯数字表示金额小写数字。

例如：USD1,234.00

大小写金额均应端正地填写在虚线格内，不得涂改，且大小写数量要一致。除非信用证另有规定，汇票金额不得超过信用证金额，而且汇票金额应与发票金额一致，汇票币别必须与信用证规定和发票所使用的币别一致。

提示：须分别将币别和金额填在两根横线上。

（4）付款期限（at sight...）

一般可分为即期付款和远期付款两类。

即期付款只需在汇票固定格式栏内打上"at sight"。若已印有"at sight"，可不填。若已印有"at sight"，应在横线上打"————"。

远期付款一般有以下 4 种。

- 见票后××天付款，填上"at ×× days after sight"，即以付款人见票承兑日为起算日，××天后到期付款。
- 出票后××天付款，填上"at ×× days after date"，即以汇票出票日为起算日，××天后到期付款，将汇票上印就的“sight”划掉。

- 提单日后××天付款，填上“at ×× days after B/L”，即付款人以提单签发日为起算日，××天后到期付款。将汇票上印就的“sight”划掉。
- 某指定日期付款，指定×年×月××日为付款日。例如“On 25th Feb.1998”，汇票上印就的“sight”应划掉。这种汇票称为“定期付款汇票”或“板期汇票”。托收方式的汇票付款期限，如D/P即期者，填：“D/P at sight”；D/P远期者，填：“D/P at ×× days sight”；D/A远期者，填“D/A at ×× days Sight”。

提示：本栏有4个选项可供选择，其中“－－－－”为即期，“30 days after”、“45 days after”、“60 days after”和”、“90 days after”为远期选项。请根据交易方式进行适当选择。

（5）受款人（Pay to the Order of）

也称为“抬头人”或“抬头”。在信用证方式下通常为出口地银行，请填写出口地银行英文名称。

汇票的抬头人通常有三种写法。

- 指示性抬头（Demonstrative order）。

例如：“付××公司或其指定人”（Pay ×× Co., or order; pay to the order of ×× Co.,）。

- 限制性抬头（Restrictive order）。

例如：“仅付××公司”（Pay ×× Co. only）或“付××公司，不准流通”（Pay ×× Co. Not negotiable）。

- 持票人或来票人抬头（Payable to bearer）。

例如：“付给来人”（Pay to bearer）。这种抬头的汇票无须持票人背书即可转让。

在我国对外贸易中，指示性抬头使用较多，在信用证业务中要按照信用证规定填写。

若来证规定“由中国银行指定”或来证对汇票受款人未规定，此应填上：“pay to the order of Bank of China”（由中国银行指定）；

若来证规定“由开证行指定”，此栏应填上“Pay to the order of ×× Bank”（开证行名称）。

如非信用证方式，则填写出口商公司英文名称。

（6）汇票金额（the sum of）

要用文字大写（Amount in words）表明。填大写金额，先填写货币全称，再填写金额的数目文字，句尾加“only”相当于中文的“整”字。

例如：UNITED STATES DOLLARS ONE THOUSAND TWO HUNDRED AND THIRTY FOUR ONLY。

大小写金额均应端正地填写在虚线格内，不得涂改，且必须与汇票的小写金额一致。除非信用证另有规定，汇票金额不得超过信用证金额，而且汇票金额应与发票金额一致，汇票币别必须与信用证规定和发票所使用的币别一致。

（7）信用证号码（L/C No.）

填写信用证的准确号码，如非信用证方式则不填。

（8）开证日期（Dated）

填写信用证的准确开证日期，而非出具汇票的日期，如非信用证方式则不填。

（9）付款人（Issued by）

信用证方式下通常为进口地开证银行，请填写进口地银行英文名称。根据《UCP600》规定，信用证方式的汇票以开证行或其指定银行为付款人，不应以申请人为汇票的付款人。如果信用证要求以申请人为汇票的付款人，银行将视该汇票为一份附加的单据；而如果信用证未规定付款人的名称，汇票付款人亦应填开证行名称。

在信用证业务中，汇票付款人是按信用证“draw on ××”、“draft on ××”或“drawee”确定。

例如：“… available by beneficiary's draft（s） on applicant”条款表明，以开证申请人为付款人；

又如：“… available by draft（s） drawn on us”条款表明，以开证行为付款人；

再如：“drawn on yourselves/you”条款表明以通知行为付款人。信用证未明确付款人名称者，应以开证行为付款人。

如非信用证方式，则填进口商公司英文名称。

（10）被出票人（To）

被出票人名称和地址，信用证方式下通常为进口地开证银行，请填写进口地银行英文名称和地址；如非信用证方式，则填进口商公司英文名称和地址。

（11）右下方空白栏（Authorized Signature）

出票人，即出口商签字，填写出口商公司英文名称。

13.2.2 商业发票

商业发票是由出口商填制并开给进口商的一种商业单据，是进出口交易中最重要的单据之一。在商业发票中表明了所交易的商品的品质、数量、价格、包装等条款。有时，商业发票还记载着一些卖方所做的证明、声明的内容。同时，商业发票还是进口国海关审查进口商品以确定相应的进口关税税率的重要文件。

ISSUER AIGE IMPORT & EXPORT COMPANY ROOM 2501, JIAFA MANSION, BEIJING WEST ROAD, SHANGHAI 200001, P.R.CHINA	**商业发票** **COMMERCIAL INVOICE**	
TO RIQING EXPORT AND IMPORT COMPANY P.O.BOX 1589, NAGOYA, JAPAN	**NO.** IV0000066	**DATE** 2011-08-29
TRANSPORT DETAILS From SHANGHAI,CHINA to NAGOYA,JAPAN on September 1, 2011 By Vessel.	**S/C NO.** contract01	**L/C NO.** 002/0000025
	TERMS OF PAYMENT L/C AT SIGHT	

Choice	Marks and Numbers	Description of goods	Quantity	Unit Price	Amount
				[FOB SHANGHAI,CHINA]	
○	CANNED LITCHIS JAPAN C/NO.1-1000 MADE IN CHINA	CANNED LITCHIS 850Gx24TINS/CTN	1000 CARTONS	JPY 1200	JPY 1200000
		Total:	[1000][CARTON]		[JPY][1200000]

SAY TOTAL: JPY ONE MILLION TWO HUNDRED THOUSAND ONLY

艾格进出口贸易公司
AIGE IMPORT & EXPORT COMPANY
AIGE ZHANG

1．信用证中有关商业发票条款示例

Signed Commercial Invoice in duplicate showing a deduction of USD200.00 being commission.

签字商业发票一式两份，显示扣除 200 美元作为佣金。

Signed Commercial Invoice, one original and two copies.

签字商业发票，一正二副。

Manually Signed Invoice in five folds certifying that goods are as per Indent No.ABC123 of 03.10,2015 quoting L/C No.

手签发票一式五份，并在发票上显示根据 2015 年 3 月 10 日合同号 ABC123 订立，注明信用证号码。

Signed Commercial Invoice combined with certificate of origin and value in triplicate as required for imports into Nigeria.

已签署商业发票一式三份，发票须连同产地证明和货物价值声明为输入尼日利亚所需。

Signed Commercial in quintuplicate, certifying merchandise to be of Chinese origin.

签署商业发票一式五份，证明产品的原产地为中国。

5% Discount should be deducted from total amount of the commercial invoice.

商业发票的总金额须扣除 5%折扣。

Signed commercial invoice in five fold certifying that goods are as per Contract No.12345 of 03.11,2015 quoting L/C Number BTN/HS NO. and showing original invoice and a copy to accompany original set of documents.

签署发票一式五份，证明货物是根据 2015 年 3 月 11 日号码为 12345 的合同，并注明信用证号码和布鲁塞尔税则分类号码，显示正本发票和一份副本随附原套单证。

Commercial Invoice in triplicate showing separately F.O.B value, Freight charges, Insurance premium, CIF value and country of origin.

商业发票一式三份，分别显示 FOB 价值、运费、保险费，CIF 总值和原产地国。

2．商业发票填写说明

（1）出票人（Issuer）

填写出票人（即出口商）的英文名称和地址，在信用证支付方式下，应与信用证受益人的名称和地址保持一致。

（2）受票人（To）

也称抬头人，此项必须与信用证中所规定的严格一致。多数情况下填写进口商的名称和地址，且应与信用证开证申请人的名称和地址一致。如信用证无规定，即将信用证的申请人或收货人的名称、地址填入此项。如信用证中无申请人名字则用汇票付款人。在其他支付方式下，可以按合同规定列入买方名称和地址。

（3）发票号（No.）

一般由出口企业自行编制。发票号码可以代表整套单据的号码，如出口报关单的申报单位编号、汇票的号码、托运单的号码、箱单及其他一系列同笔合同项下的单据编号都可用发票号码代替，因此发票号码尤其重要。有时，有些地区为使结汇不致混乱，也使用银行编制的统一编号。

提示： 每一张发票的号码应与同一批货物的出口报关单的号码一致。

（4）发票日期（Date）

在全套单据中，发票是签发日最早的单据。它只要不早于合同的签订日期，不迟于提单的签发日期即可。一般都是在信用证开证日期之后、信用证有效期之前。

提示： 日期格式参照合同日期。

（5）运输说明（Transport Details）

填写运输工具或运输方式，一般还加上运输工具的名称；运输航线要严格与信用证一致。如果在中途转运，在信用证允许的条件下，应表示转运及其地点。

例如：From Shanghai to Liverpool on August 1, 2015 By Vessel.（所有货物于2015年8月1日通过海运，从上海港运往利物浦港。）

（6）合同号（S/C No.）

发票的出具都有买卖合同作为依据，但买卖合同不都以“S/C”为名称。有时出现“order”、“P.O.”、“contract”等。因此，当合同的名称不是“S/C”时，应将本项的名称修改后，再填写该合同的号码。

（7）信用证号（L/C No.）

信用证方式下的发票需填列信用证号码，作为出具该发票的依据。若不是信用证方式付款，本项留空。

（8）支付条款（Term of Payment）

填写合同支付方式和期限，格式为：“支付方式+期限”

例如：

T/T 30% in advance and 70% within 30days after shipment date

L/C at sight

D/P at sight

D/A at 30 days after sight

（9）唛头及件数编号（Marks and numbers）

此栏参照合同中的“Shipping Mark”填写。唛头即运输标志，既要与实际货物一致，还应与提单一致，并符合信用证的规定。如信用证没有规定，可按买卖双方和厂商订的方案或由受益人自定。无唛头时，应注“N/M”或“No Mark”。如为裸装货，则注明“NAKED”或散装“In Bulk”。如来证规定唛头文字过长，用“/”将独立意思的文字彼此隔开，可以向下错行。即使无线相隔，也可酌情错开。

件数有两种表示方法，一是直接写出××件，二是在发票中记载诸如“We hereby declare that the number of shipping marks on each packages is 1～10, but we actually shipped 10 cases of goods.”（兹申明，每件货物的唛头号码是从 1～10，实际装运货物为 10 箱。）之类的文句。

（10）货物描述（description of goods）

是发票的主要部分，此栏应详细填明各项商品的英文名称及规格。品名规格应该严格按照信用证的规定或描述填写。货物的数量应该与实际装运货物相符，同时符合信用证的要求，如信用证没有详细的规定，必要时可以按照合同注明货物数量，但不能与来证内容有抵触。

例如：CANNED SWEET CORN

3060Gx6TINS/CTN

（11）数量（Quantity）

货物的销售数量，与计量单位连用，如：500PCS（注意单位的单复数）。注意该数量和计量单位既要与实际装运货物情况一致，又要与信用证要求一致。

（12）单价（Unit Price）

单价由四个部分组成：计价货币、计量单位、单位数额和价格术语。如果信用证有规定，应与信用证保持一致；若信用证没规定，则应与合同保持一致。

提示：价格术语/贸易术语：请填于上方空白栏中，填写格式为："贸易术语+港口名，国家"，其中FOB、FCA后加"启运港名称，国家"；CFR、CIF、CPT、CIP后加"目的港名称，国家"。

（13）金额小计（Amount）

列明币种及各项商品总金额（总金额＝单价×数量）。除非信用证上另有规定，货物总值不能超过信用证金额。若信用证没规定，则应与合同保持一致。

实际制单时，若来证要求在发票中扣除佣金，则必须扣除。折扣与佣金的处理方法相同。有时证内无扣除佣金规定，但金额正好是减佣后的金额，发票应显示减佣，否则发票金额超证。有时合同规定佣金，但来证金额内未扣除，而且证内也未提及佣金事宜，则发票不宜显示，待货款收回后另行汇给买方。另外，在CFR和CIF价格条件下，佣金一般应按扣除运费和保险费之后的FOB价计算。

（14）Total

货物总计，分别填入所有货物累计的总数量和总金额（包括相应的计量单位与币种）。

提示：一笔合同中可以同时交易同一商品属类的多种商品，如果这些商品的销售单位不同，合计中单位栏应填"packages"，如下图所示。

Choice	Marks and Numbers	Description of goods	Quantity	Unit Price	Amount
				[CIF SANTIAGOS,CUBA]	
○	M/N	MEN'S PYJAMAS 20SETS PER CARTON, COLOR: HEALTHER GREY, FABRIC CONTENT: 100% COTTON	1000 SETS	USD9.5	USD 9500
○	M/N	MEN'S T-SHIRT 20PCS PER CARTON, COLOR: NAVY BLUE, FABRIC CONTENT: 100% COTTON	1000 PCS	USD6.2	USD 6200
					[添 加][修 改][删 除]
		Total:	[2000][packages]		[USD][15700]

（15）SAY TOTAL

以大写文字写明发票总金额，必须与数字表示的货物总金额一致。

例如：USD EIGHTY NINE THOUSAND SIX HUNDRED ONLY

（16）备注（Special terms）

位于 SAY TOTAL 下方的空白处。在相当多的信用证中，都出现要求在发票中证明某些事项的条款，比如，发票内容正确、真实、货物产地等证明，均应照信用证要求办理。

13.2.3　装箱单/重量单

装箱单是发票的补充单据，它列明了信用证（或合同）中买卖双方约定的有关包装事宜的细节，便于国外买方在货物到达目的港时供海关检查和核对货物，通常可以将其有关内容加列在商业发票上，但是在信用证有明确要求时，就必须严格按信用证约定制作。

ISSUER AIGE IMPORT & EXPORT COMPANY ROOM 2501, JIAFA MANSION, BEIJING WEST ROAD, SHANGHAI 200001, P.R.CHINA	PL0000020 **装箱单** **PACKING LIST**
TO RIQING EXPORT AND IMPORT COMPANY P.O.BOX 1589, NAGOYA, JAPAN	**INVOICE NO.** IV0000068 **DATE** 2011-08-29

Choice	Marks and Numbers	Description of goods	Package	G.W	N.W	Meas.
○	CANNED LITCHIS JAPAN C/NO.1-1000 MADE IN CHINA	CANNED LITCHIS 850Gx24TINS/CTN	1000 CARTONS	22440 KGS	20400 KGS	22.588 CBM
		Total:	[1000] [CARTONS]	[22440] [KGS]	[20400] [KGS]	[22.588] [CBM]

SAY TOTAL: ONE THOUSAND CARTONS ONLY

艾格进出口贸易公司

AIGE IMPORT & EXPORT COMPANY

AIGE ZHANG

类似的单据还有：重量单、规格单、尺码单等。其中重量单是用来列明每件货物的毛、净重；规格单是用来列明包装的规格；尺码单用于列明货物每件尺码和总尺码，或用来列明每批货物的逐件花色搭配。

装箱单名称应按照信用证规定使用。通常用“PACKING LIST”、“PACKING SPECIFICATION”或“DETAILED PACKING LIST”。如果来证要求用“中性包装单”(NEUTRAL PACKING)，则包装单名称打“PACKING LIST”，但包装单内不打卖方名称，不能签章。

1．信用证中有关装箱单/重量单条款示例

（1）Packing/weight list in quadruplicate, detail， showing the gross the net weight as well as exact contents of each individual package.

（2）Packing list in 3-fold showing the gross weight，net weight and measurement of each package.

2．装箱单的填写说明

（1）出单方（Issuer）

出单人的名称与地址，应与发票的出单方相同。在信用证支付方式下，此栏应与信用证受益人的名称和地址一致。

（2）受单方（To）

受单方的名称与地址，与发票的受单方相同。多数情况下填写进口商的名称和地址，并与信用证开证申请人的名称和地址保持一致。在某些情况下也可不填，或填写“To whom it may concern”（致有关人）。

（3）装箱单号

装箱单号码，在表头上方显示。

（4）发票号（Invoice No.）

与发票号码一致。

（5）日期（Date）

装箱单缮制日期。应与发票日期一致，不能迟于信用证的有效期及**提单**日期。

（6）唛头及件数编号（Marks and Numbers）

与发票一致，有的注实际唛头，有时也可以只注“as per invoice No. xxx”。

（7）包装种类和件数、货物描述（Number and kind of packages, description of goods）

要求与发票一致。货名如有总称，应先注总称，然后逐项列明每一包装件的货名、规格、品种等内容。

（8）外包装件数（PACKAGE）

填写每种货物的包装件数，最后在合计栏处注外包装总件数。

（9）毛重（G.W）

注明每个包装件的毛重和此包装件内不同规格、品种、花色货物各自的总毛重，最后在合计栏处注总毛重。信用证或合同未要求，不注亦可。例如：2588.36 KGS（小于或等于 1 公斤的填单数 KG）。

（10）净重（N.W）

注明每个包装件的净重和此包装件内不同规格、品种、花色货物各自的总净重，最后在合计栏处注总净重。信用证或合同未要求，不注亦可。例如：760 KGS（小于或等于 1 公斤的填单数 KG）。

（11）箱外尺寸（Meas.）

注明每个包装件的体积，最后在合计栏处注总体积。信用证或合同未要求，不注亦可。如：1623.548 CBM。

本栏须分别填入包装数量与单位，计算方法为：总销售数量/单位包装数后进位取整。

例如：108 件 05001 男式睡衣，每箱 20 件，箱数为 108/20=5.4，进位取整得 6 箱

（12）货物总计（Total）

货物总计，分别填入所有货物累计的总包装数、总毛重、总净重和总体积（包括相应的计量单位）。

提示：一笔合同中可以同时交易同一商品属类的多种商品，如果这些商品的包装单位不同，合计中单位栏应填“packages”，如下图。

Choice	Marks and Numbers	Description of goods	Package	G.W	N.W	Meas.
○	M/N	RAW SUGAR Net Weight: 50KG, Quality Grade: Premium, Packed in PP woven bag	20 BAGS	1050 KGS	1000 KGS	0.24 CBM
○	M/N	Brazil Coffee (whole coffee beans, Cinnamon Roast) Net Weight: 454g/bag, Packaging: vacuum-packed bags	200 CARTONS	626.52 KGS	546.8 KGS	2.88 CBM
				[添 加]	[修 改]	[删 除]
		Total:	220 PACKAGES	1676.52 KGS	1546.8 KGS	3.12 CBM

（13）中文（SAY TOTAL）

以大写文字写明总包装数量，必须与数字表示的包装数量一致。

例如：TWO THOUSAND FOUR HUNDRED CARTONS ONLY.

13.2.4 海运提单

海运提单是货物采用海运时当承运人或其代理收到货物后签发给托运人的货物收据，同时它又是代表货物所有的一种物权凭证，也是承运人与托运人之间运输契约的证明。提单不仅是托运人凭以结汇的重要单据之一，也是收货人在目的港换取提货单凭以提货的依据。

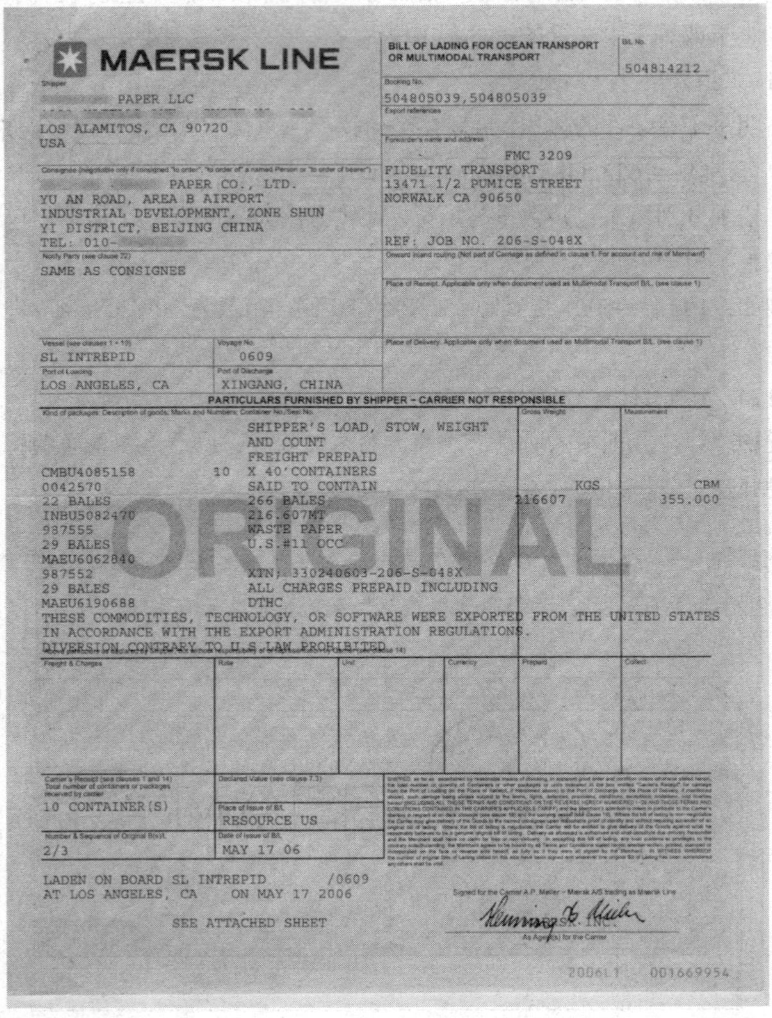

MAERSK LINE

BILL OF LADING FOR OCEAN TRANSPORT
OR MULTIMODAL TRANSPORT

B/L No. 504814212

Booking No. 504805039,504805039

Export references

Shipper
PAPER LLC
LOS ALAMITOS, CA 90720
USA

Forwarder's name and address
FMC 3209
FIDELITY TRANSPORT
13471 1/2 PUMICE STREET
NORWALK CA 90650

REF: JOB NO. 206-S-048X

Consignee (negotiable only if consigned "to order", "to order of" a named Person or "to order of bearer")
PAPER CO., LTD.
YU AN ROAD, AREA B AIRPORT
INDUSTRIAL DEVELOPMENT, ZONE SHUN
YI DISTRICT, BEIJING CHINA
TEL: 010-

Notify Party (see clause 22)
SAME AS CONSIGNEE

Onward inland routing (Not part of Carriage as defined in clause 1. For account and risk of Merchant)

Place of Receipt. Applicable only when document used as Multimodal Transport B/L (see clause 1)

Vessel (see clauses 1 + 19)	Voyage No.
SL INTREPID	0609
Port of Loading	Port of Discharge
LOS ANGELES, CA	XINGANG, CHINA

Place of Delivery. Applicable only when document used as Multimodal Transport B/L (see clause 1)

PARTICULARS FURNISHED BY SHIPPER – CARRIER NOT RESPONSIBLE

Kind of packages; Description of goods; Marks and Numbers; Container No./Seal No.		Gross Weight	Measurement
	SHIPPER'S LOAD, STOW, WEIGHT AND COUNT FREIGHT PREPAID		
CMBU4085158	10 X 40'CONTAINERS		
0042570	SAID TO CONTAIN	KGS	CBM
22 BALES	266 BALES	216607	355.000
INBU5082470	216.607MT		
987555	WASTE PAPER		
29 BALES	U.S.#11 OCC		
MAEU6062840			
987552	XTN: 330240603-206-S-048X		
29 BALES	ALL CHARGES PREPAID INCLUDING		
MAEU6190688	DTHC		

ORIGINAL

THESE COMMODITIES, TECHNOLOGY, OR SOFTWARE WERE EXPORTED FROM THE UNITED STATES IN ACCORDANCE WITH THE EXPORT ADMINISTRATION REGULATIONS.
DIVERSION CONTRARY TO U.S.LAW PROHIBITED.

Freight & Charges	Rate	Unit	Currency	Prepaid	Collect

Carrier's Receipt (see clauses 1 and 14) Total number of containers or packages received by carrier: 10 CONTAINER(S)

Declared Value (see clause 7.3)

Place of Issue of B/L: RESOURCE US

Number & Sequence of Original B(s)/L: 2/3

Date of Issue of B/L: MAY 17 06

LADEN ON BOARD SL INTREPID /0609
AT LOS ANGELES, CA ON MAY 17 2006

SEE ATTACHED SHEET

Signed for the Carrier A.P. Møller – Maersk A/S trading as Maersk Line
MAERSK INC.
As Agent(s) for the Carrier

200611 001669954

1．信用证中有关提单条款示例

（1）Full set 3/3 originals plus 3 non-negotiable copies clean on board ocean B/L, consigned to order and blank endorsed. Marked "Freight Prepaid" showing shipping agency at destination, Notify Applicant and evidence the goods have been shipped by full container load.

（2）Full set of "clean" shipped on board marine bills of lading stamped "berth terms" issued or endorsed to the order of the L/C issuing bank marked "Freight to collect", notify openers evidencing shipment from any Chinese port to Long Beach port, CA, U.S.A.

2．提单填制要点

（1）提单托运人（Shipper）

通常是信用证的受益人，即买卖合同中的卖方。但是根据《UCP500》第 31 条的规定：只要信用证无相反规定，银行也接受以信用证受益人以外的第三方为发货人。

（2）收货人（Consignee）

收货人是提单中比较重要的一栏，应严格按照信用证规定填制。因为这一栏的填法直接关系到提单能否转让及提单项下货物的归属问题。提单收货人按信用证的规定一般有三种填法，即空白抬头、记名指示抬头和记名收货人抬头。

① 空白抬头

例如：信用证提单条款中规定："Bill of Lading consigned to order"

或"Bill of Lading made out to order"

则提单收货人栏中只要打"To order"即可。

② 记名提示抬头

例如：信用证提单条款中规定："...Bill of Lading consigned to the order of issuing bank..."

则提单收货人栏中只要打"To order of...(开证行)...bank"即凭开证行的提示。

或"...Bill of Lading made out to shipper's order... "，

则提单收货人中只要打"To shipper's order"即凭托运人指示。

或"...Bill of Lading made out to order of ABC Co. ..."，

则提货人栏中只要打"To order of ABC Co.　"即凭 ABC Co.提示。

③ 记名收货人抬头

例如：信用证提单条款中规定："...Bill of Lading consigned to ABC Co. ..."，则提单收货人栏中只要打"ABC Co."即货交 ABC Co.

提示：由于记名收货人的提单对托运人的保障很小，一般较少使用。

（3）通知人（Notify Party）

要与信用证的规定一致。

例如：信用证提单条款中规定："...Bill of Lading ...notify applicant"，则提单通知人栏中要打上开证人的详细名称地址。

（4）收货地

填写船公司或承运人的收货地。

（5）、（6）船名、航次

按配单回单上的船名、航次填写。

（7）、（8）装货港和卸货港

要与信用证规定一致。

（9）交货地

填船公司或承运人的交货地。

（10）提单号码

按配舱回单上的 D/R 号码填写。

（11）唛头

同商业发票上的一致。

（12）货物包装及件数

按货物装船的实际情况填写总外包装件数。

（13）商品描述

只要不与信用证的描述相抵触，可使用货物的统称。

（14）、（15）货物毛重、尺码

同装箱单上货物的总毛重和总尺码要一致。

（16）运费条款

提单要按信用证规定加注运费条款。

即："Freight Prepaid"或"Freight to Collect"，并且注意与所用的贸易术语的一致性。

（17）货物总包装件数的大写。

注意此栏的内容要与（12）一致。

（18）正本提单份数。

此栏显示的是船公司为承运此批货物所开具的正本提单的份数，一般是不是 1～3 份。如信用证对提单正本份数有规定，则应与信用证规定一致。比如，信用证规定“3/3 Marine bills of lading…”即表明船公司为信用证项下的货物开立的正本提单必须是 3 份，且 3 份正本提单都要提交银行作为单据。

（19）、（20）装船批注的日期和签署。

根据《UCP600》，如果提单上没有预先印就“已装船”（Shipped on board　）字样的，则必须在提单上加注装船批注（On board notation），装船批注中所显示的日期即视为货物的装运日期。

（21）提单的签发地点和签发日期。

如果提单上以预先印就“已装船”（Shipped on board）字样的称为已装船提单。已装船提单的签发日期视为装运日期。

（22）提单签署。

根据《UCP600》第 21 条，提单表明承运人名称并由下列人员签署：

承运人，或

承运人的具名代理人，或

船长，或

船长的具名代理人

（23）提单背书

提单应按照信用证的具体要求进形背书。一般信用证要求提单进行空白背书（“bill of lading ... endorsed in blank.” or“bill of lading ... blank endorsed.”）的比较多见。

对于空白背书：只需背书人签章并注明背书的日期即可。例如：

ABC Co.（签章）

December 11,1998

当然有时信用证也要求提单作记名背书：此时则应先写上被背书人的名称然后再由背书人签署并加盖公章，同时注明背书的日期。例如；

Endorsed to: DEF Co.或 Delivered to DEF Co.

ABC Co.（签章）

December 11,1998

13.2.5 产地证

一般原产地证书（商会产地证）和普惠制原产地证书都是一种证明商品的原产国别的一种证书。其中，普惠制原产地证书是当商品出口到给予普惠制国家时所应提供的原产地证书。在我国一般原产地证书（商会产地证）是有中国国际贸易促进委员会（China Council for The Promotion of International Trade, CCPIT——简称贸促会）签发的。而普惠制原产地证书是由商检局签发的。

1. 信用证中有关产地证条款示例

（1）一般原产地证

“Certificate of Origin issued by China Council for Promotion of International Trade.”

（2）普惠制原产地证（GSP FORM A）

“G.S.P. Certificate of Origin For A showing importing country.”

2. 一般原产地证填制特点

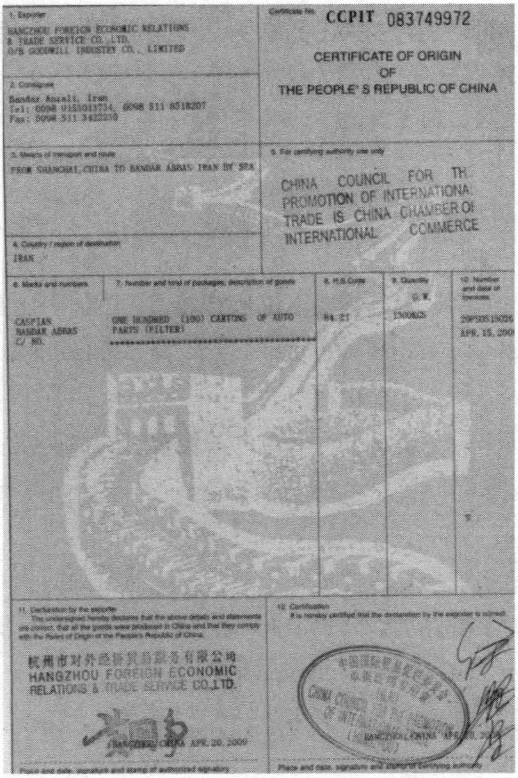

1. Exporter
HANGZHOU FOREIGN ECONOMIC RELATIONS
& TRADE SERVICE CO.,LTD.
O/B GOODWILL INDUSTRY CO., LIMITED

Certificate No. CCPIT 083749972

CERTIFICATE OF ORIGIN
OF
THE PEOPLE'S REPUBLIC OF CHINA

2. Consignee
Bandar Anzali, Iran
Tel: 0098 9153013734, 0098 511 8518207
Fax: 0098 511 3422230

3. Means of transport and route
FROM SHANGHAI,CHINA TO BANDAR ABBAS IRAN BY SEA

5. For certifying authority use only
CHINA COUNCIL FOR TH
PROMOTION OF INTERNATIONA
TRADE IS CHINA CHAMBER OF
INTERNATIONAL COMMERCE

4. Country / region of destination
IRAN

6. Marks and numbers	7. Number and kind of packages; description of goods	8. H.S.Code	9. Quantity	10. Number and date of invoices
CASPIAN BANDAR ABBAS C/ NO.	ONE HUNDRED (100) CARTONS OF AUTO PARTS (FILTER) ********************************	84.21	G.W. 1300KGS	20P3051502[illegible] APR.15,200[illegible]

11. Declaration by the exporter
The undersigned hereby declares that the above details and statements are correct, that all the goods were produced in China and that they comply with the Rules of Origin of the People's Republic of China.

杭州市对外经济贸易服务有限公司
HANGZHOU FOREIGN ECONOMIC
RELATIONS & TRADE SERVICE CO.,LTD.

HANGZHOU CHINA APR. 20, 2009

Place and date, signature and stamp of authorized signatory

12. Certification
It is hereby certified that the declaration by the exporter is correct.

HANGZHOU,CHINA APR.20, 20[illegible]

Place and date, signature and stamp of certifying authority

（1）出口商

受益人（要有详细的名称、地址）。

（2）收货人

开证申请人（要有详细的名称、地址）。

（3）运输方式和路线

注明装货港、到货港及运输方式（如有转运，也要注明）。

（4）目的港

标明货物的最终目的港。

（5）签证机关专用栏

一般情况下，此栏空白，有签证当局视情况填写相应的内容。

（6）唛头和包装号码

此栏填写商品包装上的装运标志，应完整、规范并与其他单据上的装运标志一致。不能简单填写“As per Invoice No.xxx”或类似表示。

（7）货物描述及包装件数和包装种类

本栏填写商品的名称及商品外包装的数量及各种类。注意在货物描述结束时应有终止符“**********”

（8）HS 编码

本栏应按照商品在《商品名称和编码协调制度》（Harmonized Commodity Description & Coding System）中的编码填写，注意本栏中编码要与报关单中的商品编码一致。

（9）数量或重量

应按照提单或其他运输单据中的数量填写，若填重量的话则应填入毛重。

（10）发票号码和日期

填入本次交易的发票号码和发票日期。注意：此栏不得留空。

（11）出口商申请

本栏必须由出口商手签、加盖公章并加注签署地点、日期。注意：该日期不能早于发票日期（一般与发票日期相同），同时不能迟于装船日期和第 12 栏签证机关的日期。

（12）签证机关栏

本栏供签证机关证明用。必须由签证机关手签、加盖公章并加注签署地点、日期。

3．普惠制原产地证（格式 A）填制要点

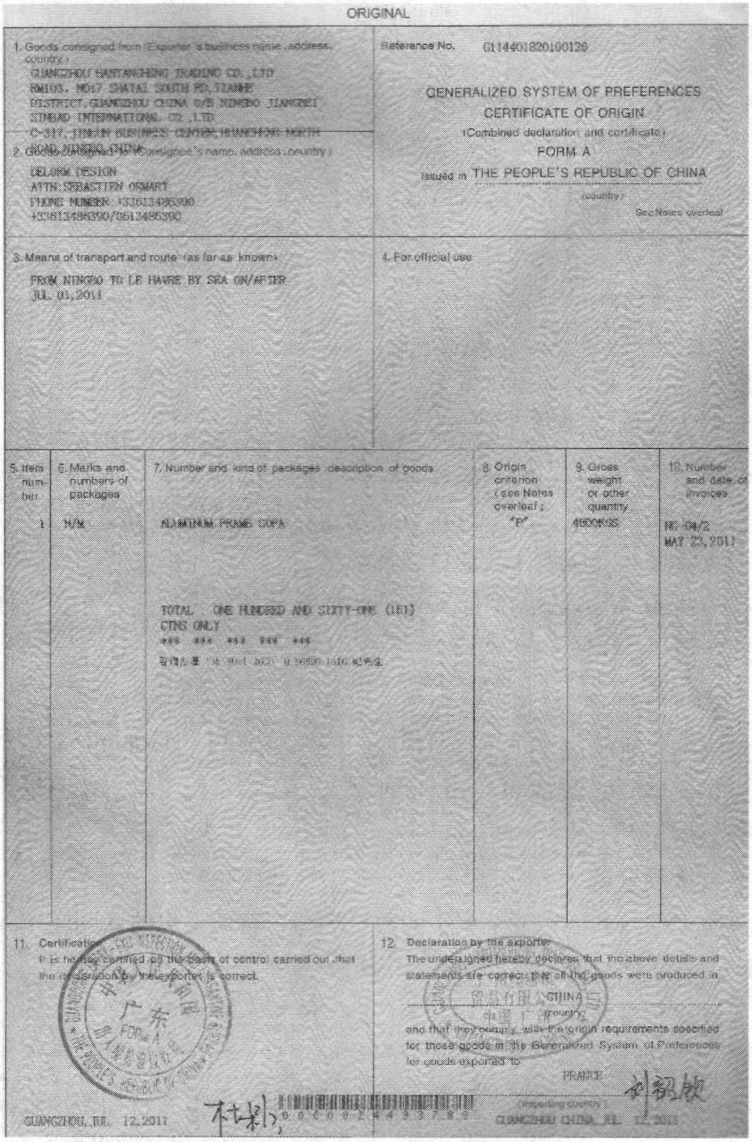

ORIGINAL

1. Goods consigned from (Exporter's business name, address, country)
GUANGZHOU HANTANGHENG TRADING CO.,LTD
RM103, NO17 SHATAI SOUTH RD,TIANHE
DISTRICT,GUANGZHOU CHINA O/B NINGBO JIANGBEI
SINBAD INTERNATIONAL CO.,LTD
C-317,JINHUN BUSINESS CENTER,HUANCHENG NORTH
ROAD,NINGBO,CHINA

2. Goods consigned to (Consignee's name, address, country)
DELORM DESIGN
ATTN:SEBASTIEN ORMART
PHONE NUMBER:+33613486390
+33613486390/0613486390

Reference No. G114401820100129

GENERALIZED SYSTEM OF PREFERENCES
CERTIFICATE OF ORIGIN
(Combined declaration and certificate)
FORM A
Issued in THE PEOPLE'S REPUBLIC OF CHINA
(country)
See Notes overleaf

3. Means of transport and route (as far as known)
FROM NINGBO TO LE HAVRE BY SEA ON/AFTER
JUL. 01,2011

4. For official use

5. Item number	6. Marks and numbers of packages	7. Number and kind of packages; description of goods	8. Origin criterion (see Notes overleaf)	9. Gross weight or other quantity	10. Number and date of invoices
1	N/M	ALUMINUM FRAME SOFA TOTAL: ONE HUNDRED AND SIXTY-ONE (161) CTNS ONLY *** *** *** *** ***	"P"	4800KGS	NG-04/2 MAY 23,2011

11. Certification
It is hereby certified, on the basis of control carried out, that the declaration by the exporter is correct.

GUANGZHOU,JUL. 12,2011

12. Declaration by the exporter
The undersigned hereby declares that the above details and statements are correct; that all the goods were produced in
CHINA
(country)
and that they comply with the origin requirements specified for those goods in the Generalized System of Preferences for goods exported to
FRANCE
(importing country)
GUANGZHOU CHINA,JUL. 12,2011

（1）、（2）和一般原产地证的相应栏目一样。

分别填写出口商和进口商的详细名称、地址、注意要和信用证的有关写法一致。

（3）运输方式和路线

注明装货港、到货港及运输方式（如有转运，也要注明）。

（4）签证机关专用栏

一般情况下，此栏空白，由签证当局视情况填写相应的内容。

（5）项目号

即商品的顺序号。按不同品名填写 1．2．3……

（6）唛头和包装号码

此栏填写商品包装上的装运标志，应完整、规范并与其他单据上的装运标志一致。不能简单填写“As per Invoice No.xxx”或类似字样。

（7）货物描述及包装件数和包装种类

本栏填写商品的名称及商品外包装的数量及种类。注意：在货物描述结束时应有终止符“**********”紧跟其下。

（8）原产地标准

须按 FORM A 背面有关条款填入“P”、“W”、“F”等字母。具体规定如下：

完全自产产品，无进口成分，只需填“P“即可。

含进口成分，但经过出口国充分加工的产品输往欧盟 15 国及瑞士、挪威和日本时填“W”并在其后加注出口产品在海关合作理事会税则目录（Customs Cooperation Council Nomenclature，CCCN）的税目号（如“W”96.18）

出口加拿大的产品，如果其所含的进口成分占产品出厂价的 40%以下，则填“F”。

出口到澳大利亚或新西兰的产品，此栏可空白。

（9）数量或重量

应按照提单或其他运输单据中的数量填写,若填重量的话则应填入毛重。

（10）发票号码和日期

填入本次交易的发票号码和发票日期。注意：此栏不得留空。

（11）签证机关栏

本栏由签证机关证明用。必须由签证机关手签、加盖公章并加注签署地点、日期。

（12）出口商申明

本栏填写产品原产国和进口国（给惠国）并且必须由出口商手签、加盖公章并加注签署地点、日期。注意：该日期不能早于发票日期（一般与发票日期相同），同时不能迟于装运日期第 11 栏签证机关的日期。

13.2.6　保险单

保险单（Insurance Policy）是保险人（保险公司）与被保险人（投保人，一般为出口商）之间订立的保险合同。当承保货物发生保险合同责任范围内的损失时，保险单又是被保险人索赔，保险人理赔的重要依据。

货　物　运　输　险　投　保　单

APPLICATION FOR CARGO TRANSPORTATION INSURANCE

投保单号：MI0001931

注意：请您在保险人明确说明本投保单及适用保险条款后，如实填写本投保单，您所填写的材料将构成签订保险合同的要约，成为保险人核保并签发保险单的依据。除双方另有约定外，保险人签发保险单且投保人向保险人缴清保险费后，保险人开始按约定的险种承保货物运输保险。

投保人 Applicant	RIQING EXPORT AND IMPORT COMPANY				
投保人地址 Applicant' s Add	P.O.BOX 1589, NAGOYA, JAPAN			邮编 Code	197-0804
联系人 Contact	CHUANBEN	电话 Tel.	81-3-932-3588	电子邮箱 E-mail	
被保险人 Insured	RIQING EXPORT AND IMPORT COMPANY			电话 Tel.	
贸易合同号 Contract No.	contract01	信用证号 L/C No.	002/0000398	发票号 Invoice No.	IV0000066

标记 Marks & Nos.	包装及数量 Packing & quantity	保险货物项目 Description of goods
CANNED LITCHIS JAPAN C/NO.1-1000 MADE IN CHINA	1000　CARTONS	CANNED LITCHIS

装载运输工具：Name of the Carrier　TBA

起运日期：Departure Date　2011-08-29　　赔付地点：Claims Payable At　JAPAN

航行路线：自 Route From　SHANGHAI,CHINA　经 Via　　到达（目的地）To(destination)　NAGOYA, JAPAN

包装方式：

运输方式：

承保条件　投保人可根据投保意向选择投保险别及条款，并划 √ 确认，但保险人承保的险别及适用条款以保险人最终确定并在保险单上列明的险种、条款为准。

Conditions：

进出口海洋运输：☑一切险　☐水渍险　☐平安险　（《海洋运输货物保险条款》）
☐ICC(A)　☐ICC(B)　☐ICC(C)　（《伦敦协会条款》）

进出口航空运输：☐航空运输险　☐航空运输一切险　（《航空运输货物保险条款》）

进出口陆上运输：☐陆运险　☐陆运一切险　（《陆上运输货物保险条款 》）

特殊附加险：☑战争险　☑罢工险

特别约定Special Conditions：

1、加成　Value Plus About　110　%

2、CIF金额　CIF value　　　　3、保险金额　Insured Value

4、费率（‰）　Rate　　　　5、保险费　Premium

投保人声明：

1. 本人填写本投保单之前，保险人已经就本投保单及适用的保险条款的内容，尤其是关于保险人免除责任的条款及投保人和被保险人义务条款向本人作了明确说明，本人对该保险条款及保险条件已完全了解，并同意接受保险条款的约束。
2. 本投保单所填各项内容均属事实，同意以本投保单作为保险人签发保险单的依据。
3. 保险合同自保险单签发之日起成立。

投保人签字（盖章）　RIQING EXPORT AND IMPORT COMPANY　　日期　2011-08-29

1．信用证中有关保单(保险)条款示例

（1）Insurance Policy covered for 110% of total invoice value against All Risks and War Risk as per and subject to the relevant Ocean Marine Cargo Clause of the People's Insurance Company of China dated 1/1/1981.

（2）Policy of Insurance in duplicate issued or endorsed to the order of ABC Co Ltd., in the currency of the credit for the CIF value of the shipment plus 10 percent covering All risks, War risks and S.R.C.C. clause of the People's Insurance Company of China.

（3）Insurance Policy covered for 110% of total CIF value against Institute Cargo Clauses （A） and Institute War Clauses （Cargo） of 1982, showing claim payable at destination in the same currency of the draft.

2．保险单填制要点

（1）被保险人

除非信用证有特别规定，一般为信用证受益人。

（2）唛头

同商业发票上的唛头一致。如唛头比较复杂也可以简单填写“As per Invoice No. ×××”。

（3）包装及数量

本栏填写外包装的数量及种类。

（4）保险货物项目

本栏填写商品的名称，可以用总称。

（5）保险金额

按信用证规定的金额及加成率投保。如信用证对此未做具体规定，则按 CIF 或 CIP 或发票金额的 110%投保。

提示：保单上的保险金额的填法应该是“进一取整”，即如果保险金额经计算为 US$11324.12，则在保险单上应填“US$11325”。

（6）总保险金额

本栏只需填入保险金额的大写即可。

（7）、（8）“保险”和“费率”

如信用证无特别规定，此两栏一般打“As Arranged”。

（9）装载运输工具

如采用海运则根据配舱回单填写相应的承运船只及航次。

（10）开航日期

一般填写提单签发日期。更简单的只填“As per B/L”。

（11)、（12）起讫地点

填写货物的起运地和目的地（如有转运，也要注明）。

（13）承保险别

按信用证规定的承保险别，包括险别和相应的保险条款等。

（14）保险代理

保单上通常还须填写保险公司在目的地的代理机构的名称及联系地址。

（15）赔款偿付地点及赔款币种

赔款偿付地点一般填写运输目的地。币种采用信用证或汇票所用货币的币种。

（16）保单日期

不迟于提单日期，但一般应晚于发票日期。

（17）保单背书

出口人在交单时应将保单作背书转让，以便进口方在发生由承包风险引起的损失时能取得保险公司的赔付。背书应按信用证的有关条款执行，如无特殊规定则应做成空白背书。

保单的背书方法同提单基本相似：

记名背书：

Endorsed to DEF Co. 或 Pay to DEF Co.

ABC Co. (签章)

December 102015

空白背书：

ABC Co. (签章)

December 102015

13.2.7 商检证书

进出口商品经过商检机关检验、鉴定后由商检机关初出具、签发的各类证书统称为商检证书。商检证书是进出口交易中一种重要的证明文件。

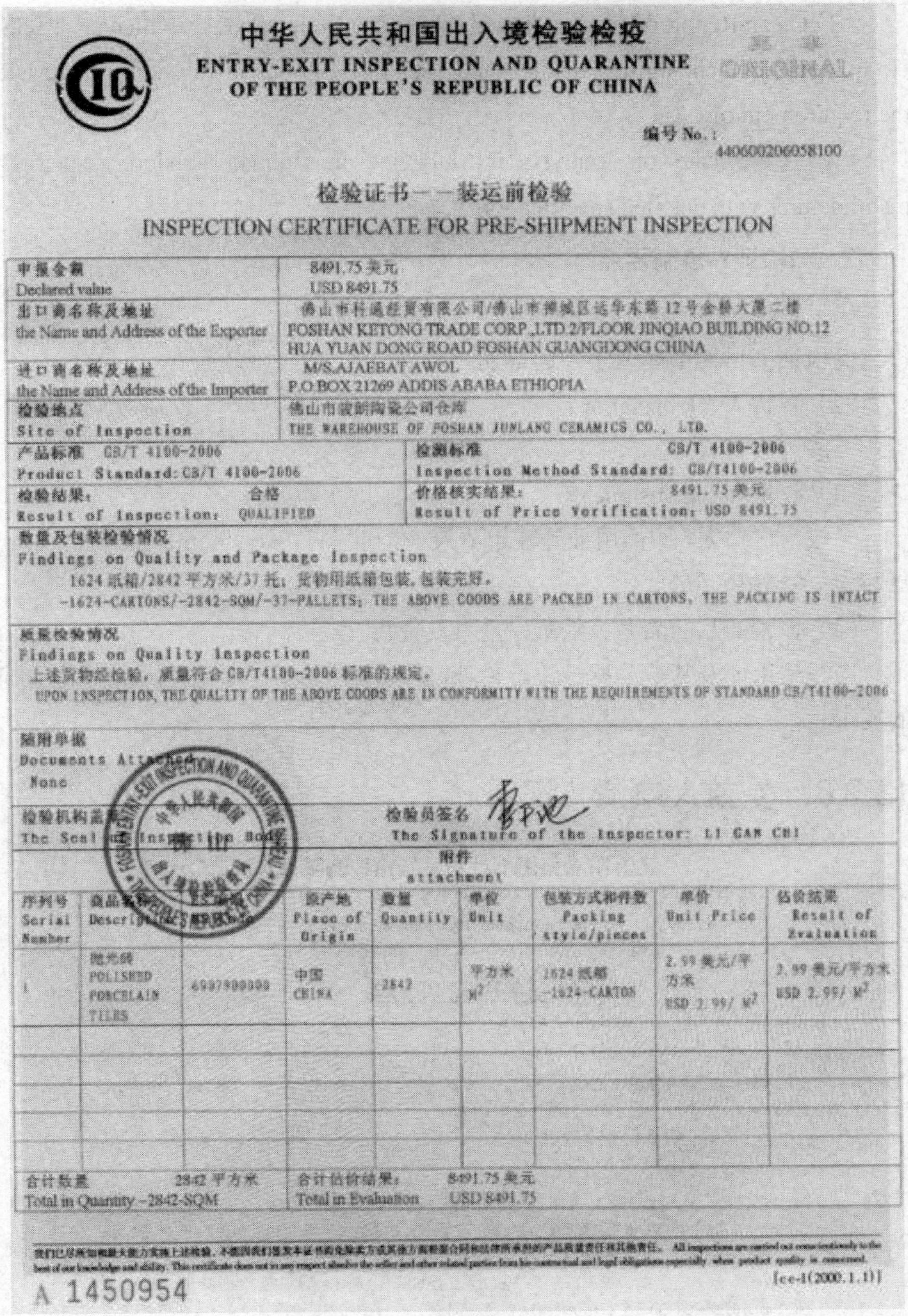

中华人民共和国出入境检验检疫
ENTRY-EXIT INSPECTION AND QUARANTINE
OF THE PEOPLE'S REPUBLIC OF CHINA

正本
ORIGINAL

编号 No.：
440600206058100

检验证书——装运前检验
INSPECTION CERTIFICATE FOR PRE-SHIPMENT INSPECTION

申报金额 Declared value	8491.75 美元 USD 8491.75
出口商名称及地址 the Name and Address of the Exporter	佛山市科通经贸有限公司/佛山市禅城区运华东路 12 号金桥大厦二楼 FOSHAN KETONG TRADE CORP.,LTD.2/FLOOR JINQIAO BUILDING NO.12 HUA YUAN DONG ROAD FOSHAN GUANGDONG CHINA
进口商名称及地址 the Name and Address of the Importer	M/S.AJAEBAT AWOL P.O.BOX 21269 ADDIS ABABA ETHIOPIA
检验地点 Site of Inspection	佛山市骏朗陶瓷公司仓库 THE WAREHOUSE OF FOSHAN JUNLANG CERAMICS CO., LTD.

产品标准　GB/T 4100-2006 Product Standard:GB/T 4100-2006	检测标准　GB/T 4100-2006 Inspection Method Standard: GB/T4100-2006
检验结果：合格 Result of Inspection: QUALIFIED	价格核实结果：8491.75 美元 Result of Price Verification: USD 8491.75

数量及包装检验情况
Findings on Quality and Package Inspection
1624 纸箱/2842 平方米/37 托；货物用纸箱包装，包装完好。
-1624-CARTONS/-2842-SQM/-37-PALLETS; THE ABOVE GOODS ARE PACKED IN CARTONS, THE PACKING IS INTACT

质量检验情况
Findings on Quality Inspection
上述货物经检验，质量符合 GB/T4100-2006 标准的规定。
UPON INSPECTION, THE QUALITY OF THE ABOVE GOODS ARE IN CONFORMITY WITH THE REQUIREMENTS OF STANDARD GB/T4100-2006

随附单据
Documents Attached
None

检验机构盖章
The Seal of Inspection Body

检验员签名
The Signature of the Inspector: LI GAN CHI

附件
attachment

序列号 Serial Number	商品名称 Description	编码	原产地 Place of Origin	数量 Quantity	单位 Unit	包装方式和件数 Packing style/pieces	单价 Unit Price	估价结果 Result of Evaluation
1	抛光砖 POLISHED PORCELAIN TILES	6907900000	中国 CHINA	2842	平方米 M^2	1624 纸箱 -1624-CARTON	2.99 美元/平方米 USD 2.99/ M^2	2.99 美元/平方米 USD 2.99/ M^2

合计数量　2842 平方米 Total in Quantity -2842-SQM	合计估价结果：8491.75 美元 Total in Evaluation　USD 8491.75

[ce-1(2000.1.1)]
A 1450954

1．信用证中有关商检证书条款示例

（1）Inspection Certificate of Quality and Weight issued by China Commodity Inspection Bureau.

（2）Clean Report of Finding issued by Societe Generale de Survillance （SGS）Hong Kong, evidencing that quality, and packing of goods in full compliance with the requirement of L/C.

（3）Certificate of Analysis in duplicate in English version, issued By manufacturer with detailed specification.

2．商检证书填制要点

（1）日期

商检证书日期不能迟于装运日期（提单日）。

（2）发货人（Consignor）

一般为出口人。

（3）收货人（Consignee）

一般为进口人，即信用证开证申请人。也可只打“To whom it may concern.”（致“有关当事人”）。

（4）报验商品的品名、数量、重量及唛头

应与信用证及其他单据一致。另外，检验项目及内容，应符合有关信用证的要求。

13.2.8 受益人申请／证明

江苏阳光集团毛针织品进出口有限公司

SUNSHINE GROUP JIANGSU WOOLLEN KNIT & GARMTEX I/E CORP. LTD.

NO. 91 SUNSHINE ROAD, NANJING, CHINA

CERTIFICATE

MESSRS: MENINI IMP & EXP. CORP. DATE: MAR 15, 2003

FAX NO.: 0039-036-3368010 PLACE: NANJING , CHINA

RE: INV. NO. ××, L/C NO. ××

THIS IS TO CERTIFY THAT M.S./S.S. XXX FLYING THE PEOPLE'S REPUBLIC OF CHINA FLAG, WILL NOT CALL AT ANY ISRAELI PORTS DURING THIS PRESENT VOYAGE, ACCORDING TO THE SCHEDULE, AND SO FAR AS WE KNOW THAT IT'S NOT BLACKLISTED BY THE ARAB COUNTRIES.

江苏阳光集团毛针织品进出口有限公司

SUNSHINE GROUP JIANGSU WOOLLEN KNIT & GARMTEX I/E CORP. LTD

受益人申请／证明是信用证受益人根据信用证的有关规定缮制的一种比较简单的议付单据。

1．信用证中有关受益人申请／证明条款示例

（1）Beneficiary's Certificate certifying that full set of non-negotiable copies of documents to be sent to Applicant immediately after shipment.

（2） Beneficiary's Statement indicates that cable copy of shipping advice dispatched to the accountee immediately after shipment.

（3）Beneficiary's Declaration stating that one complete set of non-negotiable shipping documents sent directly to the opener by express airmail within 2 days after shipment.

（4）Beneficiary's Certificate certifying that each export package to be marked with "MADE IN CHINA".

2．受益人申请／证明填制要点

（1）日期

受益人申明/证明的日期应与证明内容相吻合。

例如：提单日期是 3 月 12 日。受益人证明的有关内容是"we hereby certify that one set of non-negotiable shipping documents has been airmailed to the Applicant within 2 days after the shipment date."则受益人证明的日期不能早于 3 月 12 日，当然也不能晚于交单日期。

（2）内容

受益人申明的内容应根据信用证缮打，但有时应对所用的时态做相应的变化。例如：信用证条款规定："Beneficiary's certificate certify that all the packages to be lined with waterproof paper and bound with two iron straps outside."则受益人证明应做成："…packages have been lined…"

（3）签署

受益人证明应注明出证人的公司名称并签章。

13.2.9　装运通知

装运通知是出口方在订妥舱位或货物装船后发给进口方的通知。有时，进口方为了督促出口方履行通知的义务，就在信用证中要求受益人在交单时提交装运通知的副本作为议付单据之一。

SHANGHAI BAO LI IMPORT & EXPORT CO., LTD

817 DA , MING RD EAST SHANGHAI CHINA

SHIPPING ADVICE

02-Feb-15

To: HYCO INDUSRTIES GMBH

Dear sirs,

Invoice No.: 97HJINV-007

L/C No.: CMK972831

We hereby inform you that the goods under the above mentioned credit have been shipped. The details of the shipment are stated below:

Commodity:	BOBBING HEAD DOLL
Quantity:	370 CARTONS
Amount:	US$ 14,009.20
Ocean vessel:	Per s. s. HANJIANG HE Voy.133
Bill of Lading No.:	97COS22321
E. T. D.:	On/or about 02-Feb-15
Port of Landing:	SHANGHAI
Destination:	BREMEN

We hereby certify that the above content is true and correct.

SHANGHAI BAO LI IMPORT & EXPORT CO., LTD

萬 國 華

信用证中有关装运通知条款示例

（1）Beneficiary’s certified copy of cable/telex dispatched to applicant within 48 hours after shipment advising L/C no., name of vessel/flight number, date, quantity, weight and value of the shipment.

（2）Certified copy of beneficiary’s applicant. (Fax No. 852-3053113) dated within 7 days after shipment advising the name and sailing date of carrying vessel and Marine Bill of Lading No.

（3）Shipment advice showing the name of the carrying vessel. date of shipment, marks, amount and the number of this Documentary Credit must be sent by registered airmail to the applicant. The relative postal registration receipt and a copy of the shipping advice must be attached to the documents.

13.3 交单结汇

交单是指出口商（信用证受益人）在规定时间内向银行提交信用证规定的全套单据，这些单据经银行审核，根据信用证条款不同付汇方式，由银行办理结汇。

在我国出口业务中，使用议付信用证比较多。对于这种信用证的出口结汇办法，主要有三种：收妥结汇、定期结汇和买单结汇。

1. 收妥结汇

收妥结汇又称为先收后结，是指出口地银行收到受益人提交的单据，经审核确认与信用证条款的规定相符后，将单据寄给国外付款行索偿，待付款行将外汇划给出口地银行账户的贷记通知书（Credit Note）后，该行在按当日外汇牌价结算成人民币付给受益人。

2. 定期结汇

定期结汇是指出口地银行在收到受益人提交的单据经审核无误后，预先确定一个固定的结汇期限将单据寄给国外银行索偿，并自交单日起在事先规定期限内主动将货款外汇结算成人民币贷记受益人账户或交付给受益人。

3. 买单结汇

买单结汇又称为出口押汇或议付，是指议付行在审核单据后确认受益人所交单据符合信用证条款规定的情况下，按信用证的条款买入受益人的汇票和/或单据，从票面金额中扣除从议付日到估计收到票款之日的利息，将净数按议付日人民币市场汇价折算成人民币，付给信用证的受益人。议付行买入汇票和/或单据后，就成为汇票的善意持有人，即可凭汇票向信用证的开证行或其指定的银行索取票款。

13.3.1 清醒应对拒付

单证不一致即单据缮制没有完全符合信用证明规定。这是最常见的事故，其结果就是直接导致不符点，甚至导致单据被拒付。外贸公司在信用证业务中，想必都有被拒付的经历，有的经历甚至会很惊险，而一些经验不足的公司在接到开证行提出不符点的通知时，往往惊慌失措，匆匆忙忙接受客户降价的请求，直接导致了经济损失。其实，信用证项下的单据被拒付，并不意味着出口项下的货款已被判了死刑，降价也不是解决问题的唯一办法。所以我们大可不必谈不符点色变，自己先乱了方寸。

1．清醒应对拒付

对于单据被拒付，要先弄清以下问题。

（1）对于包含有不符点的单据，拒付是国际惯例赋予开证行的权利。我们知道，信用证是开证行有条件的付款承诺，只要是单证相符，开证行必须付款，但一旦单据有不符点，开证行有权向提交单据的一方提出不符点而解除自己的付款责任，这也是开证行保护自己的一种做法。拒付后将不符点提示给开证申请人，如果开证申请人接受不符点，开证行一般都会付款。

（2）单据被拒付后，受益人拥有对单据的处置权，这就意味着货权并未丧失，受益人可以根据实际情况处置货物，不过这要有一个前提，就是信用证要求的必须是全套提单，若 1/3 提单已寄给申请人，提交给银行的是信用证所要求的 2/3 提单，则难免钱货两失的风险。

（3）单据被拒付后，有可能带来额外的利益。单据被拒付后，从理论上来讲，即使申请人接受不符点，开证行也无权擅自向申请人放单。如果市场情况好，出口商可以选择以更高的价格转卖给第三者，从中获得更大的利益。

（4）货物质量在任何时候都是收回货款的最关键因素。赚取利润是买卖双方共同的愿望，如果货物质量过硬，市场情况好，进口商一般会接受不符点并付款。

2．单证不一致采取的措施

在出口业务中，由于种种原因造成单据不符，即单据存在不符点，而受益人又因时间条件的限制，无法在规定期限内更正，则有下列处理方法。

凭保议付

受益人出具保证书承认单据瑕疵，声明如开证行拒付，由受益人偿还议付行所垫付款项和费用，同时电请开证人授权开证行付款。

表提

议付行把不符点开列在寄单函上，征求开证行意见，由开证行接洽申请人是否同意付款。接到肯定答复后议付行即行议付。如申请人不予接受，开证行退单，议付行照样退单给受益人。

电提

议付行暂不向开证行寄单。而是用电传和传真通知开证行单据不符点。如开证行同意付款，再行议付并寄单，若不同意，受益人可及早收回单据，设法改正。

有证托收

单据有严重不符点，或信用证有效期已过，已无法利用手上的信用证 ，只能委托银行在向开证行寄单函中注明“信用证项下单据作托收处理”。作为区别，称为“有证托收”。而一般的托收，则称为“无证托收”。由于申请人已因单证不符而不同意接受，故有证托收往往遭到拒付，实是一种不得已而为之的方式。

13.3.2　不符点的应对步骤

如果银行提出不符点并表示拒付，跟单员该怎么办呢？我们可以参看下面内容。

1．认真审核不符点

我们都知道认真审核出口信用证条款是必不可少的，殊不知审核不符点内容也很重要。一则银行信誉良莠不齐，一些信誉欠佳的开证行往往会极力配合开证申请人，对单据无端挑剔，以无害不符点拒付甚至无理拒付，二则银行素质参差不齐，对国际惯例理解也不一样，有时所提出的不符点经不起推敲，这就给我们反驳不符点创造了机会，留下了许多余地，而在未弄清不符点内容的情况下就匆忙对外应对，就好比瞎人骑瞎马，虽不至于如临深渊般的危险，但其盲目是可以想见的，这样下来的结果也可想而知。审核不符点是否成立，要求审核者要通晓国际惯例，并有丰富的国际结算经验和熟练的技巧，对此公司可以咨询银行。

一般来说，审核不符点包括 3 部分内容。

（1）以国际惯例和国际标准银行惯例为依据，看开证行所提的不符点是否成立。开证行是以单证相符、单单一致为条件，来决定是否接受信用证项下的单据，单据不符可以拒付，单据相符，其必须接受单据并履行信用证项下付款责任，另外开证行不得以单据以外的理由拒绝付款。由此如单据在表面上符合信用证，同时单据与单据之间并无不一致，可以认定所提不符点不成立，而理直气壮地要求开证行履行付款的义务。

（2）看开证行提出不符点的前提是否已满足。根据国际惯例，开证行提出不符点必须符合以下条件。

● 在合理的时间内提出不符点，即在开证行收到单据次日起算的七个工作日之内向单据的提示者提出不符点；

- 无延迟地以电讯方式，如做不到，须以其他快捷方式将不符点通知提示者；
- 不符点必须一次性提出，即如第一次所提不符点不成立，即使单据还存在实质性不符点，开证行也无权再次提出；
- 通知不符点同时，必须说明单据代为保管听候处理，或径退交单者。

以上条件必须同时满足，如有一项条件开证行未做到，开证行便无权声称单据有不符点而拒付，如国际商会出版物中有一则案例，开证行拒付，因议付行所在地发生地震，不能以电信方式通知不符点，遂采取快邮方式，议付行以开证行未在 7 个工作日内通知为由要求开证行付款，而国际商会认为在那种情况下，快邮方式是开证行所能采用的最快捷的方式，其拒付行为是有效的。我们可以设想，假如开证行不是因为议付行所在地区发生地震，电信方式通知不到而采用快邮，而是直接就用快邮方式通知，则议付行就此提出异议是有道理的。

（3）看所提不符点是否模糊不符点。有时开证行提出不符点的条件均已满足，单据也确实存在不符点，但开证行由于自身素质或英语水平的限制，提出的不符点与实际存在的不符点大相径庭，完全不是那么一回事，在这时实质上开证行所提的不符点是不存在的，而其后来对不符点所做的解释，可能是正确的不符点，但我们可以指其是第二次提出不符点，系无效的拒付行为而要求开证行付款。

2. 研究是否可以换单

根据国际惯例，如果单据确实存在不符点，开证行并已就此提出拒付，只要受益人改正的单据在信用证规定的有效期和议付期内提交到指定银行，且新提交的单据没有新的不符点，则视为单据不存在不符点，开证行必须付款。为此，一旦获知开证行提出不符点，公司的反应一定要快，看是否可以及是否来得及改单，如有可能，应迅速改单并及时将单据交到指定银行手中。为了达到有不符点改单的目的，事先事后应做到以下几点。

- 在审核信用证时，一定要注意信用证的有效地点须在国内；
- 发货时尽量提前，不要在即将到有效期时才发货，以保证在开证行提出不符点后，受益人有时间改单；
- 一旦装船，立即交单，以保证拒付后，能在议付期内重新制单；
- 重新补制单据时，一定要认真仔细，确保没有新的不符点。

3. 密切关注货物下落

在信用证业务中，相关各方处理的是单据，而不是与货物有关的货物及/或服务，之所以如此，最主要的原因是信用证所涉及的单据尤其是作为货权单据的提单，使得信用证的当事人能够控制货权，对单据的买卖，就意味着对货权的买卖，所以《UCP600》规定，银行拒付后必须要么持单听候指示，要么将单据径退交单者，也即是说开证行拒付后不经受益人或议付行同意，不得擅自向开证申请人放单，否则其必须付款。另外，关注货物下落还可以了解到开证申请人是否已凭开证行的提货担保提取货物，凭保提货虽然构不成开证行拒付后必须付款的责任，但如受益人或议付行要求退单，然后向船公司索要货物，船公司因无法提供货物，必然转而找开证行，要求其履行提货担保项下的责任，则开证行信誉损失不说，还可能承担比货款更多的经济损失，所以在这种情况下，一经向其说明已知晓客户凭其提货担保提货的事实，开证行往往会立即付款。

4. 积极与开证申请人洽谈

开证行拒付并不意味着开证申请人拒付，如果开证申请人最终放弃不符点，尽管开证行并不受开证申请人决定的约束，但一般会配合开证申请人付款。所以开证行拒付后，如果不符点确实成立，应分析与开证申请人之间的关系及此笔交易的实际情况，以决定怎样与其交涉，说服开证申请人接受不符点并付款。只要货物质量过关，商品市场价格较好，开证申请人一般不会以此为借口拒绝接受单据。

5. 降价或另寻买主

如果不符点确实是成立的，且货物质量有缺陷，因市场不佳或客户信誉不好，申请人有时会拒绝付款，或为转嫁市场价格波动的风险，而提出降价的要求，遇到这种情况，一般可采取 3 个步骤：一是从合作角度考虑，尽量争取开证申请人的让步，并在日后的贸易往来中给以其他优惠，而避免当笔业务的经济损失；二是在交涉不力的前提下，可答应客户降价的请求；三是可权衡利弊，根据市场情况，积极联系新的买主，如市场情况较好的话，也可以将此作为与客户交涉的策略，就一般情形而言，客户关心的是自身的利润，如果商品市场价格趋升，开证申请人不会冒利润和客户同时损失的风险而坚持拒付。

6. 退单退货

在开证行提出实质性不符点、拒付行为又很规范、与客户交涉不力、寻找新买主而不得的情况下，就只有退单退货了，不过在作出此决定之前，一定要仔细核算运回货物所需的费用和货值之间，是否有账可算，有利益即迅速安排退运，因为时间拖得愈久，费用（港杂、仓储等）就越高；若运回货物得不偿失，则不如将货物放在目的港，任由对方海关去处理。

另外，开证行提不符点拒付时，作为议付行必须履行自己的职责。受益人既然将出口单据交给议付行，是基于对议付行的信任，但目前一些国内银行采取极其不负责任的态度，怕字当头，开证行一拒付，就慌不迭地将责任推到受益人头上，反映在业务操作上，是有理不争，对外软对内硬，不积极配合受益人向开证行力争。为此，受益人一定要挺起腰板，理直气壮地要求议付行予以配合，只要不符点不成立，其必须尽最大努力与开证行交涉，以维护受益人和国家的利益。

13.3.3　FAQ 常用单证知识点答疑

1．银行是否接受出具日期早于信用证出具日期的单据，如果接受，前提条件是什么？

答：可以。信用证没有禁止接受出具日期早于信用证出具日期的单据。

2．什么时候银行才认为，运输单据上所包括的“clean on board”的条件已经满足？

答：一是没有不清洁批注，二是对于装船提单，无须装船批注；对于收妥待运提单，需装船批注。满足上述两个条件，即可认为，提单已经满足“clean on board”的条件。

3．before 15th April 我公司提单签发日期 4 月 15 日，可否？

答：不可以。BEFORE 不含当日。

4．L/C 规定装运期为 after 15th April，2015 until 30th，April，2015，我实际提单日期为 15th April 2015 或 30th April，2015 是否可以？

答：首先，需要明确提单日期是否就是装船日期，对于收妥待运提单，是以装船批注日期作为装船日期，假如提单日期就是装船日期，那么，根据《UCP600》，提单日期为 15th April 2015 不可接受，提单日期为 30th April 2015 可接受。

5．L/C 在 FOB 条件下，要求提单在运费条款中注明：FREIGHT PAYABLE AS PER CHARTER PARTY 是否可以？为什么？

答：不可以。一方面，按照常理，FOB 条件下，出口方不承担运费，所以提单上应注明“运费待收”（Freight collect），但也存在特殊情况，即进口方要求出口方支付运费，这需要信用证特别规定；另一方面，如果信用证没有规定可以接受租船合约提单，银行是不能接受含有租船合约提单或类似词语的提单的。

6. L/C 上“SHIPPER LOAD AND COUNT”AND“SAID BY SHIPPER TO CONTAIN”可否接受，为何？

答：可以。这是船公司/出提单者的免责条款。因为现代运输大多是采用集装箱运输，往往是由托运人在集装箱堆场或集装箱转运站将货物装入集装箱并封印，承运人一般不再开箱查验。所以为了免除自己在这方面的责任，承运人往往会在提单上注明上述两段词语，大意是集装箱内所装的货物数量及内容是由托运人所述。当然，这种方式，也存在隐患：货物有可能不是托运人所声明的种类、数量。

7. 开证行收到倒签提单，并有根据，开证行以伪造单据为由提出拒付，可否？

答：不可以。银行只能以单据表面存在不符拒付。但在法律上，可以以伪造单据为由进行抗辩。

8. 若 L/C 要求交单期起算日为货运单据的签发日在 RECEIVED B/L 中 ON BOARD 日期和 B/L 签发日不同，应从何日期起算？

答：应从 B/L 签发日期起算。

9. L/C 最晚装期 4 月 15 日，有效期 4 月 25 日，未规定交单期，若 B/L 提单日为 4 月 3 日，4 月 15 日议付，过期否？

答：否。如果信用证上未规定交单期限，银行将接受不迟于提单日期后的 21 天内交单的单据，但必须在信用证的有效期之内。

10. DOCUMENTS MUST BE PRESENTED FOR NEGOTIATION WITHIN 10 DAYS，FROM B/L DATE，或 AFTER B/L DATE，若 B/L 为 1 日，则最晚交单期分别为多少？

答：最晚交单日分别为 10 日和 11 日。（“FROM”是包括该日的标记；“AFTER”则不包括其后的日期。）

11. 双到期的 L/C，若 L/C 项下提前发运，则交单期如何？ 交单期在信用证中是否有规定？

答：交单期在信用证中如有规定，按照规定的交单期限掌握；若无规定，则对于双到期的 L/C，如果提前发运，则交单期限为该装运日至效期之间的时间。

12. 若保险单要求 IN DUPLICATE PLUS ONE COPY，制单时如何提供单据？

答：两正一副。

13. SHIPMENT AT 90 DAYS AFTER THE DATE OF L/C，ISSUE 则装运日如何掌握？

答：在开证日后（不含开证日期）的第 90 天。

14. 提单上批注“SHORT SHIPPED ONE BALE”是否构成不清洁提单？

答：短装一包，要看信用证是否允许溢短装。如果不允许，则构成不清洁单。

15. 信用证要求提供的是洁净已装船提单（CLEAN ON BOARD B/L），现船公司签发的联合运输提单是备运（RECEIVED FOR SHIPMENT）提单，该怎么办？

答：由船公司进行装船批注。

16. 什么叫作预约保险单（OPEN POLICY）？有什么作用？

答：是基于长期合作，保险人与被保险人之间签订的预约保险或保险约定。可以避免繁杂的保险手续，可以防止漏保，保费定期结算及可以优惠，减少被保险人的资金占用。

17. 可转让信用证通常被第一受益人作为从第二受益人出口的货物中获取差价利益的一种支付手段，因此：

（1）第一受益人在把信用证转让第二受益人时对原证的那些条款可作必要的改动？

（2）第二受益人发货后提交的出口单据为什么必须通过转让银行？

答：①信用证金额、单价，投保比率，效期、装期、交单期限。②因为便于第一受益人换单。

18. 什么是“倒签提单”（ANTEDATED BILL OF LADING）？什么是“预借提单”（ADVANCED BILL OF LADING）？其危害性如何？

答：倒签提单是指签发提单时将提单上记载的装船日期提前的提单。预借提单是指货物尚未开始装船或者尚未全部装船的情况下，签发的已装船提单。二者都是将提单的签发日期提前，使得实际日期与提单所记载的日期不符，构成虚假和欺诈，属于违法行为。一旦被发现，承运人可能被诉诸法律。

19. 请根据下面表格中的提单抬头，来确认该提单是否应背书，由谁背书？

提单抬头	是否背书/由谁背书
TO ORDER	
TO ORDER OF SHIPPER	
TO ORDER OF XX BANK	
TO ORDER OF ACCOUNTEE	

答：

提单抬头	是否背书/由谁背书
TO ORDER	应背书　SHIPPER 托运人背书
TO ORDER OF SHIPPER	应背书　SHIPPER 托运人指示
TO ORDER OF XX BANK	应背书　XX BANK XX 银行指示
TO ORDER OF ACCOUNTEE	应背书　ACCOUNTEE 申请人指示

20. 在一份 SWIFT 来证中其代号 CODE 39A POS/NEG 5/5 是什么意思？

答：信用证可用金额可以增减 5%。

21. 信用证分批装运条款为 SEVERAL SHIPMENTS 请问应分几批出运？

答：一批（不含一批）以上。

22. 保兑信用证，出口单据经保兑行审核无误，但开证行收到单据后认为有不符点，拒绝付款，保兑行因此也不同意付款给出口公司，理由是保兑行只有在开证行倒闭的情况下才承担保兑责任，请问这个理由是否成立？

答：不成立。因为保兑行承担独立审单的责任，其付款与否不取决于开证行。

23. 什么是“交换提单”（SWITCH B/L）？

答：交换提单，是指在直达运输的条件下，应托运人的要求，承运人承诺，在某一约定的中途港凭在启运港签发的提单另换发一套以该中途港为启运港，但仍以原来的托运人为托运人的提单，并注明“在中途港收回本提单，另换发以该中途港为启运港的提单”或“Switch B/L”字样的提单。

24. 不可转让的运输单据（NON-NEGOTIABLE TRANSPORT DOCUMENT）是否要凭运输单据提货？

答：不需要。凭到货通知及收货人身份证明即可提货。

25. 出口内衣 500 箱，每箱装 5 打，共计 2 500 打，国外开来信用证条款要求装运标志（SHIPPING MARK）及标明数量（QUANTITY）请问我们在做装运标志时，是标明每箱数量 5 打，还是总数量 2 500 打？

答：标明总数量 2 500 打。

26. 信用证要求提供“LAND-SEA COMBINED TRANSPORT B/L”但又规定不可转运，货从内地装火车到香港装海运，与不可转运有矛盾，以上条款是否需要联系客户修改？

答：不需要。依据《UCP600》规定，对于货物由空运、国际多式联运、铁路运输、公路运输及海运中的集装箱、拖车或子船运输方式下的运输单据可以表明货物将要或可能被转运，只要全程运输由同一运输单据涵盖。即使信用证禁止转运，注明将要或者可能发生转运的运输单据银行仍可接受。

27．国外A银行开来一张保兑信用证，请国内B银行加保兑，B银行将该证通知受益人C公司，未加任何批注，这是不是默示：它对信用证的保兑已经认可？

答：不是。如果B行同意保兑，在通知受益人时，须明确书面声明。

28．HAWB是什么单证？它与MAWB有什么关系？

答：HAWB是HOUSE AIR WAYBILL的简称，即航空分运单，由运输行签发（该运输行本身没有飞机）。运输行将揽收后拼装的货物交航空运输公司，由航空运输公司签发的运输单据是MASTER AIR WAYBILL，简称MAWB。

29．可转让信用证，有关转让的银行费用由第一受益人（让与人）还是第二受益人（受让人）负担？

答：应由第一受益人承担。

30．USANCE DRAFT是什么汇票？

答：远期汇票。

31．信用证要求“PACKING LIST TO BE MADE OUT IN NEUTRAL FORM”怎么做？

答：即PACKING LIST不要显示出具人的名称。

32．对美国出口是不是可提供普惠制产地证？

答：不可以。

33．A银行开出的信用证，经B银行保兑，在付款责任上，这两家银行有没有第一性和第二性的区别？

答：没有。

34．L/C转让中的受让人英文叫什么？

答：TRANSFEREE。

35．商检证书的日期早于信用证开证日期，可否被银行接受？

答：只要信用证未禁止，则可以接受。

36．信用证中的ACCOUNTEE指谁？

答：指开证申请人。

37．在什么样的情况下，需要投保卖方利益险？

答：在采用货到付款或托收等商业信用的收款方式且采用FOB或CFR术语时，按照合同的规定，卖方没有办理货运保险的义务，而由买方根据情况自行办理。如果履约时行情对买方不利，买方拒绝接收货物，就有可能不办保险，这样一旦货物在途中出险就可能导致钱货两空。如不得已采用这两种术语成交，卖方应在当地投保卖方利益险。

38．限制议付的信用证，交给非信用证指定的银行议付，有何风险？

答：议付行将不能从开证行或信用证指定的付款行中得到偿付。

39．信用证要求出 RECEIPT INVOICE 受益人该怎样处理？

答："RECEIPT　INVOICE"是指的收妥发票，又称为钱货两讫发票(COMMERCIAL INVOICE DULY RECEIVED)，当信用证要求提供这种发票时，出口公司要在发票上明确表示货款已收到。在填制此种发票时，就在发票上注明"RECEIPT INVOICE"或证明"PAYMENT RECEIVED AGAINST XXX BANK L/C NO.XXX DATED XXX"字样。

40．保险条款中的 WITHOUT FRANCHISE 是什么意见？

答：这个词语很少见到，应该是没有免赔率，即发生损失，保险公司全部理赔。常见的是 I.O.P，不计免赔率。

41．L/C 装货期和有效期的最后一天适逢法定的节假日，可否顺延到下一个工作日？

答：有效期可顺延，装货期不可以。

42．什么叫对开信用证？

答：即两家银行互为开证行和通知行，多见于易货贸易和补偿贸易等。对开信用证(reciprocal letter of credit)系进出口双方为解决进出口平衡问题，采用补偿贸易、加工贸易方式，相互之间以出口额决定进口额，互相向对方开出的信用证。对开信用证的第一张信用证是根据进口原料或零配件的合同开立的，第二张信用证是根据（来料、来件等）生产出的商品的进口合同开立的。第一张信用证可以同时互开同时生效，也可以先后分别开立、分别生效。

43．普惠制是发达国家给发展中国家提供的一种关税优惠制度，它有 3 项原则，请说出是哪 3 项？

答：普遍的；非歧视的；非互惠的。

44．什么叫"清洁提单"？

答：提单上没有明确宣称货物及/或包装状况有缺陷的条款或批注的提单则为清洁提单。

45．汇票的 PAYEE 是谁？

答：收款人。

46. 某船公司的提单，在左下角签章处印刷了“SIGNED FOR”或“SIGNED FOR OR ON BEHALF OF THE CARRIER”字样，这种提单由船公司代理签章，寄到国外，遭到开证行拒付，为什么？

答：出单人身份不明确。如果提单由船公司代理签章，应注明“as agent of the carrier”，而不是“signed for”或“signed for or on behalf of the carrier”。

47. 信用证没有允许分批和允许转船的条款，可否分批和转船？

答：允许分批，允许转运。

48.（AIR WAYBILL）航空运单是不是 NEGOTIATABLE DOCUMENT？它能不能做成空白抬头 TO ORDER？

答：不是 NEGOTIABLE DOCUMENT，不能做成空白抬头 TO ORDER。

49. 出口单证内容要求达到“四个一致”，是哪四个一致？

答：单证一致，单单一致，单货一致，证同一致。

50. L/C 偿付银行偿付时要不要单证？

答：不要。只需汇票或索偿电。

51. 海运提单背面的铅印条款，如与信用证条款不符，银行是否可以拒付？

答：不可以，银行不审核提单背面条款。

52. 信用证和托收相结合的付款方式（部分货款由 L/C 支付，其余货款在托收项下支付，全套单据是附在信用证汇票项下，还是附在托收汇票下？

答：全套单据应附在托收汇票项下。

53.“THE CREDIT DOES NOT BEAR OUR CONFIRMATION AND DOES NOT INVOICE ANY UNDERTAKING ON OUR PART”信用证上的这一条款是开证行？通知行？还是保兑行所加的？

答：通知行所加，意思是不加具保兑。

第14章

进行核销退税

企业出口货物后，必须在规定的期限内足额准时收汇，并以出口收汇核销单为主线索向注册地外汇局提供必需的单证和按照必需的程序进行出口收汇核销。核销后，企业凭外汇局出具的“出口收汇核销退税联”向税务局办理出口退税，享受出口优惠政策。

14.1 出口收汇核销

1. 什么是外汇核销

外汇核销是指国家为加强进出口收付汇管理，指定外汇管理部门对进出口企业贸易的外汇收入和支出情况进行监督检查的一种制度，目的是监控每一笔贸易的每一笔外汇的进和出。

外汇核销的前提如下：

（1）取得工商营业执照。

（2）取得组织机构代码证书。

（3）取得进出口经营权——《中华人民共和国进出口企业资格证书》。

（4）取得海关自理报关单位注册登记证明书。

2. 什么是出口收汇核销

出口收汇核销是以出口货物的价值为标准核对是否有相应的外汇收回国内的一种事后管理措施。

3. 出口收汇核销的手续

出口单位在向当地外汇管理部门办理核销时，如报关单金额和收汇金额差额，须提供有关证明。

（1）补偿贸易项下以实物补偿的出口，出口单位必须提供经贸部门的批件，有关补偿贸易合同、有关进口报关单、发票、核销单向当地外汇管理部门办理核销手续，外汇管理部门将逐笔登记检出口额和补偿出口日期，补偿出口额满和补偿期满后，外汇管理部门将对新增出口按一般贸易逐笔核销收汇。

（2）对于一个合同分批出口并分批收取缴费者，凭原加工合同及所有的核销单和结汇水单（收账通知）向外汇管理部门办理核销。

14.1.1 跟单员如何办理出口核销

出口收汇核销的办理流程如下。

1. 开户

出口单位初次申领出口收汇核销单（以下简称“核销单”）前应当凭以下材料到外汇局办理登记。

- 单位介绍信、申请书；

- 外经贸部门批准经营进出口业务批件正本及复印件；
- 工商营业执照副本及复印件；
- 企业法人代码证书及复印件；
- 海关注册登记证明书复印件；
- 出口合同复印件。

外汇局对上述材料审核无误后为出口单位办理登记手续。

2. 领单

出口单位在开展出口业务前、凭单位介绍信、出口核销员证（现为开户单位印鉴卡）来外汇局领取核销单。出口单位向外汇局申领核销单时，应当当场在每张核销单的“出口单位”栏内填写单位名称或加盖单位名称章。核销单正式使用前加盖单位公章。

核销单自领单之日起两个月以内报关有效。出口单位应当在失效之日起一个月内将未用的核销单退回外汇局注销。

出口单位填写的核销单应与出口货物报关单上记载的有关内容一致。

3. 报关

出口单位持在有效期内、加盖出口单位公章的核销单和相关单据办理报关手续。

4. 送交存根

出口单位办理报关后，应当自报关之日起 60 天内，凭核销单及海关出具的贴有防伪标签、加盖海关“验讫章”的出口报关单、外贸发票到外汇局办理送交存根手续。

5. 核销

出口单位应当在收到外汇之日起 30 天内凭核销单、银行出具的“出口收汇核销专用联”到外汇局办理出口收汇核销。

6. 核销单遗失及补办

出口单位遗失核销单后，应当在 15 天之内向外汇局书面说明情况（加盖公章，法人签字），申请挂失，外汇局核实后，统一登报声明作废。

- 对于空白核销单，外汇局予以注销；
- 对于已报关的核销单，则凭有关出口凭证办理核销；
- 对于要求补办出口退税专用联的，在办理出口核销手续后，出口单位应当凭税务部门签发的与该核销单对应的出口未退税证明，向外汇局书面申请，经批准后，外汇局出具“出口收汇核销单退税联补办证明”。

7. 报关单补办事宜

出口单位遗失报关单的，应当凭外汇局签发的未核销证明，向海关补办。

8. 退赔事宜

若出口项下发生退赔，出口单位应向外汇局提供有关凭证，外汇局按下列情况审核退赔外汇的真实性。

（1）已出口报关且已办理核销的，外汇局凭以下有效单据进行审核。

- 出口合同；
- 退赔协议及有关证明材料；
- 出口收汇核销单（退税专用联）；
- 外汇局要求的其他材料。

（2）已交单未办理核销的，外汇局凭外汇指定银行结汇水单（或收账通知）及第一款所列单据进行审核。

（3）已报关出口未交单的，外汇局凭第一款及以下有效单据进行审核。

- 出口货物报关单；
- 商业发票；
- 汇票副本；
- 外汇指定银行结汇水单（或收账通知）

（4）出口货物未报关但已预收全部或部分货款后因故终止执行合同，出口单位需向进口商支付退赔外汇，外汇局凭出口合同正本、终止执行合同证明、外汇指定银行结汇水单（或收账通知）、进口方付款通知进行审核。外汇局审核出口单位所提供的上述凭证无误后，出具“已冲减出口收汇核销证明”。银行凭此证明为出口单位办理退赔外汇的售付。

14.1.2 出口收汇核销单

1. 什么是出口收汇核销单

出口收汇核销单，简称核销单，是指由国家外汇管理局统一管理，各分支局核发，出口单位凭以向海关办理出口报关、向银行办理出口收汇、向外汇管理机关办理出口收汇核销、向税务机关办理出口退税申报、有统一编号的重要凭证。通过这一凭证国家可以全面掌握收汇实绩，催促逾期收汇，防止外汇漏收或骗取出口退税。

出口收汇核销单是由国家外汇管理局统一印制，每张分为左、中、右联，各联都编同一号码。

（1）左联为存根联，内容有出口单位（盖章）、出口总价、收汇方式、预计收汇日期、报关日期、发票编号、合同编号等项目；

（2）中联记载外汇指定银行结汇收账情况及外汇管理局核销情况；

（3）右联为出口退税专用联，内容有出口单位（盖章）、货名、数量、出口总价、报关单编号、外汇管理局核销情况等栏目。

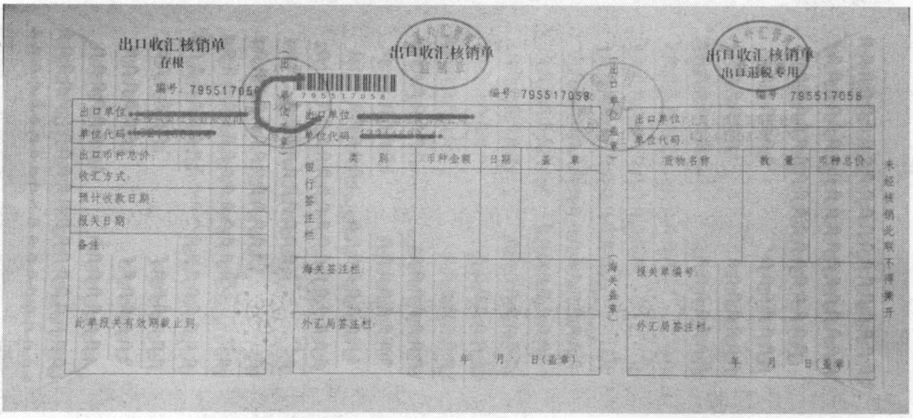
出口收汇核销单
存根
编号：795517058
出口单位：[redacted]
单位代码：[redacted]
出口币种总价：
收汇方式：
预计收款日期：
报关日期：
备注：
此单报关有效期截止到

出口收汇核销单
编号：795517058
出口单位：[redacted]
单位代码：[redacted]

银行签注栏	类别	币种金额	日期	盖章

海关签注栏：
外汇局签注栏：
年　月　日（盖章）
（出口单位盖章）
（海关盖章）

出口收汇核销单
出口退税专用
编号：795517058
出口单位：
单位代码：

货物名称	数量	币种总价

报关单编号：
外汇局签注栏：
年　月　日（盖章）
未经核销此联不得撕开

2. 出口收汇核销单的申领

出口单位到外汇局领取核销单前，应当根据业务实际需要先通过“中国电子口岸出口收汇系统”向外汇局提出领取核销单申请，然后凭本企业操作员 IC 卡及其他规定的凭证到外汇局领取核销单。

外汇局根据出口单位申请的核销单份数和出口收汇核销考核等级向出口单位发放核销单，并将核销单电子底账数据传送至“中国电子口岸”数据中心。

出口单位在核销单正式使用前，应当加盖单位名称及组织机构代码条形章，在骑缝处加盖单位公章。

3. 出口收汇核销单遗失的做法

未用于报关出口的空白核销单遗失后，出口单位应当在一个工作日内在“中国电子口岸出口收汇系统”进行挂失。如因未及时挂失造成经济损失或导致违规行为的，责任由企业自负。

已用于报关出口未办理核销手续的核销单遗失，出口单位应当凭核销单以外的其他核销凭证向所在地外汇局提出核销单退税专用联挂失及补办申请。外汇局应当审核出口单位提供的核销凭证无误后，通过“中国电子口岸出口收汇系统”对核销单退税专用联进行挂失处理，并在为出口单位办理核销后，于三个工作日内为其签发“出口收汇核销单退税专用联补办证明”。

已办理核销手续后遗失核销单退税专用联的，出口单位应当凭税务部门签发的退税情况证明向外汇局提出核销单退税专用联挂失、补办申请。对税务部门证明未退税的，外汇局在“出口收汇系统”进行挂失处理后，于三个工作日内为出口单位签发“出口收汇核销单退税专用联补办证明”。

4．出口收汇核销单的注意事项

（1）上网申请后，凭电子口岸操作员卡到所属地外汇管理部门领取纸质出口收汇核销单。

（2）出口收汇核销单领取后，一式三联加盖公司名章及组织机构代码章，按重要文件或票据的方式保管。（注：与操作员卡分开保管）

（3）按核销单顺序登记“出口收汇核销单登记表”以下简称“核销单登记表”。

（4）业务领用时，按领取序号顺序发放使用；领用时应在“核销单登记表”上注明领用人名称、领用日期及报关出口的备案口岸。业务领用后，登录中国电子口岸“出口收汇”子系统备案，并在“核销单登记表”上注明备案日期。业务领用的核销单，在准备报关使用时再加盖公司公章。

（5）核销单报关后收回时，应先仔细核对出口收汇核销单一式三联是否齐全，出口退税联是否加盖海关验讫章（未加盖海关验讫章的核销时无效），并在“核销单登记表”上注明收回日期。确认核销单后，登录中国电子口岸“出口收汇”子系统交单以核销使用“出口退税”子系统报送以退税使用，并在“核销单登记表”上注明交单和报送日期。（一般情况下，外管局会在交单后的4个工作日接收到数据，而主管退税机关会在每周五下午读取数据，此处的交单日期和报送日期是供出口收汇核销和出口退税申报使用）。注：核销单如果发生退关或作废等情况，也要在外管局做注销后在“核销单登记表”上注明核销日期。

（6）出口收汇后，凭①银行出具的加盖“出口收汇核销专用联章”及银行结汇业务专用章、经办人名章的收汇水单；②报关单（出口结汇专用）；③出口收汇核销单（一式三联）；④出口发票等资料在电子信息齐全的情况下，到所属外管局的“出口收汇核销”部门办理出口收汇核销手续。核销后，要在“核销单登记表”上注明核销日期。

（7）核销后，在核销单一式三联每联的右下角按核销的先后时间顺序注明核销序号，并把核销的相关信息登记在“××公司出口收汇核销明细表”备查。核销单三联撕开后，做如下处理。

- 出口收汇核销单存根联按领取时的序号整理保存。可自由选择每 100 组或每 50 组装订。
- 出口收汇核销单退税联归入出口退税申报资料，作为其所属申报批次的附件保存装订，以备出口退税机关查阅或直接申报退税使用。
- 出口收汇核销单的中间联作为出口收汇已核销资料存档。其装订方法为每 50 组核销资料为一本装订，所有资料在不缺损应有数据的前提下都剪裁成 A4 纸或不超过 A4 的大小。①装订封皮；②封皮后附所装订 50 组的“出口收汇核销单已核销明细表”；③最后附 50 组已核销单证资料。单证资料的装订顺序为出口收汇核销单（中间联），出口报关单（出口结汇联）、出口发票、银行收汇水单、涉外收入申报单。

14.2　出口退（免）税

出口货物退（免）税，是指在国际贸易中货物输出国对输出境外的货物免征其在本国境内消费时应缴纳的税金或退还其按本国税法规定已缴纳的税金（增值税、消费税）。

14.2.1　可以申请和不可以申请出口退税的产品

我国出口的产品，凡属于已征或应征产品税、增值税和特别消费税的产品，除国家明确规定不予退还已征税款或免征应征税款。

1．出口产品，一般应具备以下 3 个条件

- 必须是属于产品税、增值税和特别消费税范围的产品。
- 必须报关离境。所谓出口，即是输出关口。这是区分产品是否属于应退税出口产品的主要标准之一，以加盖海关验讫章的出口报关单和出口销售发票为准。
- 必须在财务上做出口销售，一般来说，出口产品只有在同时具备上述 3 个条件的情况下才予以退税。但是国家对退税的产品也做了特殊规定，特准某些产品视同出口产品予以退税。

2. 特准退税的产品

- 外轮供应公司销售给外轮，远洋货轮和海员的产品；
- 对外修理、修配业务中所使用的零配件和原材料；
- 对外承包工程公司购买国内企业生产的，专门用于对外承包项目的机械设备和原材料，在运出境外后，凭承包单位出具的购货发票、报关单办理退税；
- 国际招标、国内中标的机电产品。

3. 国家明确不予退税的出口产品

- 出口的原油；
- 援外出口产品；
- 国家禁止出口的产品；
- 出口企业收购出口外商投资的产品；
- 来料加工、来料装配的出口产品；
- 军需工厂销售给军队系统的出口产品；
- 军工系统出口的企业范围；
- 对钻石加工企业用国产或进口原钻石加工的钻石直接出口或销售给外贸企业出口；
- 齐鲁、扬子、大庆三大乙烯工程生产的产品；
- 未含税的产品；
- 个人在国内购买、自带出境的商品暂不退税。

14.2.2 出口退税条件

只有具备出口退税必须的条件的货物，才能退税，具体条件如下。

1. 必须是增值税、消费税征收范围内的货物

增值税、消费税的征收范围，包括除直接向农业生产者收购的免税农产品以外的所有增值税应税货物，以及烟、酒、化妆品等11类列举征收消费税的消费品。

之所以必须具备这一条件，是因为出口货物退（免）税只能对已经征收过增值税、消费税的货物退还或免征其已纳税额和应纳税额。未征收增值税、消费税的货物（包括国家规定免税的货物）不能退税，以充分体现“未征不退”的原则。

2．必须是报关离境出口的货物

所谓出口，即输出关口，它包括自营出口和委托代理出口两种形式。区别货物是否报关离境出口，是确定货物是否属于退（免）税范围的主要标准之一。凡在国内销售、不报关离境的货物，除另有规定者外，不论出口企业是以外汇还是以人民币结算，也不论出口企业在财务上如何处理，均不得视为出口货物予以退税。

对在境内销售收取外汇的货物，如宾馆、饭店等收取外汇的货物等，因其不符合离境出口条件，均不能给予退（免）税。

3．必须是在财务上作出口销售处理的货物

出口货物只有在财务上做出销售处理后，才能办理退（免）税。也就是说，出口退（免）税的规定只适用于贸易性的出口货物，而对非贸易性的出口货物，如捐赠的礼品、在国内个人购买并自带出境的货物（另有规定者除外）、样品、展品、邮寄品等，因其一般在财务上不作销售处理，故按照现行规定不能退（免）税。

4．必须是已收汇并经核销的货物

按照现行规定，出口企业申请办理退（免）税的出口货物，必须是已收外汇并经外汇管理部门核销的货物。

一般情况下，出口企业向税务机关申请办理退（免）税的货物，必须同时具备以上 4 个条件。但是，生产企业（包括有进出口经营权的生产企业、委托外贸企业代理出口的生产企业、外商投资企业，下同）申请办理出口货物退（免）税时必须增加一个条件，即申请退（免）税的货物必须是生产企业的自产货物（外商投资企业经省级外经贸主管部门批准收购出口的货物除外。

14.2.3　出口退税登记

出口企业应持对外贸易经济合作部及其授权批准其出口经营权的批件、工商营业执照、海关代码证书和税务登记证于批准之日起 30 日内向所在地主管退税业务的税务机关填写《出口企业退税登记表》（生产企业填写一式三份，退税机关、基层退税部门、企业各一份），申请办理退税登记证。

出口企业退税税务登记内容发生变化时，企业在工商行政管理机关办理变更注册登记的，应当自工商行政管理机关办理变更登记之日起 30 日内，持有关证件向退税机关申请办理变更税务登记，填写《退税登记变更表》（生产企业填写一式两份，退税机关、企业各一份）。按照规定企业不需要在工商行政管理机关办理注册登记的，应当自有关机关批准或者宣布变更之日起30日内，持有关证件向退税机关申请办理变更税务登记。

提示：没有进出口经营权的生产企业应在发生第一笔委托出口业务之前，需持委托出口协议、工商营业执照和国税税务登记证向所在地主管退税业务的税务机关办理注册退税登记。

14.2.4 出口退税的四个时限

出口企业在办理出口退税时要特别注意申报程序，注意时间观念，以免造成损失。出口企业在办理出口退税时，应注意四个时限规定。

1. 30天

外贸企业购进出口货物后，应及时向供货企业索取增值税专用发票或普通发票，属于防伪税控增值税发票，必须在开票之日起30天内办理认证手续。

2. 90天

外贸企业必须在货物报关出口之日起90天内办理出口退税申报手续，生产企业必须在货物报关出口之日起 3 个月后免抵退税申报期内办理免抵税申报手续。

3. 180天

出口企业必须在货物报关出口之日起180天内，向所在地主管退税部门提供出口收汇核销单（远期收汇除外）。

4. 3个月

出口企业出口货物纸质退税凭证丢失或内容填写有误，按有关规定可以补办或更改的，出口企业可在申报期限内向退税部门提出延期办理出口货物退（免）税申报的申请，经批准后，可延期3个月申报。

14.2.5 出口退税的一般程序及附送资料有哪些

1. 出口退税登记的一般程序

（1）证件的送验及登记表的领取

企业在取得有关部门批准其经营出口产品业务的文件和工商行政管理部门

核发的工商登记证明后，应于 30 日内办理出口企业退税登记。

（2）退税登记的申报和受理

企业领到“出口企业退税登记表”后，即按登记表及有关要求填写，加盖企业公章和有关人员印章后，连同出口产品经营权批准文件、工商登记证明等证明资料一起报送税务机关，税务机关经审核无误后，即受理登记。

（3）填发出口退税登记证

税务机关接到企业的正式申请，经审核无误并按规定的程序批准后，核发给企业“出口退税登记”。

（4）出口退税登记的变更或注销

当企业经营状况发生变化或某些退税政策发生变动时，应根据实际需要变更或注销退税登记。

2．出口退税附送材料

（1）报关单

报关单是货物进口或出口时进出口企业向海关办理申报手续，以便海关凭此查验和验放而填具的单据。

（2）出口销售发票

这是出口企业根据与出口购货方签订的销售合同填开的单证，是外商购货的主要凭证，也是出口企业财会部门凭此记账做出口产品销售收入的依据。

（3）进货发票

提供进货发票主要是为了确定出口产品的供货单位、产品名称、计量单位、数量，是否是生产企业的销售价格，以便划分和计算确定其进货费用等。

（4）结汇水单或收汇通知书。

（5）属于生产企业直接出口或委托出口自制产品，凡以到岸价 CIF 结算的，还应附送出口货物运单和出口保险单。

（6）有进料加工复出口产品业务的企业，还应向税务机关报送进口料、件的合同编号、日期、进口料件名称、数量、复出口产品名称，进料成本金额和实纳各种税金额等。

（7）产品征税证明。

（8）出口收汇已核销证明。

（9）与出口退税有关的其他材料。

附录1

SWIFT环球同业银行金融电讯协会

1.1 SWIFT 简介

SWIFT 又称为“环球同业银行金融电讯协会”，是国际银行同业间的国际合作组织，成立于 1973 年，目前全球大多数国家大多数银行已使用 SWIFT 系统。SWIFT 的使用，使银行的结算提供了安全、可靠、快捷、标准化、自动化的通信业务，从而大大提高了银行的结算速度。由于 SWIFT 的格式具有标准化，目前信用证的格式主要都是用 SWIFT 电文。

SWIFT（Society for Worldwide Interbank Financial Telecommunications——环球同业银行金融电讯协会），是一个国际银行间非盈利性的国际合作组织，总部设在比利时的布鲁塞尔，同时在荷兰阿姆斯特丹和美国纽约分别设立交换中心（Swifting Center），并为各参加国开设集线中心（National Concentration），为国际金融业务提供快捷、准确、优良的服务。SWIFT 运营着世界级的金融电文网络，银行和其他金融机构通过它与同业交换电文（Message）来完成金融交易。除此之外，SWIFT 还向金融机构销售软件和服务，其中大部分的用户都在使用 SWIFT 网络。

SWIFT 组织成立于 1973 年 5 月，其全球计算机数据通信网在荷兰和美国设有运行中心，在各会员国设有地区处理站，来自美国、加拿大和欧洲的 15 个国家的 239 家银行宣布正式成立 SWIFT，其总部设在比利时的布鲁塞尔，它是为了解决各国金融通信不能适应国际之间支付清算的快速增长而设立的非营利性组织，负责设计、建立和管理 SWIFT 国际网络，以便在该组织成员间进行国际金融信息的传输和确定路由。

1.2 SWIFT 特点

1. SWIFT 需要会员资格。我国的大多数专业银行都是其成员。

2. SWIFT 的费用较低。同样多的内容，SWIFT 的费用只有 TELEX（电传）的 18%左右，只有 CABLE（电报）的 2.5%左右。

3. SWIFT 的安全性较高。SWIFT 的密押比电传的密押可靠性强、保密性高，且具有较高的自动化。

4. SWIFT 的格式具有标准化。对于 SWIFT 电文，SWIFT 组织有着统一的要求和格式。

1.3 SWIFT 银行识别代码 BIC

1.3.1 BIC 简介

每家申请加入 SWIFT 组织的银行都必须事先按照 SWIFT 组织的统一原则，制定出本行的 SWIFT 地址代码，经 SWIFT 组织批准后正式生效。银行识别代码（Bank Identifier Code——BIC）是由计算机可以自动判读的八位或是十一位英文字母或阿拉伯数字组成，用于在 SWIFT 电文中明确区分金融交易中相关的不同金融机构。凡该协会的成员银行都有自己特定的 SWIFT 代码，即 SWIFT Code。在电汇时，汇出行按照收款行的 SWIFT Code 发送付款电文，就可将款项汇至收款行。该号相当于各个银行的身份证号。

十一位数字或字母的 BIC 可以拆分为银行代码、国家代码、地区代码和分行代码四部分。以中国银行北京分行为例，其银行识别代码为 BKCHCNBJ300。其含义为：BKCH（银行代码）、CN（国家代码）、BJ（地区代码）、300（分行代码）。

（1）银行代码（Bank Code）：由四位英文字母组成，每家银行只有一个银行代码，并由其自定，通常是该行的行名字头缩写，适用于其所有的分支机构。

（2）国家代码（Country Code）：由两位英文字母组成，用以区分用户所在的国家和地理区域。

（3）地区代码（Location Code）：由 0、1 以外的两位数字或两位字母组成，用以区分位于所在国家的地理位置，如时区、省、州、城市等。

（4）分行代码（Branch Code）：由三位字母或数字组成，用来区分一个国家里某一分行、组织或部门。如果银行的 BIC 只有八位而无分行代码时，其初始值订为“×××”。

同时，SWIFT 还为没有加入 SWIFT 组织的银行，按照此规则编制一种在电文中代替输入其银行全称的代码。所有此类代码均在最后三位加上“BIC”三个字母，用来区别于正式 SWIFT 会员银行的 SWIFT 地址代码。

1.3.2　SWIFT Code 的查询方法

推荐方法

要查询某家银行的 SWIFT Code，推荐方式如下。

（1）直接去银行询问工作人员。

（2）可以打电话咨询。

（3）通过 SWIFT 的官方网站查询。

参考资料

1．Swift 官网

2．银行的英文名称

中国建设银行——CCB(China Construction Bank)

中国农业银行——ABC(Agricultural Bank of China)

中国工商银行——ICBC(Industrial and Commercial Bank of China)

中国银行——BOC（Bank of China)

中国民生银行 ——CMBC（China Minsheng Banking Co., Ltd）

招商银行 ——CMB(China Merchants Bank Ltd)

兴业银行 ——CIB (Industrial Bank Co., Ltd)

交通银行——BCM(Bank of Communications)

中国光大银行——CEB(China Everbright Bank)

中信银行——(China CITIC Bank)

广东发展银行——GDB(Guangdong Development Bank)

深圳发展银行——SDB(Shenzhen Development Bank)

上海浦东发展银行——SPDB/SPDBank(Shanghai Pudong Development Bank)

SWIFT 官网查询详细步骤

1．登录 Swift 官网

2．分别填入查询标准（Search Criteria）

- Institution name（银行的英文名字），例如中国银行：BANK OF CHINA。
- CITY 填写城市，示例：上海 SHANGHAI，一般建议填写省会城市，多数情况下，只有省级分行才会有 SWIFT code。
- Country 选择 CHINA。
- 输入验证码（红色字 Please enter the challenge to continue）。

- 单击查询（Search）按钮，将弹出查询后的结果。

1.3.3 国内各银行总行的 SWIFT 代码

中国银行：BKCHCNBJ、工商银行：ICBKCNBJ
建设银行：PCBCCNBJ、农业银行：ABOCCNBJ
招商银行：CMBCCNBS、交通银行：COMMCN
中信银行：CIBKCNBJ、兴业银行：FJIBCNBA
民生银行：MSBCCNBJ、华夏银行：HXBKCN
浦发银行：SPDBCNSH、汇丰银行：HSBCCNSH
渣打银行：SCBLCNSX、花旗银行：CITICNSX
德意志银行：DEUTCNSH、瑞士银行：UBSWCNBJ
荷兰银行：ABNACNSH、香港汇丰：BLICHKHK
香港花旗：CITIHK、香港东亚银行：BEASCNSH
代码后需要统一添加分行阿拉伯数字代号。

1.4 SWIFT 电文结构、电文格式、表示方式

1.4.1 SWIFT 电文结构

SWIFT 电文的组成结构均有固定区段（Block），共分为五大区段。

文首{1.BASIC HEADER BLOCK}基本报头
{2.APPLICATION HEADER BLOCK}应用报头
{3.USER HEADER BLOCK}用户报头
主文{4.TEXT BLOCK}正文
文尾{5.TRAILERBLOCK}报尾

区段一、二、三为电文的文首（Header）信息，区段四为电文的主体（Text），区段五为文尾（Trailers）信息。

{1: MESSAGE HEADER F01CITITWTXXXXX 7842 733622}
{2: APPLICATION HEADER I202CITIUS33XXXXU3003}
{3: USER HEADER :108:90686153004}
{4: MESSAGE TEXT :20:906869153004 :21:6039103022 :32A:020610USD

10000,00 :58A:ICBCTWTP

{5: TRAILER {MAC: E61899BF} {CHK: 25D8637B320D}

1.4.2　SWIFT 电文格式（Message Type ，MT）

SWIFT 报文共有 10 类。

第 1 类：客户汇款与支票（Customer Payments & Checks）

第 2 类：金融机构间头寸调拨（Financial Institution Transfers）

第 3 类：资金市场交易（Treasury Markets-FX, MM, Derivatives）

第 4 类：托收与光票（Collections & Cash Letters）

第 5 类：证券（Securities Markets）

第 6 类：贵金属（Treasury Market-Precious Metals）

第 7 类：跟单信用证和保函（Documentary Credits and Guarantees）

第 8 类：旅行支票（Traveller's Checks）

第 9 类：现金管理与账务（cash management & Customer Status）

第 10 类：SWIFT 系统电报

除上述 10 类报文外，SWIFT 电文还有一个特殊类，即第 N 类——公共报文组（Common Group Messages）

SWIFT 电文格式举例：

MT103　客户汇款

1.4.3　SWIFT 电文表示方法

1. 项目表示方式

SWIFT 由项目（FIELD）组成，如“59: Beneficiary - Name & Address”（受益人），就是一个项目，59 是项目的代号，可以是两位数字表示，也可以两位数字加上字母来表示，如“51D: Applicant Bank - Name & Address”（申请人）。不同的代号，表示不同的含义。项目还规定了一定的格式，各种 SWIFT 电文都必须按照这种格式表示。

在 SWIFT 电文中，一些项目是必选项目（MANDATORY FIELD），一些项目是可选项目（OPTIONAL FIELD），必选项目是必须要具备的，如“31D: Date and Place of Expiry”（信用证有效期）；可选项目是另外增加的项目，并不一定每个信用证都有的，如“39B: Maximum Credit Amount”（信用证最大限制金额）。

2．日期表示方式

SWIFT 电文的日期表示为：YYMMDD（年月日）

如：1999 年 5 月 12 日，表示为：990512；

2000 年 3 月 15 日，表示为：000315；

2001 年 12 月 9 日，表示为：011209。

3．数字表示方式

在 SWIFT 电文中，数字不使用分格号，小数点用逗号“，”来表示

如：5，152，286.36 表示为：5152286，36；

4/5 表示为：0，8；

5% 表示为：5 PERCENT。

4．货币表示方式

澳大利亚元：AUD；奥地利元：ATS；比利时法郎：BEF；

加拿大元：CAD；人民币元：CNY；丹麦克朗：DKK；

德国马克：DEM；荷兰盾：NLG；芬兰马克：FIM；

法国法郎：FRF；港元：HKD；意大利里拉：ITL；

日元：JPY；挪威克朗：NOK；英镑：GBP；

瑞典克朗：SEK；美元：USD；欧元：EUR

1.5 信用证中常见项目表示方式

1.5.1 跟单信用证开证 Issue of Documentary Credit（MT700/MT701）

必选 20: DOCUMENTARY CREDIT NUMBER（信用证号码）

可选 23: REFERENCE TO PRE-ADVICE（预先通知号码）

如果信用证是采取预先通知的方式，该项目内应该填入“PREADV/”，再加上预先通知的编号或日期。

必选 27: SEQUENCE OF TOTAL（电文页次）

可选 31C: DATE OF ISSUE（开证日期）

如果这项没有填，则开证日期为电文的发送日期。

必选 31D: DATE AND PLACE OF EXPIRY（信用证有效期和有效地点）

该日期为最后交单的日期。

必选 32B: CURRENCY CODE, AMOUNT（信用证结算的货币和金额）

可选 39A: PERCENTAGE CREDIT AMOUNT TOLERANCE（信用证金额上下浮动允许的最大范围）

该项目的表示方法较为特殊，数值表示百分比的数值，如 5/5，表示上下浮动最大为 5%。

39B 与 39A 不能同时出现。

可选 39B: MAXIMUM CREDIT AMOUNT（信用证最大限制金额）

39B 与 39A 不能同时出现。

可选 39C: ADDITIONAL AMOUNTS COVERED（额外金额）

表示信用证所涉及的保险费、利息、运费等金额。

必选 40A: FORM OF DOCUMENTARY CREDIT（跟单信用证形式）

跟单信用证有 6 种形式。

（1）IRREVOCABLE（不可撤销跟单信用证）

（2）REVOCABLE（可撤销跟单信用证）

（3）IRREVOCABLE TRANSFERABLE（不可撤销可转让跟单信用证）

（4）REVOCABLE TRANSFERABLE（可撤销可转让跟单信用证）

（5）IRREVOCABLE STANDBY（不可撤销备用信用证）

（6）REVOCABLE STANDBY（可撤销备用信用证）

必选 41A: AVAILABLE WITH...BY...（指定的有关银行及信用证兑付的方式）

（1）指定银行作为付款、承兑、议付。

（2）兑付的方式有五种：BY PAYMENT（即期付款）；BY ACCEPTANCE（远期承兑）；BY NEGOTIATION（议付）；BY DEF PAYMENT（迟期付款）；BY MIXED PAYMENT（混合付款）。

（3）如果是自由议付信用证，对该信用证的议付地点不做限制，该项目代号为：41D，内容为：ANY BANK IN...

可选 42A: DRAWEE（汇票付款人）

必须与 42C 同时出现。

可选 42C: DRAFTS AT...（汇票付款日期）

必须与 42A 同时出现。

可选 42M: MIXED PAYMENT DETAILS（混合付款条款）

可选 42P: DEFERRED PAYMENT DETAILS（迟期付款条款）

可选 43P: PARTIAL SHIPMENTS（分装条款）

表示该信用证的货物是否可以分批装运。

可选 43T: TRANSSHIPMENT（转运条款）

表示该信用证是直接到达，还是通过转运到达。

可选 44A: LOADING ON BOARD/DISPATCH/TAKING IN CHARGE AT/FORM（装船、发运和接收监管的地点）

可选 44B: FOR TRANSPORTATION TO...（货物发运的最终地）

可选 44C: LATEST DATE OF SHIPMENT（最后装船期）

装船的最迟的日期。44C 与 44D 不能同时出现。

可选 44D: SHIPMENT PERIOD（船期）

44C 与 44D 不能同时出现。

可选 45A: DESCRIPTION OF GOODS AND/OR SERVICES（货物描述）

货物的情况、价格条款。

可选 46A: DOCUMENTS REQUIRED（单据要求）

各种单据的要求。

可选 47A: ADDITIONAL CONDITIONS（特别条款）

可选 48: PERIOD FOR PRESENTATION（交单期限）

表明开立运输单据后多少天内交单。

必选 49: CONFIRMATION INSTRUCTIONS（保兑指示）

其中，CONFIRM：要求保兑行保兑该信用证；MAY ADD：收报行可以对该信用证加具保兑；WITHOUT：不要求收报行保兑该信用证。

必选 50: APPLICANT（信用证开证申请人）

一般为进口商。

可选 51A: APPLICANT BANK（信用证开证的银行）

可选 53A: REIMBURSEMENT BANK（偿付行）

可选 57A: 'ADVISE THROUGH' BANK - BIC（通知行）

必选 59: BENEFICIARY（信用证的受益人）

一般为出口商。

可选 71B: CHARGES（费用情况）

表明费用是否有受益人（出口商）出，如果没有这一条，表示除了议付费、转让费以外，其他各种费用由开出信用证的申请人（进口商）出。

可选 72: SENDER TO RECEIVER INFORMATION（附言）

可选 78: INSTRUCTION TO THE PAYING/ACCEPTING/NEGOTIATING BANK（给付款行、承兑行、议付行的指示）

1.5.2 信用证修改 Amendment to a Documentary Credit（MT707）

必选 20 SENDER'S REFERENCE（信用证号码）

必选 21RECEIVER'S REFERENCE（收报行编号）

发电文的银行不知道收报行的编号，填写“NONREF”。

可选 23 ISSUING BANK'S REFERENCE（开证行的号码）

可选 26E NUMBER OF AMENDMENT（修改次数）

该信用证修改的次数，要求按顺序排列。

可选 30 DATE OF AMENDMENT（修改日期）

如果信用证修改没填这项，修改日期就是发报日期。

可选 31C DATE OF ISSUE（开证日期）

如果这项没有填，则开证日期为电文的发送日期。

可选 31E NEW DATE OF EXPIRY（信用证新的有效期）

信用证修改的有效期。

可选 32B INCREASE OF DOCUMENTARY CREDIT AMOUNT（信用证金额的增加）

可选 33B DECREASE OF DOCUMENTARY CREDIT AMOUNT(信用证金额的减少）

可选 34B NEW DOCUMENTARY CREDIT AMOUNT AFTER AMENDMENT（信用证修改后的金额）

可选 39B　MAXIMUM CREDIT AMOUNT（信用证最大限制金额的修改）

39B 与 39A 不能同时出现。

可选 39C　ADDITIONAL AMOUNTS COVERED（额外金额的修改）

表示信用证所涉及的保险费、利息、运费等金额的修改。

可选 44A　LOADING ON BOARD/DISPATCH/TAKING IN CHARGE AT/FORM（装船、发运和接收监管的地点的修改）

可选 44B　FOR TRANSPORTATION TO...（货物发运的最终地的修改）

可选 44C　LATEST DATE OF SHIPMENT（最后装船期的修改）

修改装船的最迟的日期。44C 与 44D 不能同时出现。

可选 44D　SHIPMENT PERIOD（装船期的修改）

44C 与 44D 不能同时出现。

可选 52A　APPLICANT BANK（信用证开证的银行）

必选 59BENEFICIARY（BEFORE THIS AMENDMENT）（信用证的受益人）

该项目为原信用证的受益人，如果要修改信用证的受益人，则需要在 79 NARRATIVE

（修改详述）中写明。

可选 72SENDER TO RECEIVER INFORMATION（附言）

/BENCON/

：要求收报行通知发报行受益人是否接受该信用证的修改。

/PHONBEN/

：请电话通知受益人（列出受益人的电话号码）。

/TELEBEN/

：用快捷有效的电信方式通知受益人。

可选 78NARRATIVE（修改详述）

详细地修改内容。

还有很多其他的如

999，199 用于信息传递

760 用于 Bank Instrument 的传输

799 用于回复

103 用于付款

附录 2

《跟单信用证统一惯例（UCP600）》（中英文对照）

Article 1 Application of UCP

第一条 统一惯例的适用范围

The Uniform Customs and Practice for Documentary Credits, 2007 Revision, ICC Publication no. 600("UCP") are rules thatapply to any documentary credit ("credit") (including, to theextent to which they may be applicable, any standby letter ofcredit) when the text of the credit expressly indicates that it issubject to these rules. They are binding on all parties thereto unless expressly modified or excludedby the credit.

跟单信用证统一惯例，2007 年修订本，国际商会第 600 号出版物，适用于所有在正文中标明按本惯例办理的跟单信用证（包括本惯例适用范围内的备用信用证）。除非信用证中另有规定，本惯例对一切有关当事人均具有约束力。

Article 2 Definitions

第二条 定义

For the purpose of these rules:

就本惯例而言。

Advising bank means the bank that advises the credit at the request of the issuing bank.

通知行意指应开证行要求通知信用证的银行。

Applicant means the party on whose request the credit is issued.

申请人意指发出开立信用证申请的一方。

Banking day means a day on which a bank is regularly open at the place at which an act subject tothese rules is to be performed.

银行日意指银行在其营业地正常营业，按照本惯例行事的行为得以在银行履行的日子。

Beneficiary means the party in whose favour a credit is issued.

受益人意指信用证中受益的一方。

Complying presentation means a presentation that is in accordance with the terms and conditionsof the credit, the applicable provisions of these rules and international standard banking practice.

相符提示意指与信用证中的条款及条件、本惯例中所适用的规定及国际标准银行实务相一致的提示。

Confirmation means a definite undertaking of the confirming bank, in addition to that of the issuingbank, to honour or negotiate a complying presentation.

保兑意指保兑行在开证行之外对于相符提示作出兑付或议付的确定承诺。

Confirming bank means the bank that adds its confirmation to a credit upon the issuing bank'sauthorization or request.

保兑行意指应开证行的授权或请求对信用证加具保兑的银行。

Credit means any arrangement, however named or described, that is irrevocable and therebyconstitutes a definite undertaking of the issuing bank to honour a complying presentation.

信用证意指一项约定，无论其如何命名或描述，该约定不可撤销并因此构成开证行对于相符提示予以兑付的确定承诺。

Honour means:

a. to pay at sight if the credit is available by sight payment.

b. to incur a deferred payment undertaking and pay at maturity if the credit is available bydeferred payment.

c. to accept a bill of exchange (“draft”) drawn by the beneficiary and pay at maturity if the credit isavailable by acceptance.

兑付意指：

a. 对于即期付款信用证即期付款。

b. 对于延期付款信用证发出延期付款承诺并到期付款。

c. 对于承兑信用证承兑由受益人出具的汇票并到期付款。

Issuing bank means the bank that issues a credit at the request of an applicant or on its ownbehalf.

开证行意指应申请人要求或代表其自身开立信用证的银行。

Negotiation means the purchase by the nominated bank of drafts (drawn on a bank other thanthe nominated bank) and/or documents under a complying presentation, by advancing oragreeing to advance funds to the beneficiary on or before the banking day on whichreimbursement is due to(to be paid the nominated bank.

议付意指被指定银行在其应获得偿付的银行日或在此之前，通过向受益人预付或者同意向受益人预付款项的方式购买相符提示项下的汇票（汇票付款人为被指定银行以外的银行）及/或单据。

Nominated bank means the bank with which the credit is available or any bank in the case of acredit available with any bank.

被指定银行意指有权使用信用证的银行，对于可供任何银行使用的信用证而言，任何银行均为被指定银行。

Presentation means either the delivery of documents under a credit to the issuing bank ornominated bank or the documents so delivered.

提示意指信用证项下单据被提交至开证行或被指定银行，抑或按此方式提交的单据。

Presenter means a beneficiary, bank or other party that makes a presentation.

提示人意指作出提示的受益人、银行或其他一方。

Article 3 Interpretations

第三条 释义

For the purpose of these rules:

就本惯例而言：

Where applicable, words in the singular include the plural and in the plural include the singular.

在适用的条款中，词汇的单复数同义。

A credit is irrevocable even if there is no indication to that effect.

信用证是不可撤销的，即使信用证中对此未作指示也是如此。

A document may be signed by handwriting, facsimile signature, perforated signature, stamp, symbol or any other mechanical or electronic method of authentication.

单据可以通过手签、签样印制、穿孔签字、盖章、符号表示的方式签署，也可以通过其他任何机械或电子证实的方法签署。

A requirement for a document to be legalized, visaed, certified or similar will be satisfied by any signature, mark, stamp or label on the document which appears to satisfy that requirement.

当信用证含有要求使单据合法、签证、证实或对单据有类似要求的条件时，这些条件可由在单据上签字、标注、盖章或标签来满足，只要单据表面已满足上述条件即可。

Branches of a bank in different countries are considered to be separate banks.

一家银行在不同国家设立的分支机构均视为另一家银行。

Terms such as "first class", "well known", "qualified", "independent", "official", "competent" or "local" used to describe the issuer of a document allow any issuer except the beneficiary to issue that document.

诸如“第一流”“著名”“合格”“独立”“正式”“有资格”“当地”等用语用于描述单据出单人的身份时，单据的出单人可以是除受益人以外的任何人。

Unless required to be used in a document, words such as "prompt", "immediately" or "as soon as possible" will be disregarded.

除非确需在单据中使用，银行对诸如“迅速”“立即”“尽快”之类词语将不予置理。

The expression "on or about" or similar will be interpreted as a stipulation that an event is to occur during a period of five calendar days before until five calendar days after the specified date, both start and end dates included.

“于或约于”或类似措辞将被理解为一项约定，按此约定，某项事件将在所述日期前后各 5 日内发生，起讫日均包括在内。

The words "to" "until" "till" “from” and “between” when used to determine a period of shipment include the date or dates mentioned, and the words “before” and "after" exclude the date mentioned.

词语“×月×日止”（to）“至×月×日”（until）“直至×月×日”(till)、“从×月×日”(from)及“在×月×日至×月×日之间”(between)用于确定装运期限时，包括所述日期。词语“×月×日之前”(before)及“×月×日之后”(after)不包括所述日期。

The words "from" and "after" when used to determine a maturity date exclude the date mentioned.

词语“从×月×日”（from）及“×月×日之后”(after)用于确定到期日时不包括所述日期。

The terms "first half" and "second half" of a month shall be construed respectively as the 1st to the 15th and the 16th to the last day of the month, all dates inclusive.

术语“上半月”和“下半月”应分别理解为自每月“1 日至 15 日”和“16 日至月末最后一天”，包括起讫日期。

The terms "beginning", "middle" and "end" of a month shall be construed respectively as the 1st to the 10th, the 11th to the 20th and the 21st to the last day of the month, all dates inclusive.

术语“月初”、“月中”和“月末”应分别理解为每月 1 日至 10 日、11 日至 20 日和 21 日至月末最后一天，包括起讫日期。

Article 4 Credits v. Contracts

第四条 信用证与合同

a. A credit by its nature is a separate transaction from the sale or other contract on which it may be based. Banks are in no way concerned with or bound by such contract, even if any reference whatsoever to it is included in the credit. Consequently, the undertaking of a bank to honour, to negotiate or to fulfil any other obligation under the credit is not subject to claims or defences by the applicant resulting from its relationships with the issuing bank or the beneficiary.

A beneficiary can in no case avail itself of the contractual relationships existing between banks or between the applicant and the issuing bank.

a. 就性质而言，信用证与可能作为其依据的销售合同或其他合同，是相互独立的交易。即使信用证中提及该合同，银行亦与该合同完全无关，且不受其约束。因此，一家银行作出兑付、议付或履行信用证项下其他义务的承诺，并不受申请人与开证行之间或与受益人之间在已有关系下产生的索偿或抗辩的制约。

受益人在任何情况下，不得利用银行之间或申请人与开证行之间的契约关系。

b. An issuing bank should discourage any attempt by the applicant to include, as an integral part of the credit, copies of the underlying contract, proforma invoice and the like.

b. 开证行应劝阻申请人将基础合同、形式发票或其他类似文件的副本作为信用证整体组成部分的做法。

Article 5 Documents v. Goods, Services or Performance

第五条 单据与货物 / 服务 / 行为

Banks deal with documents and not with goods, services or performance to which the documents may relate .

银行处理的是单据，而不是单据所涉及的货物、服务或其他行为。

Article 6 Availability, Expiry Date and Place for Presentation

第六条 有效性、有效期限及提示地点

a. A credit must state the bank with which it is available or whether it is available with any bank. A credit available with a nominated bank is also available with the issuing bank.

a. 信用证必须规定可以有效使用信用证的银行，或者信用证是否对任何银行均为有效。对于被指定银行有效的信用证同样也对开证行有效。

b. A credit must state whether it is available by sight payment, deferred payment, acceptance or negotiation.

b. 信用证必须规定它是否适用于即期付款、延期付款、承兑抑或议付。

c. A credit must not be issued available by a draft drawn on the applicant.

c.不得开立包含有以申请人为汇票付款人条款的信用证。

d. i. A credit must state an expiry date for presentation. An expiry date stated for honour or negotiation will be deemed to be an expiry date for presentation.

d. i 信用证必须规定提示单据的有效期限。规定的用于兑付或者议付的有效期限将被认为是提示单据的有效期限。

ii. The place of the bank with which the credit is available is the place for presentation. The place for presentation under a credit available with any bank is that of any bank. A place for presentation other than that of the issuing bank is in addition to the place of the issuing bank.

ii. 可以有效使用信用证的银行所在的地点是提示单据的地点。对任何银行均为有效的信用证项下单据提示的地点是任何银行所在的地点。不同于开证行地点的提示单据的地点是开证行地点之外提交单据的地点。

e. Except as provided in sub-article 29 (a), a presentation by or on behalf of the beneficiary must be made on or before the expiry date.

e. 除非如 29(a)中规定，由受益人或代表受益人提示的单据必须在到期日当日或在此之前提交。

Article 7 Issuing Bank Undertaking

第七条 开证行的承诺

a. Provided that the stipulated documents are presented to the nominated bank or to the issuing bank and that they constitute a complying presentation, the issuing bank must honour if the credit is available by:

a. 倘若规定的单据被提交至被指定银行或开证行并构成相符提示，开证行必须按下述信用证所适用的情形予以兑付：

i. sight payment, deferred payment or acceptance with the issuing bank;

i. 由开证行即期付款、延期付款或者承兑；

ii. sight payment with a nominated bank and that nominated bank does not pay;

ii. 由被指定银行即期付款而该被指定银行未予付款；

iii. deferred payment with a nominated bank and that nominated bank does not incur its deferred payment undertaking or, having incurred its deferred payment undertaking, does not pay at maturity;

iii. 由被指定银行延期付款而该被指定银行未承担其延期付款承诺，或者虽已承担延期付款承诺但到期未予付款；

iv. acceptance with a nominated bank and that nominated bank does not accept a draft drawn on it or, having accepted a draft drawn on it, does not pay at maturity;

iv. 由被指定银行承兑而该被指定银行未予承兑以其为付款人的汇票，或者虽已承兑以其为付款人的汇票但到期未予付款；

v. negotiation with a nominated bank and that nominated bank does not negotiate.

v. 由被指定银行议付而该被指定银行未予议付。

b. An issuing bank is irrevocably bound to honour as of the time it issues the credit.

b. 自信用证开立之时起，开证行即不可撤销地受到兑付责任的约束。

c. An issuing bank undertakes to reimburse a nominated bank that has honoured or negotiated a complying presentation and forwarded the documents to the issuing bank. Reimbursement for the amount of a complying presentation under a credit available by acceptance or deferred payment is due at maturity, whether or not the nominated bank prepaid or purchased before maturity. An issuing bank"s undertaking to reimburse a nominated bank is independent of the issuing bank’s undertaking to the beneficiary.

c. 开证行保证向对于相符提示已经予以兑付或者议付并将单据寄往开证行的被指定银行进行偿付。无论被指定银行是否于到期日前已经对相符提示予以预付或者购买，对于承兑或延期付款信用证项下相符提示的金额的偿付于到期日进行。开证行偿付被指定银行的承诺独立于开证行对于受益人的承诺。

Article 8 Confirming Bank Undertaking

第八条 保兑行的承诺

a. Provided that the stipulated documents are presented to the confirming bank or to any other nominated bank and that they constitute a complying presentation, the confirming bank must:

a. 倘若规定的单据被提交至保兑行或者任何其他被指定银行并构成相符提示，保兑行必须：

i. honour, if the credit is available by:

i. 兑付，如果信用证适用于：

a. sight payment, deferred payment or acceptance with the confirming bank;

a. 由保兑行即期付款、延期付款或者承兑；

b. sight payment with another nominated bank and that nominated bank does not pay;

b. 由另一家被指定银行即期付款而该被指定银行未予付款；

c. deferred payment with another nominated bank and that nominated bank does not incur its deferred payment undertaking or, having incurred its deferred payment undertaking, does not pay at maturity;

c. 由另一家被指定银行延期付款而该被指定银行未承担其延期付款承诺，或者虽已承担延期付款承诺但到期未予付款；

d. acceptance with another nominated bank and that nominated bank does not accept a draft drawn on it or, having accepted a draft drawn on it, does not pay at maturity;

d. 由另一家被指定银行承兑而该被指定银行未予承兑以其为付款人的汇票，或者虽已承兑以其为付款人的汇票但到期未予付款；

e. negotiation with another nominated bank and that nominated bank does not negotiate.

e. 由另一家被指定银行议付而该被指定银行未予议付。

ii. negotiate, without recourse, if the credit is available by negotiation with the confirming bank.

ii. 若信用证由保兑行议付，无追索权地议付。

b. A confirming bank is irrevocably bound to honour or negotiate as of the time it adds its confirmation to the credit.

b. 自为信用证加具保兑之时起，保兑行即不可撤销地受到兑付或者议负责任的约束。

c. A confirming bank undertakes to reimburse another nominated bank that has honoured or negotiated a complying presentation and forwarded the documents to the confirming bank. Reimbursement for the amount of a complying presentation under a credit available by acceptance or deferred payment is due at maturity, whether or not another nominated bank prepaid or purchased before maturity. A confirming bank's undertaking to reimburse another nominated bank is independent of the confirming bank’s undertaking to the beneficiary.

c. 保兑行保证向对于相符提示已经予以兑付或者议付并将单据寄往开证行的另一家被指定银行进行偿付。无论另一家被指定银行是否于到期日前已经对相符提示予以预付或者购买，对于承兑或延期付款信用证项下相符提示的金额的偿付于到期日进行。保兑行偿付另一家被指定银行的承诺独立于保兑行对于受益人的承诺。

d. If a bank is authorized or requested by the issuing bank to confirm a credit but is not prepared to do so, it must inform the issuing bank without delay and may advise the credit without confirmation.

d. 如开证行授权或要求另一家银行对信用证加具保兑，而该银行不准备照办时，它必须不延误地告知开证行并仍可通知此份未经加具保兑的信用证。

Article 9 Advising of Credits and Amendments

第九条 信用证及修改的通知

a. A credit and any amendment may be advised to a beneficiary through an advising bank. An advising bank that is not a confirming bank advises the credit and any amendment without any undertaking to honour or negotiate.

a. 信用证及其修改可以通过通知行通知受益人。除非已对信用证加具保兑，通知行通知信用证不构成兑付或议付的承诺。

b. By advising the credit or amendment, the advising bank signifies that it has satisfied itself as to the apparent authenticity of the credit or amendment and that the advice accurately reflects the terms and conditions of the credit or amendment received.

b. 通过通知信用证或修改，通知行即表明其认为信用证或修改的表面真实性得到满足，且通知准确地反映了所收到的信用证或修改的条款及条件。

c. An advising bank may utilize the services of another bank (“second advising bank”) to advise the credit and any amendment to the beneficiary. By advising the credit or amendment, the second advising bank signifies that it has satisfied itself as to the apparent authenticity of the advice it has received and that the advice accurately reflects the terms and conditions of the credit or amendment received.

c. 通知行可以利用另一家银行的服务（“第二通知行”）向受益人通知信用证及其修改。通过通知信用证或修改，第二通知行即表明其认为所收到的通知的表面真实性得到满足，且通知准确地反映了所收到的信用证或修改的条款及条件。

d. A bank utilizing the services of an advising bank or second advising bank to advise a credit must use the same bank to advise any amendment thereto.

d. 如一家银行利用另一家通知行或第二通知行的服务将信用证通知给受益人，它也必须利用同一家银行的服务通知修改书。

e. If a bank is requested to advise a credit or amendment but elects not to do so, it must so inform, without delay, the bank from which the credit, amendment or advice has been received.

e. 如果一家银行被要求通知信用证或修改但决定不予通知，它必须不延误通知向其发送信用证、修改或通知的银行。

f. If a bank is requested to advise a credit or amendment but cannot satisfy itself as to the apparent authenticity of the credit, the amendment or the advice, it must so inform, without delay, the bank from which the instructions appear to have been received. If the advising bank or second advising bank elects nonetheless to advise the credit or amendment, it must inform the beneficiary or second advising bank that it has not been able to satisfy itself as to the apparent authenticity of the credit, the amendment or the advice.

f. 如果一家被要求通知信用证或修改，但不能确定信用证、修改或通知的表面真实性，就必须不延误地告知向其发出该指示的银行。如果通知行或第二通知行仍决定通知信用证或修改，则必须告知受益人或第二通知行其未能核实信用证、修改或通知的表面真实性。

Article 10 Amendments

第十条 修改

a. Except as otherwise provided by article 38, a credit can neither be amended nor cancelled without the agreement of the issuing bank, the confirming bank, if any, and the beneficiary.

a. 除本惯例第 38 条另有规定外，凡未经开证行、保兑行（如有）及受益人同意，信用证既不能修改也不能撤销。

b. An issuing bank is irrevocably bound by an amendment as of the time it issues the amendment. A confirming bank may extend its confirmation to an amendment and will be irrevocably bound as of the time it advises the amendment. A confirming bank may, however, choose to advise an amendment without extending its confirmation and, if so, it must inform the issuing bank without delay and inform the beneficiary in its advice.

b. 自发出信用证修改书之时起，开证行就不可撤销地受其发出修改的约束。保兑行可将其保兑承诺扩展至修改内容，且自其通知该修改之时起，即不可撤销地受到该修改的约束。然而，保兑行可选择仅将修改通知受益人而不对其加具保兑，但必须不延误地将此情况通知开证行和受益人。

c. The terms and conditions of the original credit (or a credit incorporating previously accepted amendments) will remain in force for the beneficiary until the beneficiary communicates its acceptance of the amendment to the bank that advised such amendment. The beneficiary should give notification of acceptance or rejection of an amendment. If the beneficiary fails to give such notification, a presentation that complies with the credit and to any not yet accepted amendment will be deemed to be notification of acceptance by the beneficiary of such amendment. As of that moment the credit will be amended.

c. 在受益人向通知修改的银行表示接受该修改内容之前，原信用证（或包含先前已被接受修改的信用证）的条款和条件对受益人仍然有效。受益人应发出接受或拒绝接受修改的通知。如受益人未提供上述通知，当其提交至被指定银行或开证行的单据与信用证及尚未表示接受的修改的要求一致时，则该事实即视为受益人已作出接受修改的通知，并从此时起，该信用证已被修改。

d. A bank that advises an amendment should inform the bank from which it received the amendment of any notification of acceptance or rejection.

d. 通知修改的银行应当通知向其发出修改书的银行任何有关接受或拒绝接受修改的通知。

e. Partial acceptance of an amendment is not allowed and will be deemed to be notification of rejection of the amendment.

e. 不允许部分接受修改，部分接受修改将被视为拒绝接受修改的通知。

f. A provision in an amendment to the effect that the amendment shall enter into force unless rejected by the beneficiary within a certain time shall be disregarded.

f. 修改书中作出的除非受益人在某一时间内拒绝接受修改，否则修改将开始生效的条款将被不予置理。

Article 11 Teletransmitted and Pre-Advised Credits and Amendments

第十一条 电讯传递与预先通知的信用证和修改

a. An authenticated teletransmission of a credit or amendment will be deemed to be the operative credit or amendment, and any subsequent mail confirmation shall be disregarded.

If a teletransmission states "full details to follow" (or words of similar effect), or states that the mail confirmation is to be the operative credit or amendment, then the teletransmission will not be deemed to be the operative credit or amendment. The issuing bank must then issue the operative credit or amendment without delay in terms not inconsistent with the teletransmission.

a. 经证实的信用证或修改的电讯文件将被视为有效的信用证或修改，任何随后的邮寄证实书将被不予置理。

若该电讯文件声明“详情后告”（或类似词语）或声明随后寄出的邮寄证实书将是有效的信用证或修改，则该电讯文件将被视为无效的信用证或修改。开证行必须随即不延误地开出有效的信用证或修改，且条款不能与与电讯文件相矛盾。

b. A preliminary advice of the issuance of a credit or amendment (“pre-advice”) shall only be sent if the issuing bank is prepared to issue the operative credit or amendment. An issuing bank that sends a pre-advice is irrevocably committed to issue the operative credit or amendment, without delay, in terms not inconsistent with the pre-advice.

b. 只有准备开立有效信用证或修改的开证行，才可以发出开立信用证或修改预先通知书。发出预先通知的开证行应不可撤销地承诺将不延误地开出有效的信用证或修改，且条款不能与预先通知书相矛盾。

Article 12 Nomination

第十二条 指定

a. Unless a nominated bank is the confirming bank, an authorization to honour or negotiate does not impose any obligation on that nominated bank to honour or negotiate, except when expressly agreed to by that nominated bank and so communicated to the beneficiary.

a. 除非一家被指定银行是保兑行，对被指定银行进行兑付或议付的授权并不构成其必须兑付或议付的义务，被指定银行明确同意并照此通知受益人的情形除外。

b. By nominating a bank to accept a draft or incur a deferred payment undertaking, an issuing bank authorizes that nominated bank to prepay or purchase a draft accepted or a deferred payment undertaking incurred by that nominated bank.

b. 通过指定一家银行承兑汇票或承担延期付款承诺，开证行即授权该被指定银行预付或购买经其承兑的汇票或由其承担延期付款的承诺。

c. Receipt or examination and forwarding of documents by a nominated bank that is not a confirming bank does not make that nominated bank liable to honour or negotiate, nor does it constitute honour or negotiation.

c. 非保兑行身份的被指定银行接受、审核并寄送单据的行为既不使得该被指定银行具有兑付或议付的义务，也不构成兑付或议付。

Article 13 Bank-to-Bank Reimbursement Arrangements

第十三条 银行间偿付约定

a. If a credit states that reimbursement is to be obtained by a nominated bank ("claiming bank") claiming on another party ("reimbursing bank"), the credit must state if the reimbursement is subject to the ICC rules for bank-to-bank reimbursements in effect on the date of issuance of the credit.

a. 如果信用证规定被指定银行（“索偿行”）须通过向另一方银行（“偿付行”）索偿获得偿付，则信用证中必须声明是否按照信用证开立日正在生效的国际商会《银行间偿付规则》办理。

b. If a credit does not state that reimbursement is subject to the ICC rules for bank-to-bank reimbursements, the following apply:

b. 如果信用证中未声明是否按照国际商会《银行间偿付规则》办理，则适用于下列条款：

i. An issuing bank must provide a reimbursing bank with a reimbursement authorization that conforms with the availability stated in the credit. The reimbursement authorization should not be subject to an expiry date.

i. 开证行必须向偿付行提供偿付授权书，该授权书须与信用证中声明的有效性一致。偿付授权书不应规定有效日期。

ii. A claiming bank shall not be required to supply a reimbursing bank with a certificate of compliance with the terms and conditions of the credit.

ii. 不应要求索偿行向偿付行提供证实单据与信用证条款及条件相符的证明。

iii. An issuing bank will be responsible for any loss of interest, together with any expenses incurred, if reimbursement is not provided on first demand by a reimbursing bank in accordance with the terms and conditions of the credit.

iii. 如果偿付行未能按照信用证的条款及条件在首次索偿时即行偿付，则开证行应对索偿行的利息损失及产生的费用负责。

iv. A reimbursing bank"s charges are for the account of the issuing bank. However, if the charges are for the account of the beneficiary, it is the responsibility of an issuing bank to so indicate in the credit and in the reimbursement authorization. If a reimbursing bank"s charges are for the account of the beneficiary, they shall be deducted from the amount due to a claiming bank when reimbursement is made. If no reimbursement is made, the reimbursing bank"s charges remain the obligation of the issuing bank.

iv. 偿付行的费用应由开证行承担。然而，如果费用系由受益人承担，则开证行有责任在信用证和偿付授权书中予以注明。如偿付行的费用系由受益人承担，则该费用应在偿付时从支付索偿行的金额中扣除。如果未发生偿付，开证行仍有义务承担偿付行的费用。

c. An issuing bank is not relieved of any of its obligations to provide reimbursement if reimbursement is not made by a reimbursing bank on first demand.

c. 如果偿付行未能于首次索偿时即行偿付，则开证行不能解除其自身的偿付责任。

Article 14 Standard for Examination of Documents

第十四条 审核单据的标准

a. A nominated bank acting on its nomination, a confirming bank, if any, and the issuing bank must examine a presentation to determine, on the basis of the documents alone, whether or not the documents appear on their face to constitute a complying presentation.

a. 按照指定行事的被指定银行、保兑行（如有）及开证行必须对提示的单据进行审核，并仅以单据为基础，以决定单据在表面上看来是否构成相符提示。

b. A nominated bank acting on its nomination, a confirming bank, if any, and the issuing bank shall each have a maximum of five banking days following the day of presentation to determine if a presentation is complying. This period is not curtailed or otherwise affected by the occurrence on or after the date of presentation of any expiry date or last day for presentation.

b. 按照指定行事的被指定银行、保兑行（如有）及开证行，自其收到提示单据的翌日起算，应各自拥有最多不超过五个银行工作日的时间以决定提示是否相符。该期限不因单据提示日适逢信用证有效期或最迟提示期或在其之后而被缩减或受到其他影响。

c. A presentation including one or more original transport documents subject to articles 19, 20, 21, 22, 23, 24 or 25 must be made by or on behalf of the beneficiary not later than 21 calendar days after the date of shipment as described in these rules, but in any event not later than the expiry date of the credit.

c. 提示若包含一份或多份按照本惯例第 19 条、20 条、21 条、22 条、23 条、24 条或 25 条出具的正本运输单据，则必须由受益人或其代表按照相关条款在不迟于装运日后的 21 个公历日内提交，但无论如何不得迟于信用证的到期日。

d. Data in a document, when read in context with the credit, the document itself and international standard banking practice, need not be identical to, but must not conflict with, data in that document, any other stipulated document or the credit.

d. 单据中内容的描述不必与信用证、信用证对该项单据的描述及国际标准银行实务完全一致，但不得与该项单据中的内容、其他规定的单据或信用证相冲突。

e. In documents other than the commercial invoice, the description of the goods, services or performance, if stated, may be in general terms not conflicting with their description in the credit.

e. 除商业发票外，其他单据中的货物、服务或行为描述若须规定，可使用统称，但不得与信用证规定的描述相矛盾。

f. If a credit requires presentation of a document other than a transport document, insurance document or commercial invoice, without stipulating by whom the document is to be issued or its data content, banks will accept the document as presented if its content appears to fulfil the function of the required document and otherwise complies with sub-article 14 (d).

f. 如果信用证要求提示运输单据、保险单据和商业发票以外的单据，但未规定该单据由何人出具或单据的内容。如信用证对此未做规定，只要所提交单据的内容看来满足其功能需要且其他方面与十四条（d）款相符，银行将对提示的单据予以接受。

g. A document presented but not required by the credit will be disregarded and may be returned to the presenter.

g. 提示信用证中未要求提交的单据，银行将不予置理。如果收到此类单据，可以退还提示人。

h. If a credit contains a condition without stipulating the document to indicate compliance with the condition, banks will deem such condition as not stated and will disregard it.

h. 如果信用证中包含某项条件而未规定需提交与之相符的单据，银行将认为未列明此条件，并对此不予置理。

i. A document may be dated prior to the issuance date of the credit, but must not be dated later than its date of presentation.

i. 单据的出单日期可以早于信用证开立日期，但不得迟于信用证规定的提示日期。

j. When the addresses of the beneficiary and the applicant appear in any stipulated document, they need not be the same as those stated in the credit or in any other stipulated document, but must be within the same country as the respective addresses mentioned in the credit. Contact details (telefax, telephone, email and the like) stated as part of the beneficiary's and the applicant's address will be disregarded. However, when the address and contact details of the applicant appear as part of the consignee or notify party details on a transport document subject to articles 19, 20, 21, 22, 23, 24 or 25, they must be as stated in the credit.

j. 当受益人和申请人的地址显示在任何规定的单据上时，不必与信用证或其他规定单据中显示的地址相同，但必须与信用证中述及的各自地址处于同一国家内。用于联系的资料（电传、电话、电子邮箱及类似方式）如作为受益人和申请人地址的组成部分将被不予置理。然而，当申请人的地址及联系信息作为按照第 19 条、20 条、21 条、22 条、23 条、24 条或 25 条出具的运输单据中收货人或通知方详址的组成部分时，则必须按照信用证规定予以显示。

k. The shipper or consignor of the goods indicated on any document need not be the beneficiary of the credit.

k. 显示在任何单据中的货物的托运人或发货人不必是信用证的受益人。

l. A transport document may be issued by any party other than a carrier, owner, master or charterer provided that the transport document meets the requirements of articles 19, 20, 21, 22, 23 or 24 of these rules.

l.假如运输单据能够满足本惯例第 19 条、20 条、21 条、22 条、23 条或 24 条的要求，则运输单据可以由承运人、船东、船长或租船人以外的任何一方出具。

Article 15 Complying Presentation

第十五条 相符提示

a. When an issuing bank determines that a presentation is complying, it must honour.

a. 当开证行确定提示相符时，就必须予以兑付。

b. When a confirming bank determines that a presentation is complying, it must honour or negotiate and forward the documents to the issuing bank.

b. 当保兑行确定提示相符时，就必须予以兑付或议付并将单据寄往开证行。

c. When a nominated bank determines that a presentation is complying and honours or negotiates, it must forward the documents to the confirming bank or issuing bank.

c. 当被指定银行确定提示相符并予以兑付或议付时，必须将单据寄往保兑行或开证行。

Article 16 Discrepant Documents, Waiver and Notice

第十六条 不符单据及不符点的放弃与通知

a. When a nominated bank acting on its nomination, a confirming bank, if any, or the issuing bank determines that a presentation does not comply, it may refuse to honour or negotiate.

a. 当按照指定行事的被指定银行、保兑行（如有）或开证行确定提示不符时，可以拒绝兑付或议付。

b. When an issuing bank determines that a presentation does not comply, it may in its sole judgement approach the applicant for a waiver of the discrepancies. This does not, however, extend the period mentioned in sub-article 14 (b).

b. 当开证行确定提示不符时，可以依据其独立的判断联系申请人放弃有关不符点。然而，这并不因此延长第 14 条（b）款中述及的期限。

c. When a nominated bank acting on its nomination, a confirming bank, if any, or the issuing bank decides to refuse to honour or negotiate, it must give a single notice to that effect to the presenter.

c. 当按照指定行事的被指定银行、保兑行（如有）或开证行决定拒绝兑付或议付时，必须一次性通知提示人。

The notice must state:

通知必须声明：

i. that the bank is refusing to honour or negotiate; and

i. 银行拒绝兑付或议付；及

ii. each discrepancy in respect of which the bank refuses to honour or negotiate; and

ii. 银行凭以拒绝兑付或议付的各个不符点；及

iii. a) that the bank is holding the documents pending further instructions from the presenter; or

iii. a) 银行持有单据等候提示人进一步指示；或

b) that the issuing bank is holding the documents until it receives a waiver from the applicant and agrees to accept it, or receives further instructions from the presenter prior to agreeing to accept a waiver; or

b) 开证行持有单据直至收到申请人通知弃权并同意接受该弃权，或在同意接受弃权前从提示人处收到进一步指示；或

c) that the bank is returning the documents; or

c) 银行退回单据；或

d) that the bank is acting in accordance with instructions previously received from the presenter.

d) 银行按照先前从提示人处收到的指示行事。

d. The notice required in sub-article 16 (c) must be given by telecommunication or, if that is not possible, by other expeditious means no later than the close of the fifth banking day following the day of presentation.

d. 第 16 条（c）款中要求的通知必须以电讯方式发出，或者，如果不可能以电讯方式通知时，则以其他快捷方式通知，但不得迟于提示单据日期翌日起第 5 个银行工作日终了。

e. A nominated bank acting on its nomination, a confirming bank, if any, or the issuing bank may, after providing notice required by sub-article 16 (c) (iii) (a) or (b), return the documents to the presenter at any time.

e. 按照指定行事的被指定银行、保兑行（如有）或开证行可以在提供第 16 条（c）款（iii）、（a）款或（b）款要求提供的通知后，于任何时间将单据退还提示人。

f. If an issuing bank or a confirming bank fails to act in accordance with the provisions of this article, it shall be precluded from claiming that the documents do not constitute a complying presentation.

f. 如果开证行或保兑行未能按照本条款的规定行事，将无权宣称单据未能构成相符提示。

g. When an issuing bank refuses to honour or a confirming bank refuses to honour or negotiate and has given notice to that effect in accordance with this article, it shall then be entitled to claim a refund, with interest, of any reimbursement made.

g. 当开证行拒绝兑付或保兑行拒绝兑付或议付，并已经按照本条款发出通知时，该银行将有权就已经履行的偿付索取退款及其利息。

Article 17 Original Documents and Copies

第十七条 正本单据和副本单据

a. At least one original of each document stipulated in the credit must be presented.

a. 信用证中规定的各种单据必须至少提供一份正本。

b. A bank shall treat as an original any document bearing an apparently original signature, mark, stamp, or label of the issuer of the document, unless the document itself indicates that it is not an original.

b. 除非单据本身表明其不是正本，银行将视任何单据表面上具有单据出具人正本签字、标志、图章或标签的单据为正本单据。

c. Unless a document indicates otherwise 另外的, a bank will also accept a document as original if it:

c. 除非单据另有显示，银行将接受单据作为正本单据如果该单据：

i. appears to be written, typed, perforated or stamped by the document issuer's hand; or

i. 表面看来由单据出具人手工书写、打字、穿孔签字或盖章；或

ii. appears to be on the document issuer's original stationery; or

ii. 表面看来使用单据出具人的正本信笺；或

iii. states that it is original, unless the statement appears not to apply to the document presented.

iii. 声明单据为正本，除非该项声明表面看来与所提示的单据不符。

d. If a credit requires presentation of copies of documents, presentation of either originals or copies is permitted.

d. 如果信用证要求提交副本单据，则提交正本单据或副本单据均可。

e. If a credit requires presentation of multiple documents by using terms such as "in duplicate", "in two fold" or "in two copies", this will be satisfied by the presentation of at least one original and the remaining number in copies, except when the document itself indicates otherwise.

e. 如果信用证使用诸如“一式两份”“两张”“两份”等术语要求提交多份单据，则可以提交至少一份正本，其余份数以副本来满足。但单据本身另有相反指示者除外。

Article 18 Commercial Invoice

第十八条 商业发票

a. A commercial invoice:

a. 商业发票：

i. must appear to have been issued by the beneficiary (except as provided in article 38);

i. 必须在表面上看来系由受益人出具（第 18 条另有规定者除外）；

ii. must be made out in the name of the applicant (except as provided in sub-article 38 (g));

ii. 必须做成以申请人的名称为抬头（第 18 条（g）款另有规定者除外）

iii. must be made out in the same currency as the credit; and

iii. 必须将发票币别做成与信用证相同币种。

iv. need not be signed.

iv. 无须签字。

b. A nominated bank acting on its nomination, a confirming bank, if any, or the issuing bank may accept a commercial invoice issued for an amount in excess of the amount permitted by the credit, and its decision will be binding upon all parties, provided the bank in question has not honoured or negotiated for an amount in excess of that permitted by the credit.

b. 按照指定行事的被指定银行、保兑行（如有）或开证行可以接受金额超过信用证所允许金额的商业发票，倘若有关银行已兑付或已议付的金额没有超过信用证所允许的金额，则该银行的决定对各有关方均具有约束力。

c. The description of the goods, services or performance in a commercial invoice must correspond with that appearing in the credit.

c. 商业发票中货物、服务或行为的描述必须与信用证中显示的内容相符。

Article 19 Transport Document Covering at Least Two Different Modes of Transport

第十九条 至少包括两种不同运输方式的运输单据

a. A transport document covering at least two different modes of transport (multimodal or combined transport document), however named, must appear to:

a. 至少包括两种不同运输方式的运输单据（多式运输单据或联合运输单

据），无论其称谓如何，必须在表明上看来：

i. indicate the name of the carrier and be signed by:

i. 显示承运人名称并由下列人员签署：

- the carrier or a named agent for or on behalf of the carrier, or
- 承运人或承运人的具名代理或代表，或
- the master or a named agent for or on behalf of the master.
- 船长或船长的具名代理或代表。

Any signature by the carrier, master or agent must be identified as that of the carrier, master or agent.

承运人、船长或代理的任何签字必须分别表明承运人、船长或代理的身份。

Any signature by an agent must indicate whether the agent has signed for or on behalf of the carrier or for or on behalf of the master.

代理的签字必须显示其是否作为承运人或船长的代理或代表签署提单。

ii. indicate that the goods have been dispatched, taken in charge or shipped on board at the place stated in the credit, by:

ii. 通过下述方式表明货物已在信用证规定的地点发运、接受监管或装载

- pre-printed wording, or
- 预先印就的措辞，或
- a stamp or notation indicating the date on which the goods have been dispatched, taken in charge or shipped on board.
- 注明货物已发运、接受监管或装载日期的图章或批注。

The date of issuance of the transport document will be deemed to be the date of dispatch, taking in charge or shipped on board, and the date of shipment. However, if the transport document indicates, by stamp or notation, a date of dispatch, taking in charge or shipped on board, this date will be deemed to be the date of shipment.

运输单据的出具日期将被视为发运、接受监管或装载及装运日期。然而，如果运输单据以盖章或批注方式标明发运、接受监管或装载日期，则此日期将被视为装运日期。

iii. indicate the place of dispatch, taking in charge or shipment and the place of final destination stated in the credit, even if:

iii. 显示信用证中规定的发运、接受监管或装载地点及最终目的地的地点，即使：

a. the transport document states, in addition, a different place of dispatch, taking in charge or shipment or place of final destination, or

a. 运输单据另外显示了不同的发运、接受监管或装载地点或最终目的地的地点，或

b. the transport document contains the indication "intended" or similar qualification in relation to the vessel, port of loading or port of discharge.

b. 运输单据包含“预期”或类似限定有关船只、装货港或卸货港的指示。

iv. be the sole original transport document or, if issued in more than one original, be the full set as indicated on the transport document.

iv. 系仅有的一份正本运输单据，或者如果出具了多份正本运输单据，应是运输单据中显示的全套正本份数。

v. contain terms and conditions of carriage or make reference to another source containing the terms and conditions of carriage (short form or blank back transport document). Contents of terms and conditions of carriage will not be examined.

v. 包含承运条件须参阅包含承运条件条款及条件的某一出处（简式或背面空白的运输单据）者，银行对此类承运条件的条款及条件内容不予审核。

vi. contain no indication that it is subject to a charter party.

vi. 未注明运输单据受租船合约约束。

b. For the purpose of this article, transhipment means unloading from one means of conveyance and reloading to another means of conveyance (whether or not in different modes of transport) during the carriage from the place of dispatch, taking in charge or shipment to the place of final destination stated in the credit.

b. 就本条款而言，转运意指货物在信用证中规定的发运、接受监管或装载地点到最终目的地的运输过程中，从一个运输工具卸下并重新装载到另一个运输工具上（无论是否为不同运输方式）的运输。

c. i. A transport document may indicate that the goods will or may be transhipped provided that the entire carriage is covered by one and the same transport document.

c. i. 只要同一运输单据包括运输全程，则运输单据可以注明货物将被转运或可被转运。

ii. A transport document indicating that transhipment will or may take place is acceptable, even if the credit prohibits transhipment.

ii. 即使信用证禁止转运，银行也将接受注明转运将发生或可能发生的运输单据。

Article 20 Bill of Lading

第二十条 提单

a. A bill of lading, however named, must appear to:

a. 无论其称谓如何，提单必须表面上看来：

i. indicate the name of the carrier and be signed by:

i. 显示承运人名称并由下列人员签署：

- the carrier or a named agent for or on behalf of the carrier, or
- 承运人或承运人的具名代理或代表，或
- the master or a named agent for or on behalf of the master.
- 船长或船长的具名代理或代表。

Any signature by the carrier, master or agent must be identified as that of the carrier, master or agent.

承运人、船长或代理的任何签字必须分别表明其承运人、船长或代理的身份。

Any signature by an agent must indicate whether the agent has signed for or on behalf of the carrier or for or on behalf of the master.

代理的签字必须显示其是否作为承运人或船长的代理或代表签署提单。

ii. indicate that the goods have been shipped on board a named vessel at the port of loading stated in the credit by:

ii. 通过下述方式表明货物已在信用证规定的装运港装载上具名船只：

- pre-printed wording, or
- 预先印就的措词，或
- an on board notation indicating the date on which the goods have been shipped on board.
- 注明货物已装船日期的装船批注。

The date of issuance of the bill of lading will be deemed to be the date of shipment unless the bill of lading contains an on board notation indicating the date of shipment, in which case the date stated in the on board notation will be deemed to be the date of shipment.

提单的出具日期将被视为装运日期，除非提单包含注明装运日期的装船批注，在此情况下，装船批注中显示的日期将被视为装运日期。

If the bill of lading contains the indication "intended vessel" or similar qualification in relation to the name of the vessel, an on board notation indicating the date of shipment and the name of the actual vessel is required.

如果提单包含“预期船”字样或类似有关限定船只的词语时，装上具名船只必须由注明装运日期及实际装运船只名称的装船批注来证实。

iii. indicate shipment from the port of loading to the port of discharge stated in the credit.

iii. 注明装运从信用证中规定的装货港至卸货港。

If the bill of lading does not indicate the port of loading stated in the credit as the port of loading, or if it contains the indication “intended” or similar qualification in relation to the port of loading, an on board notation indicating the port of loading as stated in the credit, the date of shipment and the name of the vessel is required. This provision applies even when loading on board or shipment on a named vessel is indicated by pre-printed wording on the bill of lading.

如果提单未注明以信用证中规定的装货港作为装货港，或包含“预期”或类似有关限定装货港的标注者，则需要提供注明信用证中规定的装货港、装运日期及船名的装船批注。即使提单上已注明印就的“已装船”或“已装具名船只”措辞，本规定仍然适用。

iv. be the sole original bill of lading or, if issued in more than one original, be the full set as indicated on the bill of lading.

iv. 系仅有的一份正本提单，或者，如果出具了多份正本，应是提单中显示的全套正本份数。

iv. contain terms and conditions of carriage or make reference to another source containing the terms and conditions of carriage (short form or blank back bill of lading). Contents of terms and conditions of carriage will not be examined.

iv. 包含承运条件须参阅包含承运条件条款及条件的某一出处（简式或背面空白的提单）者，银行对此类承运条件的条款及条件内容不予审核。

vi. contain no indication that it is subject to a charter party.

vi. 未注明运输单据受租船合约约束。

b. For the purpose of this article, transhipment means unloading from one vessel and reloading to another vessel during the carriage from the port of loading to the port of discharge stated in the credit.

b. 就本条款而言，转运意指在信用证规定的装货港到卸货港之间的海运过程中，将货物由一艘船卸下再装上另一艘船的运输。

c. i. A bill of lading may indicate that the goods will or may be transhipped provided that the entire carriage is covered by one and the same bill of lading.

c. i. 只要同一提单包括运输全程，则提单可以注明货物将被转运或可被转运。

ii. A bill of lading indicating that transhipment will or may take place is acceptable, even if the credit prohibits transhipment, if the goods have been shipped in a container, trailer or LASH barge as evidenced by the bill of lading.

ii. 银行可以接受注明将要发生或可能发生转运的提单。即使信用证禁止转运，只要提单上证实有关货物已由集装箱、拖车或子母船运输，银行仍可接受注明将要发生或可能发生转运的提单。

d. Clauses in a bill of lading stating that the carrier reserves the right to tranship will be disregarded.

d. 对于提单中包含的声明承运人保留转运权利的条款，银行将不予置理。

Article 21 Non-Negotiable Sea Waybill

第二十一条　非转让海运单

a. A non-negotiable sea waybill, however named, must appear to:

a. 无论其称谓如何，非转让海运单必须表面上看来：

i. indicate the name of the carrier and be signed by:

i. 显示承运人名称并由下列人员签署：

- the carrier or a named agent for or on behalf of the carrier, or
- 承运人或承运人的具名代理或代表，或
- the master or a named agent for or on behalf of the master.
- 船长或船长的具名代理或代表。

Any signature by the carrier, master or agent must be identified as that of the carrier, master or agent.

承运人、船长或代理的任何签字必须分别表明其承运人、船长或代理的身份。

Any signature by an agent must indicate whether the agent has signed for or on behalf of the carrier or for or on behalf of the master.

代理的签字必须显示其是否作为承运人或船长的代理或代表签署提单。

ii. indicate that the goods have been shipped on board a named vessel at the port of loading stated in the credit by:

ii. 通过下述方式表明货物已在信用证规定的装运港装载上具名船只：

- pre-printed wording, or
- 预先印就的措辞，或
- an on board notation indicating the date on which the goods have been shipped on board.
- 注明货物已装船日期的装船批注。

The date of issuance of the non-negotiable sea waybill will be deemed to be the date of shipment unless the non-negotiable sea waybill contains an on board notation indicating the date of shipment, in which case the date stated in the on board notation will be deemed to be the date of shipment.

非转让海运单的出具日期将被视为装运日期，除非非转让海运单包含注明装运日期的装船批注，在此情况下，装船批注中显示的日期将被视为装运日期。

If the non-negotiable sea waybill contains the indication "intended vessel" or similar qualification in relation to the name of the vessel, an on board notation indicating the date of shipment and the name of the actual vessel is required.

如果非转让海运单包含"预期船"字样或类似有关限定船只的词语时，装上具名船只必须由注明装运日期及实际装运船只名称的装船批注来证实。

iii. indicate shipment from the port of loading to the port of discharge stated in the credit.

iii. 注明装运从信用证中规定的装货港至卸货港。

If the non-negotiable sea waybill does not indicate the port of loading stated in the credit as the port of loading, or if it contains the indication "intended" or similar qualification in relation to the port of loading, an on board notation indicating the port of loading as stated in the credit, the date of shipment and the name of the vessel is required. This provision applies even when loading on board or shipment on a named vessel is indicated by pre-printed wording on the non-negotiable sea waybill.

如果非转让海运单未注明以信用证中规定的装货港作为装货港，或包含"预期”或类似有关限定装货港的标注者，则需要提供注明信用证中规定的装货港、装运日期及船名的装船批注。即使非转让海运单上已注明印就的“已装船”或“已装具名船只”措辞，本规定仍然适用。

iv. be the sole original non-negotiable sea waybill or, if issued in more than one original, be the full set as indicated on the non-negotiable sea waybill.

iv. 系仅有的一份正本非转让海运单，或者，如果出具了多份正本，应是非转让海运单中显示的全套正本份数。

v. contain terms and conditions of carriage or make reference to another source containing the terms and conditions of carriage (short form or blank back non-negotiable sea waybill). Contents of terms and conditions of carriage will not be examined.

v. 包含承运条件须参阅包含承运条件条款及条件的某一出处（简式或背面空白的提单）者，银行对此类承运条件的条款及条件内容不予审核。

vi. contain no indication that it is subject to a charter party.

vi. 未注明运输单据受租船合约约束。

b. For the purpose of this article, transhipment means unloading from one vessel and reloading to another vessel during the carriage from the port of loading to the port of discharge stated in the credit.

b. 就本条款而言，转运意指在信用证规定的装货港到卸货港之间的海运过程中，将货物由一艘船卸下再装上另一艘船的运输。

c. i. A non-negotiable sea waybill may indicate that the goods will or may be transhipped provided that the entire carriage is covered by one and the same non-negotiable sea waybill.

c. i. 只要同一非转让海运单包括运输全程，则非转让海运单可以注明货物将被转运或可被转运。

ii. A non-negotiable sea waybill indicating that transhipment will or may take place is acceptable, even if the credit prohibits transhipment, if the goods have been shipped in a container, trailer or LASH barge 子母船 as evidenced by the non-negotiable sea waybill.

ii. 银行可以接受注明将要发生或可能发生转运的非转让海运单。即使信用证禁止转运，只要非转让海运单上证实有关货物已由集装箱、拖车或子母船运输，银行仍可接受注明将要发生或可能发生转运的非转让海运单。

d. Clauses in a non-negotiable sea waybill stating that the carrier reserves the right to tranship will be disregarded.

d. 对于非转让海运单中包含的声明承运人保留转运权利的条款，银行将不予置理。

Article 22 Charter Party Bill of Lading

第二十二条 租船合约提单

a. A bill of lading, however named, containing an indication that it is subject to a charter party (charter party bill of lading), must appear to:

a. 无论其称谓如何，倘若提单包含有提单受租船合约约束的指示（即租船合约提单），则必须在表面上看来：

i. be signed by:

i. 由下列当事方签署：

- the master or a named agent for or on behalf of the master, or
- 船长或船长的具名代理或代表，或
- the owner or a named agent for or on behalf of the owner, or
- 船东或船东的具名代理或代表，或
- the charterer or a named agent for or on behalf of the charterer.
- 租船主或租船主的具名代理或代表。

Any signature by the master, owner, charterer or agent must be identified as that of the master, owner, charterer or agent.

船长、船东、租船主或代理的任何签字必须分别表明其船长、船东、租船主或代理的身份。

Any signature by an agent must indicate whether the agent has signed for or on behalf of the master, owner or charterer.

代理的签字必须显示其是否作为船长、船东或租船主的代理或代表签署提单。

An agent signing for or on behalf of the owner or charterer must indicate the name of the owner or charterer.

代理人代理或代表船东或租船主签署提单时必须注明船东或租船主的名称。

ii. indicate that the goods have been shipped on board a named vessel at the port of loading stated in the credit by:

ii. 通过下述方式表明货物已在信用证规定的装运港装载上具名船只：

- pre-printed wording, or
- 预先印就的措辞，或
- an on board notation indicating the date on which the goods have been shipped on board.
- 注明货物已装船日期的装船批注。

The date of issuance of the charter party bill of lading will be deemed to be the date of shipment unless the charter party bill of lading contains an on board notation indicating the date of shipment, in which case the date stated in the on board notation will be deemed to be the date of shipment.

租船合约提单的出具日期将被视为装运日期，除非租船合约提单包含注明装运日期的装船批注，在此情况下，装船批注中显示的日期将被视为装运日期。

iii. indicate shipment from the port of loading to the port of discharge stated in the credit. The port of discharge may also be shown as a range of ports or a geographical area, as stated in the credit.

iii. 注明货物由信用证中规定的装货港运输至卸货港。卸货港可以按信用证中的规定显示为一组港口或某个地理区域。

iv. be the sole original charter party bill of lading or, if issued in more than one original, be the full set as indicated on the charter party bill of lading.

iv. 系仅有的一份正本租船合约提单，或者，如果出具了多份正本，应是租船合约提单中显示的全套正本份数。

b. A bank will not examine charter party contracts, even if they are required to be presented by the terms of the credit.

b. 即使信用证中的条款要求提交租船合约，银行也将对该租船合约不予审核。

Article 23 Air Transport Document

第二十三条 空运单据

a. An air transport document, however named, must appear to:

a. 无论其称谓如何，空运单据必须在表面上看来：

i. indicate the name of the carrier and be signed by:

i. 注明承运人名称并由下列当事方签署：

- the carrier, or
- 承运人，或
- a named agent for or on behalf of the carrier.
- 承运人的具名代理或代表。

Any signature by the carrier or agent must be identified as that of the carrier or agent.

承运人或代理的任何签字必须分别表明其承运人或代理的身份。

Any signature by an agent must indicate that the agent has signed for or on behalf of the carrier.

代理的签字必须显示其是否作为承运人的代理或代表签署空运单据。

ii. indicate that the goods have been accepted for carriage.

ii. 注明货物已收妥待运。

iii. indicate the date of issuance. This date will be deemed to be the date of shipment unless the air transport document contains a specific notation of the actual date of shipment, in which case the date stated in the notation will be deemed to be the date of shipment.

iii. 注明出具日期。这一日期将被视为装运日期，除非空运单据包含注有实际装运日期的专项批注，在此种情况下，批注中显示的日期将被视为装运日期。

Any other information appearing on the air transport document relative to the flight number and date will not be considered in determining the date of shipment.

空运单据显示的其他任何与航班号和起飞日期有关的信息不能被视为装运日期。

iv. indicate the airport of departure and the airport of destination stated in the credit.

iv. 表明信用证规定的起飞机场和目的地机场

v. be the original for consignor or shipper, even if the credit stipulates a full set of originals.

v.为开给发货人或拖运人的正本，即使信用证规定提交全套正本。

vi. contain terms and conditions of carriage or make reference to another source containing the terms and conditions of carriage. Contents of terms and conditions of carriage will not be examined.

vi.载有承运条款和条件，或提示条款和条件参见别处。银行将不审核承运条款和条件的内容

b. For the purpose of this article, transhipment means unloading from one aircraft and reloading to another aircraft during the carriage from the airport of departure to the airport of destination stated in the credit.

b.就本条而言，转运是指在信用证规定的起飞机场到目的地机场的运输过程中，将货物从一飞机卸下再装上另一飞机的行为。

c.i. An air transport document may indicate that the goods will or may be transhipped, provided that the entire carriage is covered by one and the same air transport document.

c.i.空运单据可以注明货物将要或可能转运，只要全程运输由同一空运单据涵盖。

ii. An air transport document indicating that transhipment will or may take place is acceptable, even if the credit prohibits transhipment.

ii.即使信用证禁止转运，注明将要或可能发生转运的空运单据仍可接受。

Article 24 Road, Rail or Inland Waterway Transport Documents

第二十四条 公路、铁路或内陆水运单据

a. A road, rail or inland waterway transport document, however named, must appear to:

a.公路、铁路或内陆水运单据，无论名称如何，必须看似：

i. indicate the name of the carrier and:

i. 表明承运人名称，并且

- be signed by the carrier or a named agent for or on behalf of the carrier, or
- 由承运人或其具名代理人签署，或者
- indicate receipt of the goods by signature, stamp or notation by the carrier or a named agent for or on behalf of the carrier.
- 由承运人或其具名代理人以签字、印戳或批注表明货物收讫。

Any signature, stamp or notation of receipt of the goods by the carrier or agent must be identified as that of the carrier or agent.

承运人或其具名代理人的售货签字、印戳或批注必须标明

附录 3

国际贸易术语（2010 年和 2000 年的区别）

《2010 年国际贸易术语解释通则》（International Rules for the Interpretation of Trade Terms 2010, 缩写 Incoterms® 2010）是国际商会根据国际货物贸易的发展，对《2000 年国际贸易术语解释通则》的修订，2010 年 9 月 27 日公布，于 2011 年 1 月 1 日实施。

2010 年国际贸易术语变化

1．由原来的四组分类法修改为两类：适用于所有运输方式；只适用于海运。

2．贸易术语的数量由原来的 13 种变为 11 种。

3．删除 INCOTERMS2000 中 4 个 D 组贸易术语，即 DDU (Delivered Duty Unpaid)、DAF (Delivered At Frontier)、DES (Delivered Ex Ship)、DEQ (Delivered Ex Quay)，只保留了 INCOTERMS2000 D 组中的 DDP(Delivered Duty Paid)

4．新增加两种 D 组贸易术语，即 DAT (Delivered At Terminal)与 DAP(Delivered At Place)。

即用 DAP 取代了 DAF、DES 和 DDU 三个术语，DAT 取代了 DEQ，且扩展至适用于一切运输方式。

DAT（delivered at terminal）　目的地或目的港的集散站交货

类似于取代了的 DEQ 术语，指卖方在指定的目的地或目的港的集散站卸货后将货物交给买方处置即完成交货，术语所指目的地包括港口。卖方应承担将货物运至指定的目的地或目的港的集散站的一切风险和费用（除进口费用外）。本术语适用于任何运输方式或多式联运。

DAP（delivered at place）　目的地交货

类似于取代了的 DAF、DES 和 DDU 3 个术语，指卖方在指定的目的地交货，只需做好卸货准备无须卸货即完成交货。术语所指的到达车辆包括船舶，目的地包括港口。卖方应承担将货物运至指定的目的地的一切风险和费用（除进口费用外）。本术语适用于任何运输方式、多式联运方式及海运。

5．E 组、F 组、C 组的贸易术语不变。

修订后的《2010 年国际贸易术语解释通则》取消了“船舷”的概念，卖方承担货物装上船为止的一切风险，买方承担货物自装运港装上船后的一切风险。在 FAS，FOB，CFR 和 CIF 等术语中加入了货物在运输期间被多次买卖（连环贸易）的责任义务的划分。考虑到对于一些大的区域贸易集团内部贸易的特点，规定，Incoterms® 2010 不仅适用于国际销售合同，也适用于国内销售合同。

2010 年版《国际贸易术语解释通则》中的两类 11 个术语

第一类：适用于任何运输方式	CIP - Carriage and Insurance Paid 运费/保险费付至目的地
	CPT - Carriage Paid To 运费付至目的地
	DAP - Delivered At Place 目的地交货
	DAT - Delivered At Terminal 目的地或目的港的集散站交货
	DDP - Delivered Duty Paid 完税后交货
	EXW - Ex Works 工厂交货
	FCA - Free Carrier 货交承运人
第二类：适用于海运和内河运输	CFR - Cost and Freight 成本加运费
	CIF - Cost, Insurance and Freight 成本保险费加运费
	FAS - Free Alongside Ship 装运港船边交货
	FOB - Free On Board 装运港船上交货

第一类：适用于任何运输方式

CIP - Carriage and Insurance Paid 运费/保险费付至目的地

CPT - Carriage Paid To 运费付至目的地

DAP - Delivered At Place 目的地交货

DAT - Delivered At Terminal 目的地或目的港的集散站交货

DDP - Delivered Duty Paid 完税后交货

EXW - Ex Works 工厂交货

FCA - Free Carrier 货交承运人

第二类：适用于海运和内河运输

CFR - Cost and Freight 成本加运费

CIF - Cost, Insurance and Freight 成本保险费加运费

FAS - Free Alongside Ship 装运港船边交货

FOB - Free On Board 装运港船上交货

2000 年版《国际贸易术语解释通则》的 13 种贸易术语

C 组（主要运费已付）

卖方的共同义务：1．办理运输的手续和承担运费，在 CIF 和 CIP 术语中，卖方还须办理投保手续和承担保险费；2．提交与货物有关的单据或相等的电子单证；3．办理出口手续。

买方的共同义务：1. 在CFR何CPT术语下办理投保并支付保险费；2. 办理进口手续。

CFR贸易术语（Cost and Freight）成本加运费，交货地点：装运港船上。运输方式：海运内河。风险转移：装运港船舷。

CIF贸易术语（Cost, Insurance and Freight）成本保险加运费，交货地点：装运港船舷。运输方式：海运内河。风险转移：装运港船舷。

CPT贸易术语（Carriage Paid To）运费付至，交货地点：交承运人。运输方式：各种运输。风险转移：交货时。

CIP贸易术语（Carriage and Insurance Paid to）运费保险费付至，交货地点：交承运人。运输方式：各种运输。风险转移：交货时。

D组（到达）

卖方的共同义务：①负责把货物运至约定的地点或目的地交货；②卖方必须承担货物运至目的地前的全部风险和费用；③由卖方办理出口手续，在DDP的情况下，还要办理进口手续。买方的共同义务：①承担货物在目的地交付后的风险和费用；②除 DDP 术语外，买方应办理进口手续。本组的风险转移全部是在交货时。

DAF贸易术语（Delivered at Frontier）边境交货，交货地点：边境指定地点交货。运输方式：路上运输。

DES贸易术语（Delivered EX Ship）目的港船上交货，交货地点：目的港船上。运输方式：海运内河。

DEQ贸易术语（Delivered EX Quay）目的港码头交货，交货地点：目的港码头。运输方式：海运内河。

DDU贸易术语（Delivered Duty Upaid）未完税交货，交货地点：制定目的地。运输方式：各种运输。

DDP贸易术语（Delivered Duty Paid）完税交货，交货地点：指定目的地。运输方式：各种运输。

E组（发货）

EXW贸易术语（EX works）工厂交货，卖方义务：交货义务，承担交货前的风险和费用。买方义务：必须承担在卖方所在地受领货物的全部费用和风险，办理出口结关手续。交货地点：卖方工厂。运输方式：各种运输。风险转移：交货时。

F 组（主要运费未付）

卖方共同义务：①履行交货义务；②办理出口结关手续；③向买方提交与货物有关的单证或相等的电子单证。买方共同义务：①办理货物的运输和保险；②办理货物进口手续。

FCA 贸易术语（Free Carrier）货交承运人，交货地点：交承运人。运输方式：各种运输。风险转移：交货时。

FAS 贸易术语（Free Along Side）船边交货，交货地点：装运港船边。运输方式：海运内河。风险转移：交货时。

FOB 贸易术语（Free On Board）船上交货，交货地点：装运港船上。运输方式：海运内河。风险转移：装运港船舷。

其中关于保险问题，除了在 CIF 何 CIP 中明确规定了卖方办理保险外，其他各术语均未规定办理保险的义务，有关的保险应由“买方”为了自身的利益去办理。